사빠띠스따의 진화

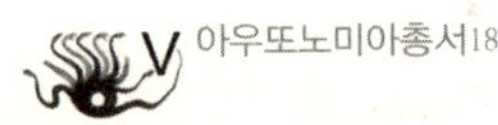 아우또노미아총서18

사빠띠스따의 진화

지은이 미할리스 멘티니스
옮긴이 서창현

펴낸이 장민성 조정환
책임운영 신은주   편집부 오정민   마케팅 정연 정성용

펴낸곳 도서출판 갈무리   등록일 1994. 3. 3.   등록번호 제17-0161호
초판인쇄 2009년 3월 30일   초판발행 2009년 4월 19일

주소 서울 마포구 서교동 375-13호 성지빌딩 101호
전화 02-325-1485   팩스 02-325-1407
website http://galmuri.co.kr   e-mail galmuri@galmuri.co.kr

ISBN 978-89-6195-012-1 04300 / 978-89-6195-003-9 (세트)
도서분류 1.정치학   2.철학   3.사회학   4.중남미사

값 19,800원

이 도서의 국립중앙도서관 출판시도서목록(CIP)은 e-CIP 홈페이지(http://www.nl.go.kr/ecip)에서
이용하실 수 있습니다.(CIP제어번호: CIP2009000782)

사빠띠스따의 진화

ZAPATISTAS

The Chiapas Revolt and what it means for Radical Politics

미할리스 멘티니스 지음

서창현 옮김

사빠띠스따를 위하여
그리고 디미트리스와 에반치아를 위하여

감사의 글

초고를 읽고 논평을 해 준 모든 분들께 감사드립니다. 이 분들은 나에게 아이디어와 정보를 제공해 주었고, 이런저런 방식으로 이 책이 만들어지고 출간되는 데 도움을 주셨습니다. 이안 파커 교수, 바박 포쭈니, 에프레인 데라 크루즈, 펠리페 데 뽀똘비치, 일라나 마운틴 박사, 존 홀러웨이 교수, 이안 버킷 박사, 쥴 타운젠드 교수, 제랄딘 리브슬리 박사, 자넷 스미드슨 박사, 그리고 피터 홀워드 교수 들께도 진심으로 감사드립니다. 오벤떡, 라 가루차, 에밀리아노 사빠따, 디에스 데 아브릴, 산 호세 델 리오, 그리고 과달루뻬 떼뻬약의 사빠띠스따 자율 공동체의 모든 주민들(남성, 여성, 어린이들)께 특별한 감사를 드립니다.

차례

7장 결론

ACM : 반자본주의 운동 (anti-capitalist movement).

ALCA : 아메리카 자유무역지대 (Area de Libre Comercio de las Américas).

ANCIEZ : 에밀리아노 사빠따 독립 깜뻬시노 전국 연맹 (Alianza Nacional Campesina Indepediente Emiliano Zapata).

ARIC : 지방집단이익연합 (Asociación Rural de Interés Colectivo).

CCRI-CG : 혁명적 원주민 비밀위원회 총사령부 (Comite Clandestino Revolutionario Indigena-Comandancia General).

CND : 전국 민주 총회 (Convención Nacional Democratica).

CNI : 전국 원주민 회의 (Congreso Nacional Indigena).

COCOPA : 평화 및 화해 위원회 (Comición por la Concordia y Pacificación).

DF : 연방 지역 (Distrito Federal).

EPR : 혁명인민군 (Ejército Popular Revolucionario).

ESRAZ : 사빠띠스따 자율 반란 중등학교 (Escuela Secundaria Reblde Autonoma Zapatista).

EZLN : 사빠띠스따 민족해방군 (Ejército Zapatista de Liberación Nacional).

FLN : 전국 해방 세력 (Fuerzas de Liberación Nacional).

FZLN : 사빠띠스따 민족해방전선 (Frente Zapatista de Liberación Nacional).

IMF : 국제금융기구 (International Monetary Fund).

MST : 무토지 운동 (Movimento sin Terra).

NAFTA : 북미자유무역협정 (North American Free Trade Agreement).

NGO : 비정부조직 (Non-Governmental Organization).

PAN : 국민행동당 (Partido Acción Nacional).

PFP : 연방 예방 경찰 (Policia Federal Preventiva).

PPP : 뿌에블라빠나마 계획 (Plan Puebla-Panama),

PRD . 민주혁명당 (Partido de la Revolution Democratica)

PRI : 제도혁명당 (Partido Revolucionario Institucional)

PRONASOL : 민족 연대 강령 (Programa Nacional de Solidaridad)

UNAM : 멕시코 민족 자율 대학 (Universidad Nacional Autónoma de Mexico)

한국어판 서문

현재의 삶에서 벗어나 급진적인 집단적 정치 기획에 참여하는 것이 핵심적이라는 것, 이것이야말로 사빠띠스따가 우리에게 전해 주는 메시지의 가장 중요한 측면이라고 나는 생각한다. 바디우는 우리에게 다음과 같은 점을 상기시킨다. "모든 저항은 현재 존재하는 것과의 단절이다. 그리고 모든 단절은, 그 단절에 연루된 사람들에게는, 그 자신과 단절하는 것에서부터 시작된다." 1970년대와 1980년대에 치아빠스의 정글로

들어갔던 전사들, 그리고 원주민 전사들은 모두 아무런 확신도 없이, 그리고 어떠한 안전한 해결책도 없이, 어렵고도 기나긴 행로를 따르기로 하는 매우 개인적인 결정을 내렸다. 그것은 비밀스러운 혁명 조직의 형성을 관통한 위태롭고 위험스런 행로였다. 이 운동의 우상적 상징인 마르꼬스는 이러한 모든 개인적 단절들을 조합한 것들—1994년의 반란으로 이어지는 수많은 단절들—에 부여된 이름이다.

자신의 현재의 삶으로부터 단절하는 것, 무기력한 자본주의 세계의 확실성들과 냉담성들로부터 단절하는 것은 단순히 합리적인 선택이 아니라 하나의 급진적인 결정이다. 그리고 내가 그것을 급진적이라고 부르는 것은, 그것이 객관적 조건들에 대한 분석, 말하자면 수반된 위험과 그것에 힘을 부여하는 성공 및 실패들의 기회들에 대한 평가이기 때문이 아니다. 그와는 반대로, 그것은 주체적인 혁명적 욕망, 즉 위험에 위험으로 맞서기, 그리고 주어진 상황이 '부당'하며, 무엇인가를 행해야 한다는 단언이다. 달리 말해, 그것은 올바른 선택을 하느냐 마느냐의 문제가 아니라 위험을 무릅쓰고 몸을 던지느냐 마느냐의 문제이다. 사빠띠스따는 우리에게 다음과 같은 점을 상기시킨다. 객관적인 조건들이 우리를 걱정해 주는 경우란 없다는 것을 말이다. 적들은 언제나 우리보다 더 강하게 보일 것이며, 적절한 시간은 결코 오지 않을 것이며, 우리의 무장은 결코 충분하지 못할 것이다. 객관적으로 불리한 이러한 국가적이고 세계적인 조건들을 참작했다면, 그들은 아마도 자신들의 기획을 포기했을 것이며, 절망과 수동적인 상태로 위축되었을 것이다. 하지만 그들은 그렇게 하지 않았다. 그들은 혁명적 욕망, 돈키호테적인 광기, 끊임없는 작업과 조직화로써 불리한 조건들에 계속해서 맞서 왔다. 그들은 계속해서 절망에 맞섰으며, 급진적인 진로에 난색을 표하고 의심하는 태도들에 맞서 희망과 연대로써 저항했다.

사빠띠스따의 메시지를 한국의 독자들에게 전해 줄 이 한국어판의 발간 소식에 기쁨과 고마움을 금할 길이 없다. 더 많은 저항, 더 많은 개인적이고 집단적인 단절들, 더 많은 혁명적 경로들이 열려지기를 희망한다.

2009년 3월 6일 아테네에서

미할리스 멘티니스

서문

다음 이야기는 이제 잘 알려져 있다. 캐나다와 미국, 그리고 멕시코 사이의 북미자유무역협정NAFTA이 이행되는 1994년 1월 1일 새벽, 초칠Tzotzil, 첼딸Tzeltal, 또호라발Tojolabal, 소께Zoque, 촐Chol, 마암Ma'am 지역의 약 3천여 개의 원주민 게릴라 무리가 경부장을 하고 검은 스키마스크나 붉은 스카프로 얼굴을 가린 채 남동 멕시코의 치아빠스 주의 몇몇 시들과 지구들을 공격하여 점령했다. 반란군들은 스스로를 "사빠띠스따 민족해방군"(이하 EZLN 또는 사빠띠스따)으로 불렀으며, 그들은 원주민들에게 가해진 수백 년에 걸친 억압과 착취, 전지구적 신자유주의 현실의 죄악상, 그리고 모두를 이롭게 하는 토지, 정의, 민주주의를 위한 투쟁에 대해 이야기했다. 관리들에 둘러싸여 송구영신과 멕시코의 "제1세계"로의 진입을 축하하고 있었던 멕시코 대통령 까를로스 살리나스에게, 그리고 멕시코의 로비스트들과 국제 로비스트들에게 이 뉴스만큼 더 곤혹스러운 것은 없었다. "사빠띠스따가 멕시코 정부에 전쟁을 선포했던 것이다."

EZLN의 출현으로 혁명의 시대가 끝났다고 믿었던 사람들은 당황하지 않을 수 없었다. 전지구적 상황이 무장투쟁으로 회귀하기에 적절하지 않아 보였기 때문이었다. 소비에트 블록과 "현존 사회주의"는 과거의 일이었고, 니카라과의 산디니스따들[1]은 (1990년 2월의) 선거에서 패배했으며, (1992년에는) 살바도르에서 평화 협정이 조인되었다. 그리고 과테말라에서는 또 다른 절박한 상황이 벌어지고 있었고, 그 밖의 라틴아메리카 게릴라그룹들을 이끄는 지도자들은 박해를 받았으며, 꾸바는 이보다 훨씬 전에 살리나스 대통령 그리고 제도혁명당[이하 PRI]과 동맹 관계를 맺어오고 있었다. 게다가 무엇보다 더 중요한 것은 혁명적 실천 이론으로서의 맑스주의가 오랫동안 위기와 변형의 시기를 겪으며 그 미래가 다소 불확실해진 것처럼 보였다는 것이다. 그렇다면 이러한 불리한 여건에도 불구하고 정글에서 나와, 권력을 잡지 않고 세상을 바꾸기 위한 투쟁에서 돈키호떼의 광기가 필요하다는 점을 제시한 그 원주민 반란군들은 누구란 말인가?

1994년 새해 첫날 사빠띠스따 대변인이자 EZLN의 사령관인 마르꼬스 부사령관이 산끄리스또발의 거리에서 혁명을 선언하고 멕시코 정부 및 전지구적 자본주의와 전쟁을 선포한 지 12년이 흘렀다. 이 기간은 멕시코 정부와 전쟁을 치른, 준군사그룹들이 대학살과 테러를 자행한, 연방군이 원주민 공동체들을 파괴한 12년이었다. 하지만 이 기간은 또한 저항, 직접 민주주의, 자율적인 교육이 이루어진, 또 인류를 옹호하고 신자유주의에 반대하는 간대륙적 집회가 성사된 12년이었다. 이 기간 내내 치아빠스 반란을 다양한 견지에서 고찰하고 여러 측면들에 초점을 맞춘 수많은 학문적·비학문적 작업이 이루어졌다. 정치 이론가들 및 분석가들은 다음과 같은 질문을 제기해 왔다. 사빠띠스따는 라틴아메리카 민족해방군을 계승한 것인가, 아니면 새로운 유형의 정치(학)를 예고하는 것인가. 그들은 구조적인 불평등과 극심한 빈곤이 낳은 결과물인가, 아니면 동일성 정치의 표현인가. 그들은 혁명가들인가 개량주의자들인가. 포스트모던 게릴라들인가 아니면 무장한 사회민주주의자들인가 등등.

하지만 사빠띠스따가 받았던 이러한 주목에도 불구하고 이 운동의 본성과 전략, 효력을 둘러싼 합의는 거의 이루어지지 않고 있다. 한편에서 보면, 이 운동은 소위 "역사의 종말"에 도전하고, 전지구를 가로지르는 일련의 반자본주의 투쟁들을 고무하면서 어떤 식으로건 다시 한 번 급진적인 정치의 불꽃을 점화한 것으로 보인다. 다른 한편에서 보면, 사빠띠스따는 급진적인 변화를 이끌어내는 데에 실패했으며, 자신들의 정치적 의제들을 제출하는 데에 별다른 진전을 이루어내지 못했다. 이 기간 동안의 사빠띠스따의 활동과 그들의 활동에 대한 이론적 작업들을 둘러싼 경험들을 아우르면서 이제 우리는 그 운동을 더욱 깊이 이해하고, 그 반란의 몇몇 측면들에 대해서 면밀하게 고찰해야 하며, 치아빠스 봉기의 새로운 차원들을 탐구해야 한다. 이렇게 함으로써 우리는 이 운동의 잠재성과 함축들을 미래를 향해 확장할 수 있게 될 것이다.

이 책은 바로 이것, 즉 사빠띠스따 반란에 대한 새로운 접근 방법과 이해방식에 기여하는 것을 목표로 한다. 나의 주된 목적은 급진적인 정치와 급진적인 주체성을 [구성하기] 위해, 1994년 사건들이 갖는 중요성의 맥락에서 이 사빠띠스따 반란에 대한 새로운 이론화를 향해 이동하는 것이었다. 더욱이 나의 목표는 오늘날의 정치 질서 안에서 사빠띠스따 운동이 갖는 몇몇 측면들의 의의를 면밀하게 고찰하는 데에 기여하는 것이다. 나는 영어와 스페인어로 된 자료와 문헌뿐만 아니라 2001년 사빠띠스따 자율 지대를 9개월 동안 방문하면서 작성했던 현장 노트를 활용했다. 그렇지만 나는 이 책이 사빠띠스따를 이해하기 쉽게 풀이한 경험적인 책이 아니라는 사실을 처음부터 곧바로 밝혀야겠다. 내가 치아빠스에 머물러 있었던 것은 스페인어로 된 문헌에 익숙해지고 그 운동을 둘러싸고 계속 진행되었던 논의들을 이해하는 데 매우 중요한 역할을 했다. 그리고 가장 중요한 사실은 거기에 머물러 있으면서 내가 그 조직에 대한 수많은 측면들과 그것의 내적인 작동 원리들, 그리고 자율적인 사빠띠스따 공동체들의 문화적 요소들과 관련한 1차적인 정보를 얻을 수 있었다는 점이다. 하지만 수집된 데이터는 사빠띠스따에 대한 폭넓은 이론적 논의를 뒷받침하기 위한 자료로 채택된 것이므로, 이 책은 현장 조사, 민족지학 또는 그와 비슷한 부류로 읽혀서는 안 된다.

사실상 처음에 내가 사빠띠스따에 주목하고 그들에게 공감하게 된 것은 그들이 선언한 내용들 때문이었으며, 내가 인식하기에 그들이 제출한 의제가 정치적으로 급진적이기 때문이었다. 그리고 이러한 주제를 다룬 책을 집필하도록 자극받을 수 있었던 것은 내가 혁명 정치에 관심을 가지고 있었기 때문이었다. 바로 이러한 점 때문에 나는 치아빠스에서 일어난 사건들을 정치적·사회적 지형의 급진적 변형이라는 혁명

기획의 견지에서 접근해왔다. 다른 말로 하면, 이러한 혁명적인 실천과 이론이 내가 사빠띠스따를 읽고 분석하고 논의하고 이론화하도록 인도하고, 동시에 그 운동에 대한 나의 윤리적인 태도를 규정한다. 따라서 이 책에는 급진적 이론과 실천에 고유한, 분리할 수 없게 연결된 두 개의 구성적 축들이 드러난다. 하나는 이론적인 건설적 축이고 다른 하나는 비판적인 해체적 축이다. 한편으로, 나는 1994년 반란의 독특함과 사빠띠스따 반란이 하나의 "사건적 상황"으로서 갖는 특이한 성질을 이론적으로 탐구하는 데 몰두해 왔다. 나는 급진적인 정치와 급진적인 주체성들에게 반란이 어떠한 함축들을 갖는가 하는 맥락에서, 우리에게 매우 중요한 역사적 사건을 제공해주는 그 반란의 이러저러한 요소들을 명료하게 밝히는 것을 목표로 한다. 다른 한편, 나는 사빠띠스따를 1994년부터 출현하는 하나의 운동으로, 하나의 집단적 주체로 바라보는 비판적인 접근법을 채택했다. 나는 사빠띠스따를 옹호하는 문헌, 특히 학문적인 문헌 속에서 대부분 간과되어 왔거나 부적절하게 논의되어 온 그 운동의 과정과 실천의 몇몇 측면들을 강조했다.

내가 1장에서 서술하는 사빠띠스따의 개략적인 역사는, 사빠띠스따 운동이 적어도 운동의 초기에는 그리고 처음 몇 년 동안에는 어떤 혁명적 상상성[2] 안에서 작동했다는 사실을 입증한다. 이 운동은 무장투쟁을 통해 멕시코의 기존 질서를 혁명적으로 변형하는 것을 목표로 했다. 나는 역사 기록들과 신문 기사들을 포함하는 자료들을 활용하면서 이 운동의 역사를 뒤좇았다. 나는 1960년대 후반 멕시코의 정치적 격변과 치아빠스에 설치된 "게릴라 거점"에서부터 출발하여 사빠띠스따 민족해방군EZLN이 치아빠스의 여러 지역들을 점거하고 부사령관 마르꼬스가 "이것은 혁명이다"라고 선언한 1994년, 그리고 2001년 사빠띠스따 사령부가 멕시코 연합 의회에서 행한 연설에 이르기까지 이 운동의 역사를 추적했다. 이 역사적 평가는 사빠띠스따가 어떻게 출현했고, 어떤 식으로 작전을 전개해 왔으며, 또 어떻게 하면 독자들이 이 운동의 — 처음에 사회주의를 강조하는 것에서 시작해서 최근에 개헌을 요구하는 데에까지 이르는 — 정치적 과정을 파악할 수 있게 할 것인가 하는 맥락을 설정한다. 이 장에서 제공하는 정보와 분석은 사빠띠스 따를 시간과 공간 속에 위치짓고, 이 책을 관철하는 입장들, 논의들, 요점들을 이해하는 데 필수적이다. 하지만 이 책의 전개 과정에서 드러나는 명백히 유효한 역할을 넘어 1장이 목표로 하는 것은, 한편으로는 무비판적으로 환호하는 역사적인 설명들 그리고 EZLN을 병리학적으로 문제가 있는 현상으로 파악하고 이 운동이 갖는 중요성을 침식하기 위해 만들어진 적대적 설명들과 같은 두 개의 지배적인 경향들을 넘어서는 것이며, 다른 한편으로는 치아빠스에서 일어난 사건들의 근본적으로 비판적이고 유효한 연대기를 지향하는 것이다.

내가 사빠띠스따를 옹호하는 문헌들을 조사하면서 깨달은 것은, 사빠띠스따를 1994년 이후에 출현하는 하나의 운동으로 파악하면 할수록 우리는 어떤 선입견적인 이론, 즉 그 사건들의 새로움과 독특함을 제대로 파악할 수 없는 선입견적인 이론에 포섭되고 만다는 사실이다. 사빠띠스따를 다양하게 이해하는 독해들을 검토하는 2장에서 논의하겠지만, 검토된 모든 독해들이 이 운동의 중요한 측면들을 설명하고 있다는 사실에도 불구하고 이 반란에는 그러한 이론적 작업틀을 벗어나는 무언가가 존재한다. 종종 반란에 대한 구조적인 설명들이나 정체성identity이 논점들에 대한 강조를 수반하고 이와 함께 반란에 관계된 주체성들을 경시하는 태도로 이어지는 이러한 사실은 사빠띠스따를 이론들을 확인하기 위한 하나의 사례 연구로 축소시키며, 급진적인 정치(학)에 대해서 갖는 중요성을 사소한 것으로 만든다. 사빠띠스따에게 새로운 요소가 무엇인지

파악하고 이론화하려는 몇몇 시도들과, 투쟁에 참여한 주체성
들에 대한 설명을 발견할 수 있는 것은 오직 자율주의적 맑스
주의 진영뿐이었다. 이들의 시도가 다소 그들 자신의 시야에
한정되기는 했지만 말이다. 더욱이 우리는 2장에서 기존의 문
헌이 갖는 또 다른 문제와 만나게 된다. 즉 학문적 견지에서
이 운동에 완전히 무비판적으로 접근하는 태도 말이다. 이러
한 무비판적 접근법은 종종 조야한 이상화로 귀결되고 만다.
비판이 진정 학계 바깥의 견지에서 논의의 초점이 되면, 이것
은 종종 적내적 형태를 띠고 사빠띠스따에게는 주목할 만한
게 하나도 없다는 인상을 준다. 이 운동이 갖는 보다 폭넓은
정치적 의의를 이해함으로써 비판의 균형을 잡아보려는 시도
는, 비록 분석과 결론 면에서 정밀함이 발견된다 할지라도, 그
수가 매우 적으며 이론화의 수준도 조야한 편에 속한다. 따라
서 기존의 독해가 이러한 한계들을 가지고 있을지라도 우리는
그들의 초점을 넘어 다음과 같은 네 가지를 가능하게 해 주는
이론적 작업틀을 구축할 필요가 있다. 첫째, 치아빠스 봉기의
새로움이 무엇이며 이것이 급진적 정치(학)에 갖는 의미가 무
엇인지를 파악하는 것(4장). 둘째, 사빠띠스따 봉기의 결과 치
아빠스 내부에서 그리고 멕시코 외부에서 어떠한 급진적인 주
체성들이 생산되었는가를 논의하는 것(4장). 셋째, 그 운동을
둘러싼 담론과 실천의 여러 측면들을 비판적으로 평가하는 것

(5장). 넷째, 급진적인 주체성들이 지역적으로 어떻게 생산되는지, 그들이 원주민의 사회적 상상성과 어떻게 횡단하는지, 그리고 그것들이 그 반란을 조건짓는 데 얼마나 중요한지를 탐구하는 것(6장).

나는 이러한 분석 방향들을 염두에 두면서 3장으로 나아갈 텐데, 여기에서 "자율 기획"이라는 꼬르넬리우스 까스또리아디스의 개념(1988a, 1988b, 1991)을 논의할 것이며, 이 개념을 안또니오 네그리의 저작에서 논의된 바 있는 "제헌권력"[구성적 힘]constituent power 개념(1999)과 연결시킬 것이다. 이렇게 함으로써 급진적인 정치적 과정들의 위치를 정하기 위한, 그리고 제헌권력으로 표현되는 자율 기획의 펼침으로 혁명적 기획을 이해하기 위한 하나의 이론적 작업틀을 발전시켜 보려는 것이다. 자율 기획은 삶과 인간 해방이라는 자율적인 구성을 향한 끝없는 과정에서 사회의 전 체계에 부단히 질문하는 것을 함축하는 "사회적인 상상적 의의"의 출현이다. 자율 기획의 배치가 제헌권력이 될 때(그리고 그것이 제헌권력이 되는 한에 있어서만 오직 완전하게 표현될 때에), 이 기획은 혁명적 기획이 된다. 사실상 유럽의 근대기 내내 이루어진 자율 기획의 이러한 역사적 전개만이 — 영국 혁명에서 러시아 혁명에 이르는 — 혁명들을 설명해 주며, 그와 동시에 사빠띠스따의 정치적 활동을 바른 위치에 놓을 수 있는 역사적 노선의 전개를 구성해 준다. 이 운동이 출현했고 현재 작용하고 있으며, 자율 기획이 물질화되어야 하는 현재의 세계 질서를 나는 네그리와 하트(2000)를 따라 "제국"이라는 개념으로 기술한다. 이것은 내가 후속 장들 모두에서 준거로 삼는 이론적인 작업틀이다. 이 틀을 통해 나는 사빠띠스따 봉기를 알랭 바디우(2002)의 "사건" 개념, 그리고 급진적인 주체성들의 생산(4장) 개념과 연관지어 논의할 수 있었고, 사빠띠스따를 제국 내부에서 비판적으로 분석할 수 있게 되었으며, 원주민의 사회적 상상성 안에서 일어나는 급진적인 변화, 동시에 그 결과로 발생하는 집단적인 급진적 주체성의 구축(6장)을 탐색할 수 있었다.

이 봉기의 독특한 특징뿐만 아니라 혁명적인 주체성들에게 갖는 이 봉기의 중요성과 관련하여 이 책이 취하고 있는 이론적인 구성적 방향은 4장에서 전개된다. 나는 주로 알랭 바디우(2002)의 이론, 더욱 구체적으로는 그의 "사건" 그리고 사건에의 "충실성"fidelity이라는 개념에 의존하면서, 더불어 "상황주의" 이론과 자율주의적 맑스주의의 "자기가치화" 개념에 의존하면서 다음의 두 가지 상호 연관된 방향들을 목표로 하는 이론적 작업틀을 구축한다. 첫째, 언급된 이론들과 개념들을 사빠띠스따이 어떤 측면들을 이해하기 위해 적용하는 것. 둘째, 혁명적 주체성들을 논의하는 것. 첫 번째 문제와 관련하여 내가 목표로 삼는 것은 그 봉기를 새롭게 이해하는 것이다.

다시 말해 그 봉기의 특성과 그것이 국제 정치(학)에서 갖는
중요성, 그리고 그 봉기가 우리를 참여하도록 이끄는 사회역
사적인 임무를 새롭게 이해하는 것이다. 바디우의 “사건” 개념
과 상황주의의 “구축된 상황들”이라는 개념을 결합하면, 하나
의 새로운 범주, 즉 사빠띠스따의 반란을 가장 잘 나타내는
“사건적 상황”이라는 범주가 출현한다. 두 번째 문제와 관련해
서 나는 바디우의 이론을 치아빠스에서 일어난 사건들과 관련
지어 확장하고, 혁명적 주체성의 구축을 그 주체성이 사빠띠
스따 반란에 어느 정도로 그리고 어떤 방식으로 참여했는가
하는 문제와 관련하여 논의하며, 사빠띠스따의 사건적 상황에
대한 세 가지 “충실성의 주체들”subjects of fidelity을 구별한다. 이
어서 바디우 이론의 한계들을 탐색한 뒤, 구축된 이론적 작업
틀과 관련하여 그것들에서 벗어날 수 있는 하나의 길을 제안
한다. 이러한 단계를 밟아 우리는 이 책의 결론에 한 발 다가
가게 될 것이다.

나는 5장에서 사빠띠스따에 대한 비판적인 독해로 나아간
다. 이것은 이 운동이 혁명적 기획과 모순되는 것처럼 보이는
여러 측면들의 정체를 밝히고, 그러한 모순이 확대되는 것을
제한하고 막기 위한 것이다. 나는 대부분의 사람들에게 간과
되어 왔으며, 또는 2장에서 논의된 여러 관점들에 의해 적절
하게 다루어지지 못했던 논점들에 주로 관심을 가져왔다.

EZLN이 여타의 멕시코 반란그룹, 특히 혁명인민군EPR에 취했던 입장, 사빠띠스따들이 멕시코 국민에게 강조한 내용과 그것에 대한 옹호, 동시에 사빠띠스따들의 평등주의적인 공적 담론과 원주민 공동체들 내부의 억압적인 실천들 사이의 모순들과 같은 논점들 말이다. 후자의 비판 영역은 내가 치아빠스에 머무는 동안 원주민 공동체들에서 관찰한 내용들을 기초로 한 것이며, 조심스럽게 다룰 수밖에 없는 영역이다. 더 구체적으로 말하자면, 나는 드보르(1998)가 주장한 바와 같이, "어느 누구에게라도 충분히 정부를 제공"하지 않고서는, 인간해방의 기획과 정반대의 대당對當에 놓일 수밖에 없다는 비판을 수행하려고 노력해왔다. 그와 동시에 나는 내 비판의 결과가 혁명적 기획이 아니라 오히려 적에게 봉사하는 데 쓰이는 것을 피하면서, 사빠띠스따의 공적 담론이 어떻게 공동체들에 피드백되어 들어가는지, 그리고 저항의 지점들과 변화를 위한 가능성들을 생산하는지 밝히기 위해 노력해왔다. 더욱이 5장에서 나는 사빠띠스따 운동이 전 세계의 급진적인 정치와 국제적인 투쟁에서 갖는 더욱 폭넓은 의의에 초점을 맞췄다. 이것은 4장에서 간단하게만 언급한 측면으로서 여기 5장에서 더욱 상세하게 설명하게 될 것이다.

6장에서 나는 원주민 세계로 들어가, 지금까지 문헌에서 거의 주목을 받지 못했던 사빠띠스따의 여러 측면들을 탐구한다. 이것은 이 운동에서 차지하는 원주민적인 요소가 갖는 지배적인 실재presence이며, 그 결과로서의 원주민적인 특징이다. 나는 치아빠스 내부에 존재하는 "원주민의 사회적 상상성"에 초점을 맞춰 이러한 탐구를 진행했으며, 원주민의 사회적 상상성과 사빠띠스따 투쟁을 연결하는 끈들, 다시 말해 그들의 상호 수정受精과 상호관계를 밝히려고 노력했다. 이러한 작업 틀 안에서 보면, 사빠띠스따 발라끌라바[3]들은 "원주민의 사빠띠스따 상상성"으로 설명되며, 이 지역에서 발생하고 있는 사회정치적인 변형 과정들로 설명된다. 이 장에서 의도하는 것은 다음의 두 가지이다. 첫째, 이전에 간과되었던 봉기의 지역적 측면들을 조명하는 것. 둘째, 이것이 가장 중요한 것인데, 사빠띠스따의 혁명적 주체성들의 지역적 근거지basis를 밝히는 것. 치아빠스에서 출현한 혁명적 주체성들은, 그들이 서양의 이론적 논의들에 침윤되어 있다는 사실에도 불구하고, 원주민의 사회적 상상성에, 그리고 나구알들(동물의 신성일체)naguals의 변형적 역능을 믿는 수백 년 동안의 믿음에 뿌리를 두고 있다.

7장 결말에서 나는 이 모든 것들의 귀결점이 어디로 향하는가 하는 논의 속에서 모든 요소들을 함께 다룬다. 나는 이것이 우리에게 말해주는 것이 무엇이며, 미래에 우리가 어디에 있게 될 것인가, 한계들은 무엇이며, (5장에서 확인된) 충실성의 주체들이 제국 내부에서 움직이는 데 필요한 지침은 무엇인가 하는 문제를 제기할 것이다. 나는 마르꼬스의 개인적인 궤적을 논의하는 것으로, 또 공통의 대의cause에 헌신하겠다는 개인적인 결정, 즉 결과적으로 자신의 삶에 파열을 불러오는 결정에 기초하는 급진적인 전사戰士 이론을 예시하는 것으로 결론을 맺는다. 앞으로 논의하겠지만, 이것은 급진적인 집단적 기획에 전투적으로 참여함으로써 표현되고 실현될 수 있을 뿐인 변형을 향한 개인적인 의지이다.

1장

사빠띠스따 연대기

초기의 연대들: EZLN의 전사
사빠띠스따 연대기: 1994~2001
"멍군" 말고 "장군!"

1

사빠띠스따 연대기

신자유주의에서 지구화가 맞닥뜨린 문제는 지구가 폭발한다는 점이다.
— 부사령관 마르꼬스의 1996년 라깐도나의 돈 두리또 연설

이 책의 의도와 관련하여, 그리고 어쩌면 치아빠스 봉기를 이해하려는 어떠한 시도와 관련하여, 본질적인 것은 사빠띠스따의 정치적 활동 및 사빠띠스따의 기획이 1994년 사빠띠스따 민족해방군EZLN이 처음으로 모습을 드러낸 이래로 수년간의 투쟁과 저항을 거쳐 전개된 그들의 연대기적인 펼침 속에서 진술되고 분석된다는 사실이다. 달리 말해, 우리에게 필요한 것은 사빠띠스따의 "망각에 맞서는 전쟁"의 전개를 역사적

으로 설명하는 것이다. 이 설명은 단순히 사건들을 뒤따라가면서 서술하는 것이 아니라, 그와 반대로 독자들에게 이 운동을 생생하게 전달하며, 지금까지 전개된 이 운동의 궤적이 갖는 가장 중요한 측면들과 과정들을 파악하고 드러내는 것이다. 나는 저널리즘적인 설명들에서 비사(祕史)에 이르는 다양한 자료들에 의존하면서, 제일 먼저 사빠띠스따 이전의 역사를 무어라 부를 것인가에 대한 짧은 설명을 제공할 것이다. 이것은 마르꼬스가 "이것은 혁명이다"라고 선언하고 사빠띠스따들이 "이제 충분하다"ya basta라고 선언하기 이전의 10여 년간의 정치적 과정들과 활동을 조명하기 위한 것이다. 이어서 나는 이 연대기의 본문에, 1994년에 EZLN이 산끄리스또발을 장악한 뒤 2001년 사빠띠스따 행렬에 의해 멕시코시띠가 "장악"될 때까지 전개된 운동, 그리고 사빠띠스따 사령관들이 "원주민 법안"에 찬성표를 던지도록 멕시코 의회를 설득하는 데 실패하기까지의 과정을 기록할 것이다.

이 역사적 설명에는 두 가지의 서로 연관된 목표가 존재한다. 첫째 목표는 사빠띠스따 봉기를 혁명적 관점에서 바라보는 역사에 기여하는 것이다. 자본이 그 자신의 역사를 쓰듯이, 우리는 우리 자신의 역사를 쓴다. 이 논제의 전개와 관련된 것으로서 두 번째 목표는, 이 운동에 대한 다양한 정치적 독해들, 비판적 분석과 논의 ― 이것들은 후속 장들에서 다루어질 것이다 — 에 구체성을 부여하는 것이다. 이러한 목표가 이 운동이 출현했고, 영향을 끼쳤으며, 여전히 영향을 끼치고 있는 국가적이고 국제적인 맥락 양자에 대한 세부적인 분석을 포함해서, 이 운동의 활동 전반을 포괄하는 어떤 역사적 설명을 하려는 것이 아니라는 사실은 분명하다. 내가 이미 언급한 바와 같이, 내 목표는, 이 운동의 궤적에 존재하는 결절점을 강조함으로써 그리고 언제나 이 책의 주요 초점들과 맺는 관련성 속에서, 이 운동에 생명을 부여하는 것이다.

초기의 연대들: EZLN의 전사前史

한 가지 분명한 것은, 그리고 대부분의 분석가들(예컨대, De La Grange & Grange, 1997)이 이에 동의하는 것처럼 보이는데, 지난 40여 년의 멕시코의 주요한 혁명그룹들의 탄생이 1960년대 후반 무렵, 더 구체적으로 말하자면 뜰라뗄롤꼬 대학살이 일어난 날인 1968년 10월 2일로 거슬러 올라가야 한다는 것이다. 학생들은 이 날 당국의 금지령을 묵살하고 멕시코시띠의 중심부인 뜰라뗄롤꼬에 모이기로 결정했다. 이것은 억압에 항의하기 위한 것이었고, 또 멕시코 사회의 여러 부문들 중에서 정부가 갖는 정당성에 대한 광범한 문제 제기와 점증하는 항의에 대응하는 정부의 반동反動에 항의하기 위한 것이었다(Montemayor, 1997). 수명의 정부 저격수들이 자리를 잡고 있던 건물들에서 빗발치듯 발사된 최초의 총탄은 라스 뜨레스 꿀뚜라스 광장[삼문화 광장]을 에워싸고 있던 시위대를 겨냥한 것이었다. 그 도발은 결국 살육殺戮으로 귀결되었다. 당국은 27명이 사망했다고 인정했다. 비공식적인 숫자는 300명을 밑돌지 않았다. 멕시코 정부는 어떠한 조사도 불허하기로 결정했으며, 대학살에 관한 문서들을 "기밀"로 선언하였다. 열흘 후에 올림픽 경기가 멕시코에서 개최되었다.

뜰라뗄롤꼬 대학살은 혁명그룹들의 형성을 공고하게 만들었다. 이 그룹들은 꾸바 혁명에 고무되어 제도혁명당이하 PRI을 전복시키는 것을 목표로 삼았다. 뜰라뗄롤꼬 대학살이 있은 지 1년 뒤인 1969년, 한 대학생그룹이 혁명그룹인 민족해방군이하 FLN을 설립했다. 이 그룹의 목표는 멕시코에 사회주의 체계를 갖춘 민중공화국을 확립하는 것이었다. FLN의 수석 지도자는 쎄사르 게르만 야녜스였다. FLN의 회원이기도 한 그의 형 페르난도 야녜스는 나중에 EZLN를 창립하는 데 주된 역할을 하게 되는데, 지금은 사빠띠스따와 정부 사이에서 중재자의 역할을 맡고 있다. 정부는 그를 사령관 게르만과 동일시하고 있으며, 사빠띠스따는 그를 "엘 아르키뗙또"로 부르고 있다. FLN은 자신의 최초의 "게릴라 거점"을 치아빠스의 정글 안에 두기로 결정했다. 그들은 이 지역에 엄청난 혁명적 잠재력이 있는 것으로 믿었다. 혁명적 사상을 확산하기에 알맞은 전제 조건들이 모두 갖추어져 있으며, 동시에 이곳의 지리적 위치와 지형이 게릴라 전술을 펼치기에는 안성맞춤이었기 때문이다. FLN은 멕시코시띠와 북부 지역의 다른 도시들에 필요한 하부조직을 갖춘 뒤에 1972년 라깐도나 정글 안에 자신의 첫 게릴라 캠프를 설치했다.(De La Grange and Rico, 1997)

1970년 루이스 에체베리아가 멕시코의 대통령이 되었다. 그는 뜰라펠롤꼬 내학살 당시 내무장관이었으며, 그 대학살과 여타의 잔학 행위들에 연루된 혐의로 고발되었다. 1971년 에체베리아 재임 중에 일어난 또 하나의 학생 대학살로 인한 [대중들의] 격분으로 그는 자신의 이미지를 개선하지 않으면 안 되었다. 1970년대의 연방 정부 정책들은 노동자들, 농민들, 학생들의 불만을 누그러뜨리는 것을 목표로 했다. 그리고 시골에서는 깜뻬시노[1] 조직들, 지방 발전 프로그램들을 장려하고, 새로운 에히도[2] 조합(토지는 집단적으로 소유되며 상속되지만 판매는 할 수 없다)의 창설을 독려하는 데 주의를 기울였다. 하지만 정부의 정책들은 권력을 지닌 지방 엘리트의 경제적·성치석 이해관계에 손을 대지 못했기 때문에 어떠한 실질적인 변화를 불러오지는 못했다. 시골에 사는 사람들의 생활 조건을 개선시키기 위한 이러한 정책들이 부적절했기에, 그러나 한편으로는 에체베리아의 대중주의적 정책들로 인하여, 지난 10년 내내 행동주의와 새로운 깜뻬시노 운동들이 번성했다.(Ortiz, 2001)

치아빠스에서 1970년대와 1980년대는 수많은 깜뻬시노 조직들뿐만 아니라 소규모의 무장그룹들의 출현, 그리고 사빠띠스따의 형성에서 지난 1980년대 무렵 구체화되기 시작한 강렬한 정치적 활동으로 특징지어진다. 라깐도나 정글에서 형성된 가장 거대한 조직들 중의 하나가 1975년에 만들어진 킵띡딸레쿰따셀(Quiptic, 첼딸어로 "우리는 진보하기 위해 힘을 합한다"라는 뜻)이다. 마르꼬스에 따르면, 이 조직에 근본주의적인 특징(Le Bot, 1997)을 부여하는 문화적, 경제적, 사회적, 종교적인 성분들의 혼합체인 Quiptic은 산끄리스또발의 주교이자 "해방신학"을 열렬히 지지하는 사무엘 루이스에 의해 1974년에 조직된 원주민 회의의 전국 집회에서 모습을 드러냈다. 이 기간에 등장한 다른 조직들은 에히도 토지와 자유 연맹 그리고 에밀리아노 사빠따 혁명 여단 등이다. 실제로 더욱 폭넓은 좌파(모택동주의자들, 뜨로츠키주의자들, 게바라주의자들, 레닌주의자들 등등)로 구성된 다양한 정치적 연합체들의 수많은 조직들은 지역 주민을 조직하기 위해 이 기간 동안 치아빠스에 정착했다. 이 모든 그룹들의 기본 요구는 "토지와 자유"였다. 가톨릭 교회는 원주민 공동체들 내에서 가지고 있던 강력한 지위로 인해 깜뻬시노의 정치적 조직화에 촉매제 역할을 했다. 레고레타(1996. De La Grange and Rico, 1997에서 인용)의 주장에 따르면, 가톨릭 교회는 1970년대 초반 이래로 민중들을 투쟁하도록 만들기 위한 이데올로기적인 여건들을 생산하고 있었지만, 그들에게 그렇게 할 투쟁수단을 제공하지는 못하고 있었다. 사실상, 공동체들 내에 해방신학을 퍼뜨리도록 주교 관구에서 훈련을 받은 원주민 전도사들은 그러한 임무를 수행하기에는 경험과 정치적 경력 둘 다 부족했다. 주교 관구의 초내를 받은 모백동주의 조언사들은 그러한 임무를 수행할 책임을 떠맡았고, 곧바로 인민 장기전 전술에 따라 주민들을 조직하기 시작했다.

1970년대 동안에 치아빠스에서 일어난 노동자들과 원주민 깜뻬시노들의 항의들은 폭력적인 군사적 제지를 당했으며, 정부의 지원을 받는 그 지역의 권세 있는 지주들은 원주민의 저항을 폭력적으로 통제하기 위한 준군사그룹들을 만들었다. 원주민 깜뻬시노들의 암살과 실종은 일상사가 되었다. 1980년대 초반까지 상황이 나아질 기미가 전혀 없었다. 1980년 7월에는 군대가 왈로찬의 마을을 공격하여 12명의 농부들을 사살했다. 전국에서 새로운 농민 운동들이 줄현했다.(Bajo Palabra, 2001) 이 운동들 중에서 가장 영향력 있는 것은 "연맹들의 연맹"으로서, 이 단체는 1988년에 "지방집단이익연합"이하 ARIC

으로 모습을 바꾼다. 1982년 무렵 FLN의 전사들과 연합 조직들은 이미 치아빠스의 산악 지대의 정글 바깥에서 조직들과 공동체들 출신의 사람들과 접촉하기 시작했으며, Slop(첼딸어로는 "뿌리")이라는 이름의 새로 만들어진 가톨릭 조직과 협력하기 시작했다. 이 조직의 일차적 목표는 원주민의 저항을 조직하는 것이었다. 1983년 경찰, 연방군, 준군사그룹들(예컨대 백색경비대)이 자행하는 (거대지주들의 이해관계를 유지하는 것을 목적으로 하는) 억압과 테러의 상황에서, 그리고 또 다른 전사그룹이 게릴라그룹과 합류하기 위해 도시에서 도착한 이후에, 일정 기간 내부적으로 변화를 겪고 이제는 수많은 원주민 신병 게릴라들이 소속되어 있던 FLN은 "사빠띠스따 민족해방군"EZLN으로 이름을 바꾼다.

앞으로의 시간은 새로운 조직을 준비하는 기간이었다. 이 조직은 방어적인 교의doctrine를 갖춘 채, 직접적인 행동을 취하기보다는 계속해서 원주민 공동체에 자신의 군사적이고 시민적인 토대들을 갖춘 내적 조직으로 남아 있었다. 몇 년 지나지 않아 작은 게릴라그룹으로 출발한 EZLN은 수천 명의 남녀로 구성된 원주민 군대로 모습을 바꾸었고, 치아빠스의 정글과 산악 지대의 점점 더 많은 공동체들에게서 지원을 받았다. 한편 몇몇 모택동주의 조직가들이 이 그룹을 통제하려 하고, 또 정부 스파이 활동을 벌이다 고발되면서 Quiptic 내에서는 위기가 발생했다(이와 동일한 모택동주의자들 중 일부가 차기 정권의 행정부를 위해 공공연하게 활동했다).(Montemayor, 1998) 결국 1988년 주의 조언가들이 치아빠스를 떠난 뒤 Quiptic은 ARIC와 합병했고, 이제 6천 개 그룹들의 지원을 기대할 수 있게 되었다. 사빠띠스따는 이 조직에 침투하여 결국 통제권을 확보했으며, 그룹 내에 두 가지 경향— 개혁주의적 경향과 혁명주의적 경향— 이 발전하는 데 불을 당겼다. 몇 년 후, 그룹의 지도부— 이들은 "합법주의적" 정책들을 전개하고 있었다— 가 혁명진 분파를 억압하자, 시빠띠스따는 라이벌 조직인 "에밀리아노 사빠따 독립 깜뻬시노 전국 연맹"ANCIEZ를 만들었다. 이 조직은 곧 EZLN의 정치적 전위가 될 것이었다.(De La Grange and Rico, 1997; Ortiz, 2001)

1988년 여름 멕시코는 정치적 격변 상황에 놓여 있었다. 까를로스 살리나스가 대통령으로 선출되었지만, 그의 당선은 좌우익 반대파에 의해 부정 선거로 비난받았다. 이들은 재개표를 요구하는 전국적인 대규모 시위를 조직했다. 하지만 이 새 대통령은 이미 미국과 여러 유럽 국가들, 그리고 꾸바의 승인을 받은 상태였다. 살리나스는 경제안정, 복지국가, 민주화를 약속했다. 1992년에 만들어진 "민족 언대 강령"PRONASOL은 세계은행의 재정 지원을 받아 기간시설infrastructure을 구축하고 치아빠스를 포함하여 멕시코의 빈민 지역을 근대화하는 것을 목표로 하는 살리나스의 복지 정책들 중의 하나였다. 그러나 자금은 PRI의 통제를 받았으며, 당 간부들의 매수자금과 새로운 교도소를 짓는 것과 같은 근대화 기획을 위한 기금의 원천으로 사용되었다. 같은 해에 PRI 정부는 공동 소유 토지, 즉 에히도ejido — 이것은 수많은 원주민 공동체들의 생활 터전을 이루고 있었다 — 를 없애기 위해 헌법을 개정했다.(Neil et al., n.d., late 1990s)

사실 과태말라 정보원들이 라깐도나 정글에 게릴라그룹이 존재한다는 정보를 훨씬 이전부터 멕시코 정보원들에게 알려주었음에도 불구하고, 이 그룹은 경무장을 한 농민들로 구성된 소규모의 그룹으로 간주되었고, 따라서 별다른 위협이 되지 않을 것으로 생각되었다. 그러나 1993년 5월 정글 한가운데에서 게릴라 캠프가 발견되면서 분명해진 사실은 이 그룹이 이전에 생각했던 것보다 훨씬 잘 조직되었으며 장비도 잘 갖추고 있었다는 것이다.(De La Grange and Rico, 1997) 하지만 당시는 게릴라들에 대해 어떤 조치를 취해야 할 정도의 정치적 상황은 아니었다. 멕시코는 NAFTA 가입과 동시에, "제1세계"로의 진입을 준비하고 있었다. 살리나스는 이것이 멕시코의 경제 문제들을 풀 수 있는 해결책이라고 선동하고 있었다. 더욱이 살리나스는 자신의 선거 캠페인 동안에 멕시코 원주민들과의 호전된 관계를 약속했었다. 거의 원주민만이 거주하고 있는 지역인 라깐도나 정글에서 군사 작전이 벌어진다면, 뿐만 아니라 치아빠스에 게릴라 조직이 존재한다는 것을 그저 인정하는 것만으로도, 그것은 미국과의 협상을 복잡하게 만들 수 있었으며, 정부측으로서는 엄청난 경제적 손실의 결과를 가져올 수 있을 것이었다. 그래서 살리나스는, 정글에서 사건이 일어나고 나서 몇 달 뒤에 가진 한 인터뷰에서, "전국적으로 사회가 안정되어 있다"(Montemayor, 1997, p. 50. 번역은 지은이)라며 독자들[국민들]을 재차 안심시켰다. 이 단계에서 조치, 이 게릴라 조직의 규모가 어느 정도인지, 그리고 앞으로 어떤 일이 일어날지 어느 누구도 짐작할 수 없었다. 1993년 8월 1일 내무장관이자 전 치아빠스 주지사였던 빠뜨로씨니오 곤살레스는 치아빠스에는 게릴라들이 존재하지 않으며, 소문들이 국내 및 해외 투자를 방해함으로써 이 지역의 경제발전을 위험에 빠뜨리고 있다는 점을 공개적으로 발표하였다.(De La Grange and Rico, 1997; Levario Turcott, 1999)

정글에서 게릴라 캠프가 발견되기 1년 전에 원주민 공동체들은 자신들의 조직의 미래를 결정하기 위한 회합 및 논의의 과정을 거치고 있는 중이었다. 논의의 결과 멕시코 국가와의 전쟁을 찬성하는 데 다수가 표를 던진 집단적인 결정이 이루어졌고, EZLN의 메스띠소3 지도자이자 1994년 이후 사빠띠스따의 대변인이었던 부사령관 마르꼬스에게 전쟁에 필요한 모든 준비를 하도록 권한이 위임되었다. 얼마 뒤 그해 10월 12일에 멕시코는 "두 세계의 만남" 500주년 — 이는 스페인의 정복 행위를 정부가 웅변적으로 공식화하는 것이었다 — 을 축하하고 있었다. 같은 날 약 1만 여명의 원주민들(이들 중 절반이 ANCIEZ의 구성원들이었다)이 소위 "두 세계의 만남이라는 문화적 거짓말"을 자신의 방식대로 기념하면서 산끄리스또발에서 시위를 벌였다. 군중들은 도시의 여러 광장들 중의 한 곳인 이곳에 세워진, 스페인의 정복자이자 이 도시를 세운 디에고 데 마사리에고스의 동상을 무너뜨린 뒤에 치아빠스의 정글과 산악 지대로 철수했다. 누구도 인식하지 못한 가운데 사빠띠스따는 자신의 공개적 모습을 처음으로 드러냈다. 이 전쟁 시뮬레이션이 있은 지 15개월 뒤에 치아빠스의 초칠족들, 첼딸족들, 쫄족들, 또호라발족들, 소께족들, 마암족들이, 이번에는 마스크를 하고 무장을 한 채, 멕시코 정부와의 전쟁을 선포하기 위해 산끄리스또발의 거리에 다시 모습을 드러낼 것이었다.(Monsivais, 1999)

이상이 사빠띠스따 반란이 일어나기 전의 시기를 매우 응축하여 표현한 연대기라 할지라도, 우리는 이 연대기 구성을 정치적 논쟁의 공간으로 이해해야 한다. 중도 및 우파 입장을 가진 저자들은 보통 사빠띠스따 전사前史를 이 운동의 과거, 그리하여 현재를 무효화하는, 그리고 종종 헐뜯는, 이 운동이 제기하는 담론의 근본 원리에 도전하는, 그리고 이 운동의 의의와 민주주의적인 지평을 축소하는 정치적 수단으로 구축한다. 어떤 저자들은 사빠띠스따 전사를 순수하게 저널리즘적으로 분석하고 구축하는 데 몰두한다.(예를 들어 De La Grange and Rico, 1997) 한편, 또 다른 저자들은 보다 이론적인 어감nuance의 설명을 한다. 그러나 이것은 마찬가지로 이론적 분석이라는 외관을 띤 반사빠띠스따적인 저널리즘적 설명들을 선택적으로 모아 놓은 것에 지나지 않는다.

예를 들어 게레로-치쁘레스(2004)는 사빠띠스따 전사를 논의하면서 사빠띠스따의 기원을 "저열성"ignobility이라는 라클라우(1990)의 작업틀 안에서 바라보는 해석을 구축한다. 그는 라클라우를 따라, 정치적 헤게모니를 획득하길 원하는 세력이라면 누구나 스스로를 모든 선善의 원천으로 확립하려는 투쟁을 벌이는 과정에서 자신의 "저열한" 초기를 제거해야 한다고 주장한다. 게레로-치쁘레스는 주로 반사빠띠스따 자료를 활용하여 자신의 이론적 작업틀에 적합한 요소들을 선별적으로 선택하고, EZLN의 과거 이미지를 "저열한" 것으로 생산해낸다. 그의 설명에 사회적·정치적 맥락은 완전히 결여되어 있다. 국가의 폭력, 준군사그룹들이 자행한 잔학 행위, 깜뻬시노의 항의와 그들의 정치적 요구에 대한 폭력적 억압, 활동가들의 실종과 살인은 모두 생략되거나 관계없는 것으로 다뤄진다.

FLN과 EZLN이 출현하게 된 정치적·사회적 맥락을 제거해 버리면 사빠띠스따의 기원을 저열한 것으로 제시하게 되는데, 왜냐하면 1994년의 반란을 낳은 사빠띠스따의 정치적 활동이 진공 속에 존재하게 되고 비합리적인 것으로 보이기 때문이다. 이 운동의 기원을 "저열한" 것으로 구성했던 게레로-치쁘레스는 한 걸음 더 나아가 EZLN에 "군사적 경향"이라는 속성을 부여함으로써 이 운동의 기원, 그리고 어느 정도는 현재의 운동에 대해 병리학적 진단을 내린다.

1994년 이전의 사빠띠스따 활동, 그리고 실제로 이후의 활동이 일반 주민의 생활 조건에 강력한 영향을 미친 것은 사실이다. 사빠띠스따의 기획과 무장투쟁에 반대했던 주민들의 입장에서 보자면, 그들은 전쟁을 피해 자신의 공동체들을 떠나야 했기 때문에 부정적인 결과들을 가질 수밖에 없었다. 적어도 1994년 초기 몇 개월까지는 EZLN이 군사적militaristic 논리를 상속받고 유지한 것 또한 사실이다. 하지만 EZLN의 과거를 병리학적으로 보려는 보수주의적인 단순한 반사빠띠스따 접근법과 달리 우리는 EZLN의 개념화와 발전을 치아빠스와 멕시코에 실재하는 사회정치적 조건들과의 연관 속에서 이해할 필요가 있다. 달리 말해, 그리고 이것이 위에서 묘사한 연대기에서 보여주려고 했던 것인데, EZLN의 출현과 그것의 군사적 논리는 "저열한" 기원을 구성하는 것이 아니라, 폭력적이고 억압적이며 군사화된 정치적 맥락 속에서 취할 수 있는 가장 효과적인 저항 수단을 구성한다. 하지만, 그리고 억압적인 조건들이 EZLN의 출현을 조건지었다는 사실에도 불구하고, 우리는 이 조직의 출현을 순수하게 객관적인 조건들로 환원하지 않도록 주의해야 한다. EZLN의 출현과 발전을 봉기의 준비 과정에 활동적이고 전투적으로 침여했던 사람들의 급진적인 주체성의 맥락에서 이해하는 것이 중요하다. 나는 이 점을 이어지는 장들 속에서 더욱 상세하게 논의할 것이다.

사빠띠스따 연대기 : 1994~2001

"이것은 혁명이다."

산끄리스또발의 식민지풍의 마을에 있던 수많은 여행자들, 저널리스트들 그리고 지역 주민들은 1994년 1월 1일에 어떤 일이 일어났는지 거의 이해할 수 없었다. 마을의 주 광장에 흰 얼굴에 마스크를 한 사람이 검은 옷을 입고 손에 기관총을 든 채 여러 사람들 앞에 나와 서 있었다. 그는 카메라를 향해 선언문을 낭독하고 있었으며, 무전기를 통해 다른 부대들과 교신하고 있었다. 그의 주변에 있던 사람들은 동료 반란군들이 그를 "사령관" 또는 "부사령관"이라고 부르는 소리를 들었다. 나중에, 그의 이름이 "부사령관" 마르꼬스였다는 사실이 알려지게 될 것이었다.

군중들은 놀랍고 걱정스런 표정으로 그를 지켜보고 있었다. "당신은 우리를 가게 할 건가요?"라고 마을을 찾은 한 방문객이 물었다. 여행객들은 자신들의 지역으로 2월 2일에 돌아갈 수 있을 거라고 통지를 이미 받고 있었다. "왜 가길 원하나요?"라고 그 남자가 대꾸했다. "이 도시를 즐겨 보세요." 몇몇 사람들이 차를 타고 깐꾼Cancún으로 갈 수 있는지 묻기도 하고 소리치기도 하였다. 모든 사람이 동시에 말하고 싶어했다. 화가 난 것이 분명한 한 가이드가 자신이 관광객들 몇 명을 빨렌께 유적을 관람하기 위해 데려갔어야 했다고 목소리를 높여 말했다. 마르꼬스는 참을 수 없었으나 자신의 유머 감각을 잃지는 않았다. 그는 "빨렌께로 가는 길은 폐쇄되었소"라고 말했다. "우리는 오꼬싱고를 점령했소. 불편을 끼친 점은 미안하지만, 이것은 혁명이란 말이오."(Tello Diaz, 1995, p. 16. 번역은 지은이)

오늘 우리는 "이젠 충분해"라고 말한다

공식적인 성명은 이 봉기를 인종주의적인 적대감을 갖고 다루었고, 정부는 반란군들에게 철수할 것을 요청했으며, 그들의 요구를 해결하기 위해서는 합법적인 수단으로 돌아가야 한다고 요청했다.(Montemayor, 1997) 하지만 EZLN의 혁명적 원주민 비밀위원회 총사령부[이하 CCRI-CG]는 이미 「오늘 우리는 "이젠 충분해"라고 말한다」라는 제목의 라깐도나 정글의 1차 선언을 발표했다. 이 선언은 무장투쟁을 치아빠스 원주민이 이용할 수 있는 유일한 대안으로 정당화하고 있으며 멕시코 민중이 PRI의 70여 년간의 독재에 대항하여 단결해주기를 요구했다.(EZLN, 1994a) 하지만 1차 선언은 이 운동에 참여한 성분들의 다양한 정치적 관계 및 경험을 반영하고 있었기 때문에, 결론을 맺는 데 다소 권위주의적이었고 오래된 라틴아메리카 혁명그룹들의 스타일을 유지했다.(Monsivais, 1998) 당시 사빠띠스따는 무장투쟁이 민주적인 공간을 열어젖히고 PRI의 헤게모니적 지위에 도전하는 데 유일하게 효과적인 방식이라고 이해하는 것처럼 보였다. 정부는 격렬하게 대응했고, EZLN과 멕시코 연방군 사이에 전투가 시작되었다. 이 전투는 열흘 간 계속되었으며, 단정할 수는 없으나 대략 이백 명에서 삼백 명의 사망자를 내며 끝이 났다. 사망자의 대부분은 사빠띠스따였다.

1월 6일 까를로스 살리나스 대통령은 반란에 대한 자신의 견해를 피력했다. "멕시코 사회의 노력과는 전혀 부합하지 않는 일부 직업적인 용병들 그리고 일단의 외국인들이 치아빠스 지역과 멕시코 사람들의 심장에 고통스런 일격을 가했습니다."(Monsivais, 1999, p. 16에서 인용. 번역은 지은이) 인종주의적 논평가들은 반란군들이 원주민일 리가 없으며, 그 이유는 원주민들이 과학기술적으로 개량된 무기들을 사용할 능력이 없기 때문이라고 주장했다. 한 칼럼니스트는 원주민이 유전적으로 반란을 일으킬 능력이 없다는 주장을 펼쳤다. 하지만 멕시코 사회의 여러 부문들에서 사빠띠스따에게 동정을 보이기 시작했다. 전국에서 평화를 요구하는 시위와 요구가 일어났다. 1월 10일 당시 외무장관이었던 마누엘 까마초가 치아빠스의 평화와 화해를 위한 위원으로 임명되었고, 이틀 뒤 정부는 평화를 위한 요구, 그리고 갈등을 정치적으로 해결하라는 압력에 굴복하여(10만 명 이상의 민중들이 멕시코시띠에 모여 반란군들을 전멸시키려는 시도에 항의했다) 일방적인 종전을 선언했고, EZLN은 그것에 긍정적으로 화답했다.(Montemayor, 1997) 사빠띠스따는 멕시코 사회의 다양한 부문들과 접촉했으며, 일국적이고 국제적인 매체를 통해 이 사건에 대한 자신의 견해를 표명했다. 대중매체를 잘 활용하는 부사령관 마르꼬스에 의해 표현되면서, 그리고 (민주주의, 정의, 인류와 같은 개념들을 강조하는) 담론상의 명백한 변화를 겪으면서, 그리고 정부와 "시민사회" 정책과 대화하려는 개방성을 갖추게 되면서, 사빠띠스따는 "직업적인 용병"의 이미지에서 벗어나 대부분의 멕시코 사회에 "사회적 반란자들"로 다가갔다. 그리고 이 운동의 반위계적인 구조, 집단적인 의사

결정, 그리고 반군사적인 정치 의제 등은 많은 논평가들로 하여금 최초의 포스트모던적인 게릴라에 대해 언급하도록 만들었다.

종전이 되고 나서 며칠 후 사빠띠스따는 내부 논의를 거친 후에 마침내 연방 정부의 대표인 마누엘 까마초를 받아들였고, 평화 회담을 위한 정치적, 사회적, 경제적 요구들을 반영한 긴급 의제를 제안했다. 회담은 산끄리스또발 시의 대성당에서 열릴 예정이었으며, 중재자는 양측 모두에게 받아들여진 산끄리스또발의 주교 사무엘 루이스가 밑게 될 것이었나. 1월 18일 회담이 시작하기 바로 3일 전에, 반란군들이 사과할 의사가 있는지 확인하기 위해 정부가 특사를 파견하자 EZLN은 그들의 가장 감동적인[웅변적인] 성명들 중의 하나인 "그들은 무엇 때문에 우리를 용서하려 하는가?"(Holloway and Pelaez, 1998)를 발표한다. 여기에서 사빠띠스따는 압축적으로, 그러나 멕시코 사회의 여러 부문들을 능수능란하게 감동시키면서 자신들이 누구인지, 자신들이 무엇을 위해 싸우고 있는지 설명했으며, 자신의 적의 윤곽을 그려 보여주었다. 문건에는 다음과 같은 내용이 포함되어 있다.

우리가 어떤 용서를 구해야 한단 말인가? 그들이 우리들에게 어떤 용서를 해주겠다는 말인가? 굶주려 죽지 않아서? 우리가 우리의 비참함에 대해 침묵하지 않아서? 경멸과 무시라는 거대한 역사적 짐을 겸손하게 받아들이지 않아서? 모든 길들이 가로막힌 것을 깨닫고 무장하여 들고 일어나서? 누가 용서를 구해야 하며 누가 용서를 해주어야 하는가? 죽음이 우리와 함께 하는 동안, 죽음이, 그렇게 매일, 그렇게 우리의 죽음들이, 그래서 우리가 죽음을 두려워하기를 멈출 때, 수년 동안 풍성한 탁자에 앉아 잔뜩 배를 채웠던 사람들이? 우리의 주머니와 영혼에 선언과 약속을 채웠던 사람들이? ……(Holloway and Pelaez, 1998, p. 7에서 인용)

사빠띠스따가 이 성명에서 묘사한 적은 PRI로 대표되는 멕시코의 엘리트였다. 1910~17년 동안 진행된 "멕시코 혁명" 이후 멕시코는 상대적으로 정치적 안정 속에서 지내 왔으며, 여타의 라틴아메리카 나라들과는 달리 어떠한 쿠데타도 겪지 않았다. PRI는 2000년까지 거의 71년간 중단 없는 지배를 누려 왔다. 여기에서 멕시코혁명의 이데올로기는 이 정당의 지배 권력의 기둥으로 기능했다. 게레로-치쁘레스는 적어도 세 개의 핵심적인 요소들을 포함하는 것으로 이 이데올로기를 서술한다. 첫째, PRI와 그 엘리트에 맞설 어떠한 대안도 존재할 수 없을 것이라는 가정이 존재했다. 둘째, 그것은 정치적 폭력이 멕시코혁명 기간 중에 그 자신의 기초적인 힘force을 소진했다는 믿음을 포함했다. 마지막으로, 그것은 정치적 폭력이 국민을 대의하는 정부에 의해서만 행사될 수 있을 뿐이라고 가정했다. 이러한 작업틀 내에서는, 다른 모든 세력들은 비합법적인 것으로 비난받아야 하고 절멸되어야 한다. 1960년대와 1970년대에 일어난 반란들과 관련하여 수차례 그러했던 것처럼 말이다. 이것들이 바로 사빠띠스따가 PRI의 이데올로기적 토대들을 해체하고 정치적 공간을 공개적으로 만들려고 시도하면서, 1994년의 "라깐도나 정글의 1차 선언"에서 도전했던 세 가지 가정들이다. 나는 5장에서 이 주제로 돌아가 사빠띠스따의 애국적 담론과 그것이 PRI와 맺는 관계를 보다 상세하게 고찰할 것이다.

대성당에서 열린 평화 회담

부사령관 마르꼬스가 서명한 선언문의 우아한 문체, 마스크를 한 게릴라의 정체를 둘러싼 신비, 그리고 그들의 신화에 가까운 역사, 혹은 (자신의 적들을 최대로 예우했던) EZLN의 복수에 연연하지 않는 성격 덕분에(2월 16일 사빠띠스따는 가증스런 까스떼야노스 도밍구에스를 풀어주었다. 그는 붙잡혀 있던 44일 동안 대접을 매우 잘 받았음을 시인했다.), 2월 21일 산끄리스또발의 대성당에 들어갈 때쯤 사빠띠스따는 이미 나라 안팎의 미디어의 관심을 끌고 있었다. 대성당은 수천 명의 원주민 사빠띠스따들, NGO와 적십자 회원들, 경찰들, 사진 기자들, 저널리스트들과 TV 방송국 직원들로 둘러싸여 있었으며, 그들은 EZLN 사령부comandancia가 도착하기를 인내심을 갖고 기다리고 있었다. 콜롬비아의 게릴라guerrillero는 사빠띠스따가 그때 당시 받았던 관심과 지원에 대해 언급하면서 다음과 같이 씁쓸하게 논평했다.

그들은 12일 동안 싸워 조그만 도시를 점령했다. …… 우리는 30년 동안 싸워 왔으며 전국의 대부분을 통제하고 있다. …… 그렇지만 아무도 우리의 행동에 대해 관심을 보이지 않는다. 반면 그들의 행동은 전 세계의 열광적인 관심을 이끌어내고 있다.(Le Bot, 1997, 115쪽에서 인용. 번역은 지은이)

대성당의 배치는 극적이었다. 사빠띠스따 사령부, 20명의 원주민 사령관들, 혁명적 원주민 비밀위원회 회원들이 도착했다. 그들은 모두 자신들의 얼굴을 스키마스크로 가렸고, 부사령관은 검은 옷을 입고 비무장을 했지만 가슴에는 탄띠를 두르고 있었다. 그들은 긴 회의 탁자를 따라 줄지어 서 있었다. 회담의 말문을 연 사람은 의심할 바 없는 중재자인 루이스Ruiz 주교였으며, 그는 역사적 순간의 상황을 준비했다. 이어 사령관들의 차례가 왔다. 그들은 자신들이 원주민인 것이, 치아빠스 사람인 것이, 멕시코인인 것이 자랑스러우며, 방어의 수단

으로 무기를 들었으며, 자신들이 멕시코에서 배제되고 주변화
되는 것과 기아와 치료 가능한 질병 때문에 죽는 것에 더 이상
굴복할 수 없었으며, 사빠띠스따는 이러한 요구들에 합당한
정치적 해결책을 모색하고 있음을 분명히 했다. 마르꼬스는
사령관 라모나의 손에서 접혀진 멕시코 국기를 넘겨 받아 펼
쳤다. 이제 그가 말할 차례이다. 마르꼬스는 자신이 비밀 혁명
위원회를 대표해서 말하는 것이며, 사빠띠스따가 이곳에 온
건 사과를 위해서가 아니라 쏟아지는 총탄보다 더 중요한 게
"참된 말"이라는 것을 알리기 위해서라고 말했다.(Monsivais,
1999) 비판의 여지를 조금도 남기지 않는 애국적 상징들과 단
어들을 사용함으로써 분위기는 장엄했으며, 매력적이었고 열
정적이었다. 메시지는 명료했으며 누구라도 그것을 이해할 수
있었다. 사빠띠스따는 "폭력의 전문가들"이 아니며, 외국의 이
해관계에 휘둘리지 않는다는 점을 말이다. 정부 대표인 마누
엘 까마초는 동의하는 것 외에 어떠한 선택도, 그리고 어쩌면
어떠한 명분도 가질 수 없었다. 그는 다음과 같이 말했다.
"EZLN은 치아빠스인과 멕시코인들의 조직이며, 그 대부분이
원주민이다"(Monsivais, 1999, p. 29에서 인용함. 번역은 지은
이)라고 말했다. 그것은 이전에 살리나스 대통령이 표명한 음
모 이론을 공식적으로 폐기하는 것이었다. 이 평화 협상은 사
빠띠스따가 인정한 바와 같이 이 운동에 "시민사회"와 접촉할

기회를 제공해 주었으며, 이러한 접촉을 통해 조직의 정치적 이념과 전략을 다시 사고할 수 있는 기회 역시 제공해 주었다. 이 협상은 3월 2일에 끝을 맺었다. 정부는 국내 상황에 대한 두 개의 선언과 치아빠스 문제의 해결을 위한 32개의 제안을 발표했으며, EZLN은 자신의 영토로 돌아가 원주민 공동체들에서 토론과 면밀한 검토를 하는 것에 동의했다.(Ramirez-Cuevas, 1998)

대성당에서의 협상은 정부와 사빠띠스따 사이의 새로운 관계의 시작을 알리는 것으로서, 이 단계에서는 두 진영의 필요를 충족하는 것처럼 보였다. 한편으로 EZLN은 무장투쟁을 수행하기에는 군사력이 매우 미약했으며, 점차 멕시코 군대에 의해 정글과 산악 지대에 포위되어 있던 상황이었다. 사빠띠스따에게 긴급하게 필요한 것은 투쟁의 군사화를 그만두고 군사적 전멸을 피할 수 있는 방법을 찾는 것이었다. 따라서 EZLN은 점차 민주화에 이르는 무장 투쟁의 경로에 대한 공공연한 옹호를 단념하기 시작했으며, 투쟁의 장소로서의 시민사회를 강조하기에 이르렀다. 다른 한편으로 정부는 그 무렵 다음과 같은 점, 즉 사빠띠스따가 멕시코의 여러 부문 및 국제 사회의 관심과 지지를 획득해 왔다는 점을 인식했다. 군사적 수단을 써서 반란을 진압하는 것은 강력한 반발을 불러일으키거나 PRI의 "민주적인" 외관에 손상을 입힐지도 모를 일이었다. 정부는 치아빠스 문제가 한층 더 복잡해지는 것을 막고 반란을 봉쇄할 필요가 있었다. 사빠띠스따를 대화 상대자로 받아들이는 것은 정부가 자신의 "민주적인" 성격을 과시하고 사빠띠스따를 체제 내로 한층 더 통합하는 조치를 취할 수 있는 좋은 기회였다. 앞으로 설명하겠지만, EZLN과의 사이에 수립된 새로운 관계는, 그리고 정부의 입장에서 볼 때 그것이 갖는 중요성은 1996년 혁명인민군의 출현 이후에 나타나게 될 것이었다.

대성당에서 회담이 있은 지 거의 한 날 후에, 멕시코는 또 다시 정치적 혼란 상태에 빠지게 되었다. 3월 23일 PRI의 대통령 후보인 루이스 도날도 꼴로시오가 띠후아나에서의 회담 중에 죽임을 당했던 것이다. 체포된 범죄자가 개인적인 이유로 일을 저질렀다고 주장했지만 이 암살은 즉각적으로 하나의 정치적 범죄로 분류되었으며, 새로운 진지전에 불을 댕겼다. 멕시코의 우파는 자신의 대의원들을 통해 EZLN이 어떤 폭력적 분위기, 어떤 캠페인을 조장하고 선동했다고 비난했다. 하지만 그 캠페인은 [그들이 생각하기에 널리 세력을 얻지 못했는데, 그 까닭은 언론이 이 사건을 PRI 내부의 적대적인 이해관계에 연루된 것으로 다루었기 때문이다. EZLN의 시각도 이와 유사한 것이었다. 3월 24일자 선언서에서 부사령관은 암살이 지배계급의 내적 갈등과 사빠띠스따에 대한 군사 작전을

도입하기 위한 PRI 내부 분파의 시도에 의한 것으로 추정했
다.(Montemayor, 1997) 이 점에 있어서 EZLN은 중요한 국면
에서 PRI의 헤게모니적 입지에 도전할 수 있게 되었고, 하나
의 비非준군사적인 정치 세력으로서 정치적 장場으로 들어가
게 되었다.

아과스깔리엔떼스 협약

두 세력 사이의 점증하는 불신의 분위기, 그리고 치아빠스
의 계속되는 군사화 속에서 6월 10일 사빠띠스따는 정부의 협
상 제안을 거절하고 "제2차 라깐도나 정글 선언"을 발표했다.
여기에서 사빠띠스따는 독립적인 정치 정당들이 과도적인 정
부를 수립할 것을 주장했으며, 시민사회가 "전국 민주주의 대
회"를 조직하여 새로운 헌법을 입안할 것을 요구했다.(EZLN,
1994b) 어떤 점에서 이것은 그들의 정치적 의제가 개량주의적
성격을 띠는 것임을 표방하는 것이었다.

정글 속에서 수천의 연방 부대에 둘러싸이고, 이러한 군사
적 봉쇄가 지역 주민에게 부과하는 모든 문제들에 직면하여,
EZLN은 이 상황에서 벗어나기 위해 시민사회의 동원에 의존
하는 것 외에 사실상 어떠한 선택도 할 수 없는 처지였다. 8월
5일 사빠띠스따는 그들이 "제2차 라깐도나 정글 선언"에서 요

구했던 "전국 민주주의 대회"이하 CND, 즉 마르꼬스에 따르면 "두려움을 이겨낸 축제"를 조직했다.(Monsivais, 1998, p. 50에서 인용. 번역은 지은이) CND는 5일 동안 계속되었으며, 참가자는 약 7천 명에 이르렀다. 이들은 활동가들, 다양한 정치 조직들과 시민단체들 그리고 NGO의 회원들이었다. 집회는 과달루뻬 떼뻬약Guadalupe Tepeyac에서 이루어졌다. 이곳은 라깐도나 정글의 심장부에 있는 한 부락으로서 1914년 아과스깔리엔떼스Aguascalientes 시에서 일어난 혁명의 참가자들을 기념하기 위해 상징적으로 "아과스깔리엔떼스"라는 이름이 붙여졌다.

과달루뻬 떼뻬약의 "아과스깔리엔떼스"는 뛰어난 건축 기술로 이름이 높은 또호라발족이 거주하는 지역인데, 목조 건물을 짓는 방식으로 축조되어 위에서 보면 달팽이 모양을 하고 있었다. 그리고 대회를 목적으로 세워진 강당은 목재 구조와 흰색의 플라스틱 지붕으로 이루어져 한 척의 배를 닮은 형상이었다. "해외에서 오신 분들 환영합니다"가 마르꼬스가 참가자들에게 한 첫마디였으며, 이렇게 해서 전국적인 황홀경이 시작되었다. "우리는 이 깃발을 넘겨드릴 수 있는 누군가를 이 CND에서 찾을 수 있기를 기대합니다. 이 깃발은 권력의 왕궁에서 단념한 것을 발견한 것입니다. …… 그래서 멕시코인이라면 누구나 이것을 자신의 것으로 할 수 있습니다. 그렇게 되면 이 깃발은 또다시 "국기"가 될 것입니다."(Monsivais, 1999, p.

50에서 인용. 번역은 지은이) 민주화에 이르는 평화적인 길, 원주민의 권리, 시민사회의 권리, 전국적인 기획의 형성 등등에 연관된 논의들이 이루어졌다. 언론 협의회가 진행되고 있던 마지막 날에 마르꼬스는 스키 가면을 벗을 의향이 있는가라는 질문을 받았다. 마르꼬스는 "만일 여러분 모두가 내가 그렇게 하기를 원한다면, 지금 당장 가면을 벗을 수 있습니다"라고 대답했다. 짧은 침묵이 흘렀다. "안 돼요, 안 돼. 가면을 벗지 마세요." 군중이 소리쳤다. 이 두 개의 멋진 사건으로 사빠띠스따는 멕시코의 민주화를 향해 가는 길이 라깐도나 정글을 통과하고 있다는 사실을 보여주었다. 또한 마르꼬스는 이제 멕시코와 미국 정보국뿐만 아니라 상인들과 광고주들 역시 과녁으로 삼는 혁명의 우상이 되었다.

총선과 경제 위기

8월 21일 3천 5백5십만의 멕시코인들은 선거에 참여해 공화국의 대통령으로 PRI의 후보인 에르네스또 세디요를 선출했다. 2위는 우익인 국민행동당PAN, 3위는 꾸아우떼목 까르데나스와 혁명민주당PRD이 차지했다. 치아빠스에서도 역시 PRI가 1위를 차지했고 PRD와 PAN이 그 뒤를 이었다. PRI(와 PAN)에 경도된 일부 정치 분석가들과 지식인들은 이 결과가 멕시코인들이 이 정당들에 가지고 있는 신뢰를 보여주는 것이라는 주장을 펼쳤으며, 멕시코 "좌파"(PRD)가 패배한 것은 그들이 EZLN과 연계된 탓이며, EZLN이 중도계급들에게 불러일으킨 공포 때문이라고 주장했다. 또 다른 설명들은 선동적인 선전, 까끼께스(지방 엘리트)가 깜뻬시노에게 가하는 압력, 어디에서건 통하는 사기, 그리고 매우 값비싼 전기공학의 이용 등에 대해 언급했다. 세디요 자신은 나중에, 언젠가 회상의 순간에, "나의 승리는 불공정했지만 합법적인 것이었다"(Monsivais, 1998, p. 55에서 인용. 번역은 지은이)라고 인정할 것이었다. 그는 대화와 협상을 통해 치아빠스 문제의 해결책을 찾겠다고 약속했다. 9월 말 PRI의 총서기가 멕시코시띠에서 암살당했다.

10월 초 또다시 CND의 집회가 열렸다. EZLN은 정글에서의 군사적 도발, 연방군에 의한 포위망의 구축, 평화적 해결책을 위한 정부쪽의 의지 부족을 규탄했으며, 정부와의 어떤 회담도 중지할 것임을 선언했다. 10월 19일, 사빠띠스따는 정글 내의 오래된 길들을 따라 가면서 군사적 포위망을 뚫고 1,111개의 자율적인 공동체들이 포함된 38개의 자율적인 자치체들에 진지를 구축했다. 몇 시간 후에 반란군들은 정글 속으로 후퇴했다. 같은 날 멕시코는 재정 악화의 위기를 겪고 있었다. (40퍼센트 아래로 떨어진) 페소화의 평가절하, 그리고 뒤이은 경제 침체는 수천 개의 기업과 수백만 개의 일자리가 사라지고, 인구 대다수의 생활수준의 급격한 하락으로 극에 달했다. IMF, 미국, 기타 여러 국가들은 이듬해 석유 보유분을 담보로 500억불의 미국 달러의 차관을 제공함으로써 멕시코를 구제하기로 결정했다.(Ortiz, 2001) 재무장관 하이메 세라 뿌체는 경제 불안정이 사빠띠스따 때문이라고 비난했다. 그해는 EZLN과 연방 정부가 "국가 중재 위원회"이하 CONAI(사무엘 루이스 주교가 사회를 보았다)의 중재를 수용하는 것으로 끝을 맺었다.(Turcott, 1999)

정부의 배신

1995년 1월 1일 EZLN은 "제3차 라깐도나 정글 선언"을 발표, 민족해방 운동을 조직할 것을 시민사회에 요구했다.(EZLN, 1995) 사빠띠스따는 이제 무장 투쟁에 대한 강조를 완전히 기각하고, 정글의 포위망을 뚫는 수단으로 시민사회를 조직하여 자신의 정치적 목적을 추구하려는 노력을 기울이고 있었다. 다른 한편 세디요 행정부는 여전히 치아빠스 문제를 군사적으로 해결하는 쪽을 선택한 것 같았다. 그들은 EZLN의 완전한 전멸과 그것의 민간적 토대를 제거하는 것을 목표로 삼았다. 2월 9일 TV 카메라 앞에서 대통령은 사빠띠스따와의 전쟁을 선포했다. 멕시코 군대는 정전[협약]을 파기하고, 정글을 침략하여 수많은 사빠띠스따 공동체들을 점령했다. 수천 명의 원주민들은 자신의 공동체들을 떠났다. 군대는 전진해 나가면서 테러와 혼란을 퍼뜨렸고, 강물에 독약을 풀었으며, 원주민들과 짐승들을 죽였으며, 집들을 불태우고, 음식을 약탈했으며, 여성들을 강간했다. 과달루뻬 떼뻬약의 "아과스깔리엔떼스"는 파괴되었으며 또호라발 주민들은 정글 속으로 더욱 깊이 피신했다. 마르꼬스 역시 탈출하여 정글 속으로 철수했고, 또호라발 부락인 라 레알리다드에 시령부를 세웠다. 앞서 정부는 마르꼬스와 19명의 다른 사빠띠스따 사령관들에 대한 체포 영장을 발부했으며, 수많은 부역 혐의자들이 구금되었다. 에르네스또 세디요 대통령은 자신의 약속을 어기고 말았다.(Ramirez-Cuevas, 1998; Ortiz, 2001)

바로 그날 한 국내 TV 프로그램에서 마르꼬스의 신원이 밝혀졌다. "그것은 마치 "아웅-깍꼭" 놀이 같았다"라고 저널리스트로서 "가면 벗기기"에 초대되었던 알마 길레르모쁘리에또가 말했다.(Taussig, 1999, p. 236에서 인용) 한 관리가 한 손엔 커다란 검은 눈을 한 확대한 스키마스크 슬라이드를 들고, 다른 손엔 턱수염을 한 검은 눈의 청년의 흑백 사진을 들었다. 이어서 그는 마스크를 쓴 얼굴 슬라이드를 마스크를 벗은 얼굴 위에 겹쳐 놓았다. 수수께끼 같았던 부사령관의 정체가 드러나는 순간이었다. 그의 진짜 이름은 라파엘 세바스띠안 기옌 빈쎈떼로서 38세이고, 철학 학위를 가지고 있으며, 자율 도시 대학에서 강의를 했고, FLN의 전사라는 설명이 뒤따랐다. 하지만 마르꼬스의 정체가 드러난 것은 EZLN의 전前 구성원의 배신의 결과 때문이지, 정부가 설명하고 싶어하는 것처럼, 멕시코 정보부의 성공 때문은 아니었다. 마르꼬스 자신은 자신의 정체가 드러난 것에 대해 다음과 같은 짧은 논평을 덧붙이는 것으로 대응했다. "내가 그렇게 못생겼단 말인가? 부디 나의 여성 찬미자들을 실망시키지 마라."(Levario Turcott, 1999, p. 98에서 인용. 번역은 지은이) 멕시코시띠에서 10만 명의 대중들이 [정부의] 군사적 공격에 항의하고 사빠띠스따와 연대하기 위해 시위를 벌였다. 전국에서 연대의 시위가 일어났다. 시위대들의 핵심 슬로건은 "우리 모두가 마르꼬스이다"였다. 정부 관리들과 PRI에 경도된 일부 언론을 제외하고 정부가 밝힌 이름으로 마르꼬스를 부르는 사람은 아무도 없었다.

정글 속에 갇힌 원주민 공동체들을 황폐화시키고 마르꼬스의 정체를 밝힌 것 말고는, 정부 공격은 사빠띠스따를 약화시키지 못했다. 특히 멕시코 체제가 여전히 이런저런 스캔들로 요동치고 있을 때는 말이다. 같은 달 전前 대통령 살리나스의 형인 라울이 1994년 9월의 서기장 암살을 교사하고 멕시코의 주요 마약 카르텔들 중의 하나와 공모 관계를 유지한 혐의로 체포되었다. 한 달 뒤 까를로스 살리나스는 멕시코를 피해 처음에는 캐나다, 다음에는 꾸바, 마지막엔 아일랜드로, 자발적인 망명길에 접어들었다. 3월에는 "대화와 협상 법"이 승인되었으며, EZLN 구성원들에 대한 체포 영장이 보류되었다. 인권 침해를 줄이기 위한 노력의 일환으로 CONAI는 [정부] 군대가 점령했던 마을들에 민간 "평화 캠프"를 세웠다. 같은 달 "평화 및 화해 위원회"COCOPA가 세워져 정부가 조인된 협정들을 법률로 제정할 수 있도록 번역 작업을 도왔다. 여러 정치 정당들의 구성원들이 3년마다 돌아가면서 COCOPA에서 근무할 예정이었다.(Ortiz, 2001) 새로운 대화의 시대가 시작되는 것처럼 보였다.

협의와 대화

EZLN과 연방 정부는 4월에 다시 협상 테이블에 자리했다. 새로운 회담 회기가 "산안드레스 라라인사르"라고 불리고, 사빠띠스따가 "산안드레스 사깜츠 엔 데 로스 쁘로브레스"라고 다시 이름을 붙인, 치아빠스의 로스 알또스의 한 작은 원주민 마을에서 열렸다. 8월, 사빠띠스따 대표부는 자신들의 투쟁을 전국적으로 확산시키고 시민사회와 접촉하려는 노력을 계속하면서, 전국을 누비며 전국적인 협의를 수행해 내었다. 사빠띠스따가 멕시코 민중들에게 던진 질문은 EZLN의 미래와 민주주의의 의제와 관련된 것이었다. 백만 명 이상의 멕시코인들이 응답했다. 그 해에 또한 국제적인 청년 "협의"가 이루어졌다. 두 집단parties 사이의 중지와 재개를 반복한 회담은 11월까지 이어졌다. 대화는 다음과 같은 네 개의 작업 분파의 형태를 띠고 이루어졌다. 원주민의 권리와 문화, 민주주의와 정의, 복지와 개발, 여성의 권리. 하지만 정부는 회담을 방해하기 위해 온갖 노력을 기울이고 있었다. 10월 23일 치아빠스 주의 검찰총장은 페르난도 야네스 무노스의 체포를 발표했다. 그는 게르만 사령관이라는 혐의를 받고 있었다. EZLN은 자신의 통제 구역에 "적색 경보"를 선언했으며, 그가 자신들과 아무런 관계가 없다고 말했다. 며칠 후에 야네스는 석방되었다. 그 해는 EZLN과 연방군 사이의 군사적 충돌로 마무리 될 뻔했다. 12월 사빠띠스따는 정글과 로스 알또스에 네 개의 아과스깔리엔떼스(문화, 교육, 회합 센터)를 추가로 개시함으로써 봉기 2주년을 축하할 준비를 하고 있었다. 정부는 사빠띠스따의 움직임을 군사적 준비로 착각했으며, 군대를 늘렸다.(Montemayor, 1997)

산안드레스 협정

1996년 1월 1일 사빠띠스따는 "라깐도나 정글 제4차 선언
문"을 발행했다. 거기에서 EZLN은 지난해에 이루어진 전국적
인 협의의 결과에 화답하면서, 총선에 참여하지도 않고 어떤
식의 권력 쟁취도 목적으로 하지 않는 시민 정치 세력의 창출
을 지지한다는 결정 사항을 표명했다.(EZLN, 1996a) 사빠띠
스따의 목표는 선거 체계로부터 자신의 독립을 유지하는 시민
운동을 창출하는 것이었다. 2월 16일, 자신의 시민 지지층과
의 집중적인 협의를 거치고 나서, 그리고 원주민의 권리와 개
헌을 강조하는 논의를 구체화한 후, EZLN은 산안드레스에서
"원주민 권리와 문화"에 관한 제1차 협정을 연방 정부와 조인
하는 데 동의했다. 게레로-치쁘레스의 주장처럼, 이 당시에
세디요 행정부는, 멕시코를 유럽의 확실한 통상 파트너로 자
리매김하기 전이었기 때문에, 치아빠스 문제에 대해 온건하게
접근하는 것을 선호했다.(Guerrero-Chiprés, 2004) 반란군과
협정을 맺는 것은 유럽 정치 엘리트들이 요구하는 민주적인
자격 요건을 충족시키는 것처럼 보였다. 하지만 이 시나리오
가 당시의 시대적 조류에 중대한 변화를 이끌어내지는 못했다.
협정을 존중하지 않는 정부의 태도, 게다가 원주민 공동체들
에 대한 끊임없는 공격, 준군사그룹과 연방 경찰 각각에 의해
자행된 원주민 활동가들에 대한 암살과 체포 등등은 사빠띠스

따로 하여금 몇 차례 협상 테이블을 떠나도록 만들었다. 마르꼬스의 커뮤니케이션 전쟁과 세디요의 기동 작전의 와중에 EZLN은 7월에 "신자유주의에 반대하고 인류를 옹호하기 위한 제1차 대륙간 회의"을 조직했다. 42개 국가에서 온 약 5천여 명의 사람들이 다섯 곳의 "아과스깔리엔떼스"(오벤띡, 라 레알리다드, 프란씨스꼬 고메스, 로베르또 바리오스, 모렐리아)의 회의에 참석했다.

같은 해, 아과스 블란까스 대학살을 기념하면서 혁명인민군EPR이 게레로 주에서 처음으로 모습을 드러냈다.(Ramirez-Cuevas, 1998) EPR의 출현은 사빠띠스따의 새로운 시대가 시작되었음을 알려주었다. 앞에서 언급한 바와 같이, EZLN이 군사적으로 약점을 가지고 있었고 멕시코인 및 전 세계의 중산 계급들과 연합을 이루고 있었기 때문에, EZLN의 운동은 멕시코를 무력을 사용하여 민주화시키는 것을 단념하는 쪽으로 흘러갈 수밖에 없었다. EPR이 모습을 드러냄으로써 정부와 사빠띠스따 사이에 이루어졌던 협상 절차는 중단되었으며, 곧바로 게레로의 반란군들은 박해와 비난을 받았다. EPR이 처음부터 EZLN과의 연대를 분명히 했음에도 불구하고, EZLN은 EPR의 실천과 군사화 논리를 불법적인 것이라 해서 받아들이지 않았다. 그와 동시에, 정부는 자신이 기꺼이 수용하고 있었던 종류의 저항 노선을 수립할 기회를 발견하였다.

이러한 움직임과 함께 사빠띠스따는 자신의 혁명 담론을 포기하는 대가를 치르고 합법적인 급진 운동으로 연명해 나가는 처지가 되었다. 다른 한편으로 정부는 사빠띠스따를 체제 내의 합법적 상대자로 편입시켰으며, 그와 동시에 EPR과 같은 "나쁜" 폭도들에 대해서는 극렬한 군사 행동을 가할 수 있다는 관용의 새로운 한계를 설정했다.(Guerrero-Chiprés, 2004) 5장에서 나는 EPR과 EZLN의 관계에 대해서 상세하게 논의할 것이다. 이 관계야말로 사빠띠스따가 무장투쟁의 방어를 완전히 단념했으며 다른 무장그룹들과의 연대도 부정했다는 것을 드러내주기 때문이다.

멕시코시띠의 사빠띠스따

앞에서 이야기한 바와 같이, 합법적인 권력의 대표들로 구성된 위원회가 만들어졌는데, 이 위원회는 집행부가 EZLN과 연방 정부 사이에서 조인된 협정을 기초로 하여 개헌을 수행하도록 돕는 것을 목표로 했다. 이 위원회가 공식화한 제안("COCOPA 법안")은 두 그룹 간의 상호 존중을 전제로 했지만, 연방 정부는 몇 가지 반론들을 제기했으며, 원래의 공식 법안을 다수 수정할 것을 요구했다.(Castro Soto, 2002) 1997년 1월, EZLN의 구성원들이 라 레알리다드에서 COCOPA를 만나 세디요 대통령의 반대 제안을 거부했으며, 산안드레스 협정이 효력을 발휘할 때까지 협상 테이블에 돌아가지 않을 것임을 선언했다. 1997년 7월 6일 역사적인 선거 기간 중에, 1929년 이래 집권을 해 온 PRI가 하원에서 절대 다수를 상실했고, PRD의 좌익 후보인 꾸아우떼목 까르데나스가 멕시코시띠의 시장으로 당선되었다. 멕시코 대통령은 그와 치아빠스와의 관련성에 대해 침묵을 지켰으며, 어떤 경우에는 사빠띠스따에 대해 언급하는 것조차 피했다.

7월 사빠띠스따의 대표단이 "신자유주의에 반대하고 인류를 옹호하기 위한 제2차 대륙간 회의"에 참석하기 위해 처음으로 해외로 여행을 떠났다. 이 대회는 7월 27일에서 8월 3일까지 스페인에서 열렸다. 하지만 1997년을 특징지은 사건은 각각의 자율적인 공동체들의 대표들로 구성된 1,111명의 사빠띠스따가 멕시코시띠를 향해 걸은 9월의 "행진"La Marcha이었다. 사빠띠스따는 연방 지역DF을 이동해가면서 전국 원주민 회의CNI의 2차 회의에 참석하였다. 그 회의에서는 EZLN으로부터 독립적인 정치조직, 하지만 권력을 향한 열망이 없다면 도시 운동으로 발전해 나가는 데 실패하게 될, 그리고 주로 대학생들로부터 제한된 지지를 받게 될 정치 조직인 "사빠띠스따 전국 해방 전선"이후 FZLN을 세우자는 논의가 이루어졌다.

악떼알 대학살

1997년 12월 18~19일에 세디요 대통령은 니카라과를 방문 중이었다. 그곳에서 국영 TV와의 인터뷰 중에 그는 현재 치아빠스에는 게릴라가 더 이상 없으며, 1994년이 시작할 무렵에는 분명 "어떤 그룹"이 있었지만 그 때 이후로 정부가 그러한 사건들이 다시 일어나지 않도록 사회적 조건들을 개선해 왔다고 방청객들을 안심시켰다. 며칠 뒤 12월 22일에, 60명의 원주민 "쁘리스따스"(PRI의 지지자들)로 구성된 준군사그룹이 검은 정복을 입고 큰 칼과 AK-47 소총으로 무장한 채 로스 알또스 지역에 있는 체날오족의 마을인 악떼알 공동체들을 공격했다. "꿀벌들"*abejas*로 알려진 악떼알의 초칠 주민들은 사빠띠스따에 동조하긴 했지만, 종교적인 이유를 들어 무기 사용에 동의하지 않았으며, 결코 폭력 행위에 가담하지 않았다. 준군사조직들의 공격 당시 그들은 교회에서 기도를 하고 있었다. 공격이 임박했다는 정보를 들었기 때문에 대부분의 남성들은 대결을 피하기 위해 마을을 떠난 상태였다. 남아 있는 사람들은 대부분 여성과 아이들이었다. 습격은 6시간이나 계속되었는데, 이러는 가운데 준군사조직들은 지역 주민들을 산기슭 전역, 그리고 강물과 동굴 인까지 추격해 늘어가 한 사람의 생존자라도 남아 있는지 확인했다. 어떤 임산부는 자궁이 찢겨져 태아가 밖으로 끄집어내어져 있는 경우도 있었다. 그 지역을 순찰하는 경찰은 개입하려고 하지 않았다. 유혈 사태를 멈추어 달라는 원주민의 요구에 대한 대답은 다음처럼 짧고도 간단한 것이었다. "이곳은 우리 관할권 밖이다."(Montemayor, 1997, p. 215에서 인용. 번역은 지은이) 관리들의 대답도 이와 유사했으며, 이들은 그날 밤, 악떼알에서의 교전 상황을 알리는 사람들의 빗발치는 전화 세례를 받았다. 사망자 수는 유아 1명, 어린이 14명, 여성 21명, 남성 9명, 도합 45명이었다.

악떼알 대학살은 의심할 바 없이 가장 잔인했고 피해자 수도 엄청났지만, 이러한 대학살이 처음은 아니었다. 로스 친출리네스("소장小腸"), 빠스 이 후스띠씨아("평화와 정의"), 마스까라 로하("붉은 마스크"), 미라MIRA("사빠띠스따 반대 원주민 혁명운동")와 같은 치아빠스 내의 다양한 준군사그룹들은 암살, 강간, 협박, 실종 사건과 관련된 활동에 대해, 과거에도 그리고 현재에도 책임이 있다. 이 그룹들은 점차 세력이 커졌는데, 이는 단지 연방 군대와 경찰이 관용을 베풀어서가 아니라 [오히려] 그들을 엄폐해 주고 적극적으로 지지해 주었기 때문이다. 이를 통해 사빠띠스따에 대한 비공식적 저강도 전쟁 수행을 과거부터 현재까지 계속 이어올 수가 있었다. 그래서 다음날 세디요 대통령이 대학살에 대해 "잔인하고 터무니없는, 용납할 수 없는 범죄적 행위"(Ramirez-Cueva, 1998, p. 7에서 인용. 번역은 지은이)라고 비난한 것은 오히려 위선적으로 들린다. EZLN은 연방 경찰로 하여금 대학살의 규모를 은폐할 것을 요구한 정부의 각료들을 고발했다. 이 고발은 근거가 충분한 것으로 보였다. 사빠띠스따에게 핵심 범죄자는 세디요 대통령이었다. 그는 2년 전 연방군의 대對 게릴라 활동 계획을 승인했었다. EZLN에 따르면, 대학살은 멕시코 국가의 여러 정치적, 경제적, 사회적, 군사적 몸체들의 종합이었다. 일부 국가들이 멕시코를 비난했다. 지금까지 몇몇 경찰서장들과 친親 PRI 시장을 포함하여 125명이 고발되었으나, 고위직에 있는 공무원들에게 책임을 묻는 데까지 조사가 이루어지지는 못했다.(Monemayor, 1997)

협의와 폭력

1998년은 사빠띠스따에게 특히 좋지 않은 해였다. 일부 자율적인 공동체들이 공격을 당했고, 만 명의 원주민들이 토지에서 추방당했으며, CONAI는 실패했다. 그리고 EZLN과 COCOPA의 관계는 극심한 불화로 어려움을 겪고 있었다. 한편 정부는 원주민 공동체들에 대한 저강도 전쟁을 벌임과 동시에 지아빠스에서 활동하는 외국인 인권 감시자 및 활동가들에 대한 공격을 개시했다. 2월에는 도로레스 데 라 베가(반사빠띠스따 TV 아스떼까의 "하블레모스 끌라로"의 뉴스 캐스터)가 라 레알리다드의 아과스깔리엔떼스를 허가받지 않은 채로 방문했다. 나중에 그녀는 꽤 큰 외국인 그룹들이 그녀가 자신의 의무를 다하지 못하도록 어떤 식으로 방해했는지를 시시콜콜히 얘기했으며, 원주민들을 대신해서 의사 결정을 한 것이 바로 그들이라고 주장했다. 국가의 정치적 사안에 대해 외국인이 연루되는 것을 반대하는 각료들의 지지를 받은 그녀의 주장과 선언은, 비록 다수의 지식인들은 받아들이지 않았지만, 앞으로 닥쳐올 일에 대한 도덕적 지반을 마련하는 것이었다.(Tarrazas, 1998) 2월말 내무성은, 32년간 치아빠스의 체날오에서 교구 목사로 봉직해 온 프랑스인 목사 미셀 앙리 장 샹토 데실리에르를 "정치적 활동"에 종사하고 있었다는 이유로 추방했다. 4월에는 국립 이민국의 국장인 알레한드로 까리요 까스뜨로는 내무성이 "산끄리스또발 데 라스 까사스"의 주교 관구에 대한 조사 활동을 벌이고 있다고 발표했다. 이유는 <프레이 바를로메 데 라스 까사스 인권센터>가 감시자들의 문건들을 외국의 시민들에게 제공하고 있다는 고소가 접수되었다는 것이었다.(Levario Turcott, 1999) 며칠 후 120명의 이딸리아 감시자그룹이 쫓겨났으며, 그들 중 80명이 앞으로 10년 동안 멕시코 입국이 금지되었다.(Ortiz, 2001) 그 해 주로 이딸리아인, 독일인, 미국인들이 다수 "환영받지 못한 사람들"personae non gratae이라는 이유로 추방당했다.(Monsivais, 1999) 그와 동시에, 한 사람의 감시자도 원주민 공동체들에 남아 있지 않다는 것을 확실히 하기 위해 정부는 국제 감시자들이 반드시 UN의 자격을 가지고 있어야 한다는 규제를 부과했으며, 인권 감시자 비자를 획득하기 위한 다수의 요건들을 자세히 지정했다.(Jennings, 1998)

이듬해, 점증하는 고립에 직면하자 EZLN은 겨울 동안 전국적이고 국제적인 회담을 조직하기로 결정했다. 이것은 나라 전체에서 일어나는 투쟁들과 새로운 연대를 구축하기 위한 시도로 행해진 것이었다. 이 국제 회담은 1995년의 회담과는 달리 해외에 거주하는 멕시코인들에 한정되는 것이었다. 논점들은 다음과 같은 것이었다. "인디언들이 멕시코의 국가적 기획에 포함되어 새로운 국가 건설에서 능동적인 역할을 해야 하는가?" "평화가 대화를 통해 달성되어야 하며 멕시코 군대가 병영으로 돌아가야 하는가?" "인디언의 권리는 COCOPA가 제공한 산안드레스 협정에 맞춰 멕시코의 헌법으로 인정되어야 하는가?" 이것들은 5천 명의 (남녀 각각 동수로 구성된) 사빠띠스따 대표들이 2,500개의 마을로 가져가야 하는 네 가지 물음들이었다. 마르꼬스는 그이 평소의 스타일로 회담의 사기를 북돋웠다. "왔습니다! 사빠띠스따 회담! 샤론 스톤, 레오나도 디카프리오, 기네스 펠트로우가 주연이 아닙니다! 예빠 예빠가 당신에게 샌들을 가져왔습니다 — 단연 전지구화 샌들!"(Ross, 2000, p. 300에서 인용) 총 3백만 명의 멕시코인들이 사빠띠스따에게 찬성표를 던졌다. 멕시코 정부는 이 결과를 무시했으며, 사빠띠스따의 주도권을 다음 해에 치러질 선거에 끼어들려는 EZLN측의 시도로 간주했다.

저강도 전쟁은 계속해서 사빠띠스따 공동체들을 과녁으로 삼았다. 그해에는 또한 반사빠띠스따그룹들(즉 준군사 그룹들, 경찰, 연방군)이 EZLN의 지지 기반들을 무너뜨리기 위해서 할 수 있는 일이라면 무엇이든 다했다. 그리고 치아빠스의 주지사 로베르또 알보레스 기옌의 사빠띠스따에 대한 격노는 심지어는 세디요 대통령에게조차 두통을 불러일으켰다. 그는 반란군들을 각개 격파하여 전멸하는 것을 더욱 선호했던 것이다. 이어지는 3년 동안, 대통령은 자신의 연두 교서에서 치아빠스를 언급하지 못했다. 보고에 따르면 준군사그룹인 미라^{MIRA}는 까냐다스 내의 공동체들이 투표를 못하도록 하기 위해 회담 반대 여단^{旅團}을 조직했다고 한다. 연방군은 "마약에 취한 사빠띠스따"를 더욱더 비방하기 위하여 그들을 검거하는 "마약과의 전쟁"을 개시했다. 사빠띠스따 활동가들에 대한 여러 차례의 공격들, 폭행들, 총격들이 그해 내내 보도되었으며, 그러는 동안에 부대들은 온갖 구실을 대면서 자율적인 공동체들에 급파되었다. 그와 동시에 탈영의 물결이 사빠띠스따 캠프를 위협하고 있었다. 멕시코 정부는 사빠띠스따에 동조해 왔던 깜뻬시노들의 충성을 얻기 위해 분쟁 지역에 수십 억의 페소화를 할당했다. 뇌물은 농기구와 축우에서부터 지붕 재료와 야구장에 이르기까지 다양한 형태로 들어왔다. 정부의 전략은 깜뻬시노의 충성을 얻는 것뿐만 아니라 사빠띠스따와 쁘리스따스 사이의 공동체들 내부에 긴장을 발생시켜 공동체 내부에서 쁘리스따스가 정부의 견해를 갖도록 그들을 변형시키는 데에서도 효과를 발휘하는 것으로 보였다.(Ross, 2000)

4월 20일 UNAM의 학생들이 대학 건물 40곳을 점거하여 쉽게 끝날 것 같지 않아 보이는 파업을 시작했다. 27만 명의 학생들에게 국가의 최고 대학교육 시설을 제공하기 위해서는 수업료를 학기당 2센트에서 미국달러 60불로 인상해야 한다는 총장의 결정이 도화선이 되었다. 총파업 위원회는 세디요 대통령과 세계은행을 공범으로 고발했다. 그는 국립대학을 민영화하려고 획책했었다. EZLN은 즉각 연대를 표명했고, 5월에는 수십 명의 학생들이 EZLN이 제안한 "시민사회의 만남"에서 사빠띠스따를 만나기 위해 라 레알리다드로 들어갔다. EZLN은 학생들에게 전폭적인 지원을 표명했으나 학생 운동에는 가담하지 않기로 결정했다. 하지만 마르꼬스는 파업에 참여한 사람들에게, 정부와 어떠한 협상을 맺기 전에 그들의 6개 요구 사항들을 충족시킬 것을 요구하라고 조언했다. 산안드레스 협정의 운명을 경험한 바 있는 사빠띠스따는 "나쁜 정부"가 약속을 지키지 않을 것을 알고 있었다. EPR이 그랬던 것처럼 사빠띠스따는 UNAM의 학생들에게는 영감의 주요한 원천이었다. 1994년 이후 EZLN은 멕시코 사회의 중도-좌파 성향의 부문들을 위한 대변인이자 동일체가 되어 왔었는데, 이제는 학생들에게 똑같은 말이 적용될 수 있었다.

선거의 해

"부자와 권력가들은 우리의 굴욕을 찬양하는 한편, 우리에게 거짓말을 하고 멕시코에게서 도둑질을 해 갑니다. …… 나쁜 정부가 원하는 것은 오로지 수천 년 동안 또다시 우리가 계속 가난하게 사는 것입니다."(Ross, 2000, p. 333에서 인용) 이렇게 사빠띠스따는 라 레알리다드에서 새로운 밀레니엄을 맞이했다. 이곳에서 공동체 대표 끌라우디아는 밀레니엄을 둘러싼 세계적인 열광 및 소란과는 무관한 글을 읽었다. 정글로의 진군, 준군사적 활동과 외국인 추방은 사빠띠스따가 "망각과의 전쟁"을 치른 7번째인 해에도 계속되었다. 여기에 덧붙여진 새로운 요소는, 원주민들이 정글을 파괴한다는 이유를 들어 그들을 몇몇 정글 지역으로부터 쫓아내려는 시도였다. 사실상, 이러한 압박은 이 지역에 대한 멕시코와 미국의 경제적 이해관계를 반영하는 것이었(고 지금도 여전히 그렇)다. 이곳은 천연자원이 풍부하고 생물 다양성이 풍요로워 석유의 개발에서 유전공학에 이르기까지 상업적 이유로 이해관계를 갖는 여러 회사들이 눈독을 들이고 있다. 3월에, 교황은 따빠출라의 펠리뻬 아리스멘디를 산끄리스또발의 새 주교로 지명했다. 이러한 선택이 사빠띠스따에게 이상적인 것은 아니었지만, 그렇다고 해서 반드시 가능한 최악의 것은 아니었다. 새로운 주교는 자신의 첫 번째 언론 발표에서 다음과 같이 언급했다. "나는 파괴하거나 완성하기 위해 산끄리스또발로 가는 것이 아니다."(Ross, 2000, p. 335에서 인용) 우파의 성직자들은 계속해서 사빠띠스따에 반대했다. 과달라하라의 추기경인 후안 산도발 이니구에스의 말은 일부 사람들이 전체의 논점을 어떻게 바라보고 있는지를 알려주었다. "우리는 라울 베라와 사무엘 루이스를 제거했다." 그는 다음과 같이 덧붙였다. "이제 정부가 사빠띠스따를 제거할 때이다."(Ross, 2000, p. 334에서 인용)

한편, UNAM의 파업은 계속되었으며 학생 봉기는, 악화하고 있는 상황을 효과적으로 다루지 못하는 세디요 대통령의 무능함을 비난하는 좌우 반대파와 함께 예비 신거 논의를 시작했다. 사빠띠스따가 보기에, 치아빠스에서 일어난 사건들과 UNAM 파업은 신자유주의의 현실을 보여주는 징후들이었으며, 멕시코의 정치 체계를 뒤흔드는 것이었다. 마르꼬스는 PRD 지식인들의 입장과 그들이 파업의 "과격론자들"에게 가한 모욕을 비판했다. 실제로, UNAM 파업은 사빠띠스따에게 그들의 담론을 다시 한 번 급진적으로 만들 기회를 제공해 주었다. 아주 간략히 말하자면, 이러한 담론은 이제 우익과 좌익 지식인들, 정부와 온건주의자들의 태도가 모두 "과격론자들"에게 도덕적인 린치를 가하는 데 기여하고 있음을 동일한 척도를 가지고 문제삼기 위해 다원론적 우아함에서 벗어났다.(Guerrero-Chiprés, 2004) 신임 교구 목사의 암살단원들이 UNAM 내부의 상황을 불안하게 만들려는 시도를 몇 차례 감행한 뒤인 2월 6일, 세디요는 연방 예방 경찰PFP을 파견했다. 1968년 이후 최초로 대학이 군대— 이번에는 새로운 경찰 부대로 가장했다— 에 의해 점령당했다. 체포된 학생들은 모두 251명이었는데, 이들에게는 테러리즘의 죄목이 씌워졌고 단속반원들이 체 게바라, 모택동, 마르꼬스의 벽화들과 정치적 슬로건들을 페인트로 하얗게 칠해 버렸다. 마르꼬스는 정글에서 다음과 같이 조롱했다. "PFP는 세디요의 탁월한 새로운 교육 계획이다."(Ross, 2000, p. 337에서 인용함) 실제로 정부는 1994년 이후 수립된 노선— 수용 가능한 급진적인 투쟁들과 수용 불가능한 급진적인 투쟁 사이의 노선— 을 기초로 파업을 그럭저럭 분쇄해 왔다. 사빠띠스따의 다원론적 담론, 대화와 타협에 기초한 운동의 강조, 무장투쟁의 포기 등은 정부에 의해, 체제가 묵인할 수 있는 척도로 사용되어 왔다. 1996년 EPR의 반란군들을 범죄시했던 동일한 기초 위에, 급진적인 학생 분파들이 이제 추방자들로 인식되었고, 그래서 그들을 근절할 수 있는 강력한 개입의 필요성이 요구되었다.

하지만 이 해를 특징지었던 사건은 7월 2일에 실시된 대통령 선거였다. 주요 대통령 후보는 (6명 중에) 셋이었다. PRI의 프란씨스꼬 라바스띠다, PAN의 빈쎈떼 폭스, 그리고 PRD의 꾸아우떼목 까르데나스. 산안드레아스 협약을 이행하고 치아빠스로부터 군대와 PFP를 철수할 것을 약속하는 등, 각기 다른 두 명의 후보들과의 중요한 차이들에도 불구하고, 까르데나스의 시절은 끝이 났으며, PRI와 PAN 후보들 사이의 싸움이 될 것이라는 점이 모든 점에서 드러났다. 만약 라바스띠다가 승리한다면 그것은 EZLN이 해체되고 치아빠스에서 PRI의 강압적인 정책이 계속되는 것을 의미하게 될 것이었다. 다른 한편 폭스는 치아빠스 문제를 "15분 안에" 해결하겠노라고 약속하고 있었다. 하지만 어떻게 그것을 해낼 것인지에 대해서는 아무런 설명도 없었다. PRI가 자신의 통상적인 매표買票 전술들을 사용하고, 폭스가 아무런 대안도 제시히지 못하고 공허한 약속을 남발하며, 까르데나스가 UNAM 파업 기간 중에 제대로 지원하지 않은 것에 대해 학생들의 규탄에 직면한 가운데, 멕시코인들은 7월 2일 투표에 참여하여 PAN의 후보를 대통령으로 선출했다. 멕시코와 세계의 역사에서 최장 집권 정당이었던 PRI는 야당이 되었다. 이때부터 정부의 사빠띠스따 대화 상대자는 급진적인 가톨릭교도이며 멕시코의 코카콜라 전前 경영자였던 빈쎈떼 폭스가 될 터였다.

폭스는 물론 치아빠스의 갈등을 "15분 이내에" 해결하지 못했으며, 2000년 11월 5일, 대통령으로 선출되고 나서 정확히 4개월 뒤에, 여러 대륙들의 원주민들의 대표들에게 이야기하는 외중에, "조합 총회"에 COCOPA가 입안한 "원주민의 권리와 문화 법률"을 위한 제안을 내놓기로 한 자신의 결심을 밝혔다. 그의 말에 따르면, 이 법안에는 "모든 세부사항들을 포함한" 산안드레아스 협약들이 포함되어 있었다. 이것은 12월 1일에 개최될 터였다. 폭스는 "이것은 치아빠스에서 정의와 존엄을 갖춘 평화를 위한 조건을 확립하기 위해, 그리고 거대한 전국적 대화를 시작하기 위해 내가 기꺼운 마음을 가지고 통치에 임하고 있음을, [여러] 조처들을 통해 입증하게 될 것이다"라고 주장했다.(Román, 2000, n.p.에서 인용함) 12월에 마르꼬스는 폭스에게 한 통의 편지를 보내 사빠띠스따의 입장을 설명하고 EZLN이 정부와 대화를 다시 시작하기 전에 충족되어야 할 세 가지 조건을 요구했다. 그 조건들이란 다음과 같다. 산안드레아스 협약들을 이행하고 COCOPA의 요구를 법률로 제정할 것, 치아빠스와 그 밖의 지역에 갇힌 모든 사빠띠스따 수감자들을 석방할 것, 그리고 치아빠스를 비군사화할 것. 마지막 조건과 관련하여 사빠띠스따들은 보다 명확하게, 259개의 군대 주둔지 중 7군데의 폐쇄를 요구했다.(Subcomandante Marcos, 2000) 12월 2일 언론에 배부된 성명서에서 사빠띠스따들은 "조합 총회"에서 연설하기 위해, 그리고 이른바 "COCOPA 법안"의 가치를 주장하기 위해, EZLN의 CCRI-CG의 대표단을 멕시코시띠에 파견한다는 자신들의 결정을 공개적으로 표명했다.

사빠띠스따 행진

24명의 원주민 사령관들의 멕시코시띠 여행으로 알려진 "사빠띠스따 행진"은 전적으로 EZLN의 주도로 조직된 행진이었다. 이 행진은 2001년 2월과 3월에 맞춰 계획되었다. 수도로 향하는 도중에 사빠띠스따는 12개의 주들을 통과했는데, 일부는 그들의 투쟁에 적대적이었고, 또 일부는 우호적이었다. 2월 24일 토요일, 행진이 시작되었다. 대표들은 우선 치아빠스 고지에 위치한 네 개의 사빠띠스따 자율적인 자치체들에서 모임을 가졌으며, 이윽고 최초로 계획된 주요한 사건―산끄리스또발 데 라스 까사스 마을에서 열리는 집회―으로의 여행을 떠났다. 여기에는 매체들과 수많은 국내외의 시민 단체들이 함께 했다. 4년여가 지난 뒤에 처음으로 공적으로 모습을 드러낸 EZLN은 산끄리스또발 역사상 가장 거대한 규모로 운집한 군중들에게 이 행진이 "거짓 평화"가 아닌 "존엄"의 행진이 될 것이라고 말했다.(SIPAZ, 2001) 멕시코의 수도를 향한 15일간의 여행 기간 동안 사빠띠스따 행진은 그 안에서 엄청나게 다양한 목소리들과 피부색들, 언어들과 인종들이 융합하는 하나의 도가니 역할을 수행했다. 사빠띠스따들은 자신들이 말하고 있는 개별 장소의 역사, 문화, 그리고 정체성을 참조했다. 그들은 대중들과 일체감을 형성했다. 그들은 선물들을 받고 축복의 말을 들었지만, 또한 위협과 협박을 받기도 하였다. 그들은 기념식과 의식에 참여했으며, 국내외 언론을 포함한 다양한 사회 부문과 이야기를 나누었다. 이 행진의 목표는 시민 사회와 원주민과의 대화, 의회 대표들과의 대화였다. 하지만 EZLN의 주요 목표는 24명의 사령관들이 의회 연단에 나가 입법자들에게 COCOPA 법률의 중요성에 대해 연설하는 것이었다. 사빠띠스따들은 회담 재개를 위한 세 가지 조건이 충족되기 전까지는 빈쎈떼 폭스와 행정부를 만나지 않을 것이었다.

이 기간 동안의 공적 논쟁의 핵심적인 지점은 물론 사빠띠스따 행진이었다. EZLN은 원주민의 권리를 국가적 의제로 설정하는 데 성공했다. 하지만 조직된 시민사회 측에서의 열정적인 지원은 의회의 다양한 반응들과 대조를 이루었다. PRD가 지지를 표명한 반면, PAN의 더욱 보수적인 분파들은 거부의 목소리를 냈다. 폭스와 거리를 두었던 PAN은 COCOPA 제안과 관련하여 합의에 이르는 데 실패했고 이를 통해 당 내부에 존재하는 균열들이 모습을 드러냈다. 다른 한편 PRI의 입법 의원들은 EZLN이 지지를 얻어감에 따라 자신들의 입장을 착착 바꾸었고, 사빠띠스따들에게 더욱 개방적인 태도를 보여주었으며 그 제안을 지지했다. 3월 14일 멕시코 산업 협의회COPARMEX의 이사장인 호르게 에스삐노는 멕시코의 입법 의원들이 원주민의 권리와 문화에 대한 법률을 승인한다면 "정신을 잃었음"에 틀림없을 것이라고 말했다. 몇몇 기업인들은 또한 이 법률이 "뿌에블라빠나마 계획"과 여타의 경제적 안건들을 방해하게 될 것이라고 폭스에게 경고했다. 하지만 가장 가혹한 비판들은 PAN의 상원인 디에고 페르난데스 데 쎄바요스가 이끄는 상원의 강경론자들에게서 나온바, 그는 만일 사빠띠스따가 국회의사당에 들어오면 사퇴할 것이라고 으름장을 놓았다.(SIPAZ, 2001)

사빠띠스따 행진은 정부와 EZLN 사이의 적대를 제거함으로써 폭스 행정부로 하여금 민주주이저인 외관을 드리내고 사빠띠스따의 담화를 회복할 수 있는 기회를 제공했다. 그리하여 폭스는 자신과 마르꼬스를 언급하면서, "우리는 똑같은 멕시코를 원한다"(Guerrero-Chiprés, 2004, p. 253에서 인용함) 라고 말하고, 평화를 이루기 위하여 자신이 할 수 있는 모든 것을 하겠다고 약속했다. 다른 한편, 사빠띠스따들은 자신들의 행진이 평화를 위한 행진이 아니라 원주민의 존엄의 행진이라 는 점을 분명히 했다. 이 행진은 사빠띠스따들에게 자신들을 급진적인 세력으로 멕시코에 재삽입하고 혁명적인 프로필을 재수립할 수 있는 기회를 선사했다. 따라서 적을 PRI의 헤게 모니 역할로 규정하는 것으로부터 자신의 담론을 옮김으로써 EZLN은 이제 자신들을 감시하고 굴욕적으로 대우해 온 체제 를 과녁으로 삼았다. 그와 동시에 마르꼬스는 EPR이나 여타 의 무장그룹들과 같은 무장 투쟁 쪽으로 입장을 바꾸었다. EZLN이 이러한 투쟁들을 재인식했음을 언급하면서, 자신의 영향력이 미치는 지역에서 사빠띠스따들이 수도를 향한 여행 을 용이하게 할 수 있도록 조건들을 제공해 준 데 대해 그들에 게 감사했다.(Guerrero-Chiprés, 2004를 보라)

COCOPA는 나름대로 상원 내부에서 일어나는 저항을 잠 재우기 위해 맹렬하기는 했지만 성공적이지는 않은 노력들을 시도했다. 그 결과 EZLN은 정치 엘리트들의 비협조적인 태도 를 언급하면서, 방문을 중단하고 3월 23일에 치아빠스로 돌아 가겠다고 선언했다. 하지만 마지막 순간에 그들은 놀라운 메 시지를 받았다. 의원들이 투표를 했는데 찬성 220, 반대 210,

기권 7표로 사빠띠스따가 "의원단"에 참가하는 걸 허용하기로 결정했다는 것이다. 3월 28일 오전 11시쯤, 사빠띠스따 대표단은 100명 이상의 특별 손님들— 그 대부분은 CNI의 구성원들이었다— 과 함께 의사당 건물로 들어갔다. 회의는 5시간이나 계속되었으며 세 군데 멕시코 TV 방송국을 통해 중계되었다. EZLN 대표단의 상원 참여 허용 결정에 반대했던 PAN 의원들은 참석하지 않았다. EZLN을 대표해서 연설할 것으로 많은 사람이 기대했던 부사령관 마르꼬스 역시 참석하지 않았다. 대표단 중 첫 번째 발언자였던 사령관 에스더는 마르꼬스가 참석하지 않음으로써 야기된 놀라움에 응답하면서 다음과 같이 설명했다.

어떤 사람들은 이 의원단이 부사령관 마르꼬스에 의해 장악되었을 것이며 EZLN의 중심적인 메시지를 내놓는 것이 그의 임무일 것이라고 생각할 것입니다. 여러분들은 그게 사실이 아니라는 것을 알고 있습니다. 반란군 부사령관 마르꼬스, 맞습니다, 그는 부사령관입니다. 우리가 사령관들입니다. 우리가 총괄적인 명령들을 내리는 사람들입니다. 우리가 명령들을 내리며 우리의 민중들이 그 명령을 따릅니다. 우리는 부사령관에게, 그리고 그와 함께 꿈과 희망을 나누는 사람들에게 우리를 이 의원단에 데려다 달라는 임무를 주었습니다. 그들, 바로 우리의 전사들은 이 임무를 수행해 내었습니

다.(Rameil, 2001, n.p.에서 인용함)

24명의 사령관들 중에서 단 네 명만이 상원에서 연설을 했다. 사령관 에스더는 치아빠스에서의 평화의 필요성에 대해 이야기했으며, 사령관 데이비드는 산안드레스 협약의 중요성에 대해 주장했다. 사령관 세베데오는 법률이라는 것이 언제나 부자와 강자 편이라는 사실을 문제삼았으며, 사령관 따초는 원주민 공동체들에게 전통이 어떤 의미를 갖는지 설명하고 COCOPA의 제안이 조만간 헌법에 법률화될 것이라는 희망을 피력했다. 지금이 멕시코에서 하나의 역사적 순간이라는 점에 모든 사람이 동의했다. 혁명적인 군대의 사령관들이 마스크를 쓴 채 "의회 연합"에 참석해서 입법자들에게 연설하고 자신들의 입장을 설명한 것은 이 나라의 역사에서, 아니 아마도 세계사에서 처음 있는 일이었다.

EZLN의 대표단은 4월 1일에 오벤딕의 아과스깔리엔떼스로 돌아와 보고를 했다. 이 보고에서 마르꼬스와 그 밖의 사령관들은 자신들의 여행의 결과(물)들에 대해 요약했다. 이때 당시 사빠띠스따와 멕시코의 전체 원주민은 COCOPA 법안 비준을 위한 입법자들의 투표를 기다릴 수밖에 없었다. 4월 25일 입법자들은 COCOPA의 최초의 제안을 상당한 정도로 수정한 후에 원주민의 권리 및 문화에 관한 헌법을 개정했다. 사빠띠스따와 원주민이 패배한 것이었다. 새로운 법률은 사빠띠스따가 바랐던 것과는 거리가 멀었다. 주목할 만한 것은, 새로운 헌법에서 원주민 공동체들이 "공적 권리의 실체"로서가 아니라 오히려 "공적 이해관계의 실체"로 인정[인식]되었다는 것이다. 이것은, 원주민들이 공적 정책들의 수용자가 될 수 있다는 것이지 "권리의 주체," 즉 국가 조직의 참여자가 될 수는 없다는 것을 의미했다.(Perfil, 2001을 보라) 자율, 원주민의 문화와 권리 등등에 관한 이슈들은 새로운 헌법에서 심각하게 제한되었으며, 수많은 조건들에 종속되었다. 나흘 후에 마르꼬스는 EZLN의 총사령부를 대표해서 하나의 성명서를 언론에 보냈다. 여기에서 그는 이번 헌법 개정이 농담에 지나지 않는다며 거부하고, 대화의 문을 닫아버린 입법자들과 정부를 비난했다. EZLN은 연방정부와의 어떠한 접촉도 중단했으며, COCOPA가 발의한 법안이 헌법에 승인되기 전까지는 폭스 정부와의 대화가 재개되지 않을 것임을 선언했다.(Subcomandante Marcos, 2001a) 이것은 "멕시코 남동 산악지대로부터의" 마지막 성명서였다. 이후로 1년 이상 어떠한 성명서도 발표되지 않았다. 사빠띠스따는 "저항과 반란"을 계속할 것임을 선언하고, 기나긴 침묵의 시기로 들어갔다. 몇 달 후인 6월 15일, 엘살바도르의 정상회담에서 멕시코와 그 밖의 7개의 중앙아메리카 국가들은 "뿌에블라빠나마 계획"PPP이라는 이름의 경제개발에 대한 일괄 협약을 승인했다. **PPP**는 거대기업들로 하여금 이 지역에 투자할 수 있도록 설득하기 위한 노력의 일환으로, 필수적인 기반시설을 창출하려고 애쓴다. 사빠띠스따와 중앙아메리카의 원주민 조직들은 **PPP**에 강력하게 반대했다. **PPP**는 깜뻬시노와 원주민 공동체들, 그리고 그들의 천연자원들의 파괴와 착취를 필연적으로 수반하기 때문이었다.

"멍군" 말고 "장군!"

최초로 모습을 드러낸 이래 사빠띠스따와 **EZLN**은 멕시코의 정치에서 중요한 세력이 되었으며, 그들의 영향력은 한 나라의 국경을 훨씬 뛰어넘었다. 그들은 승리를 쟁취하는 한편 패배를 겪었지만, "망각에 대한 전쟁"은 아직 끝나지 않았다. 나는 이 8년간의 사빠띠스따의 투쟁과 저항을 관통하는 이 간략한 여행을 마르꼬스가 예전에 말한 적이 있는 이야기로 끝맺고자 한다. 이 이야기는 사빠띠스따 반란이 멕시코, 어쩌면 전 세계에 미친 효과를 보여준다.

한 무리의 선수들이 고등학교의 중요한 체스 게임에 몰두하고 있었습니다. 한 원주민이 그들에게 다가가 살펴보고는 지금 하고 있는 게 무어냐고 물어보았습니다. 아무도 대답해

주지 않았습니다. 이 원주민은 체스판에 다가가 말들의 위치, 선수들의 진지한 얼굴과 찡그린 얼굴, 체스판을 둘러싼 사람들의 조마조마해 하는 태도를 찬찬히 살펴보았습니다. 그는 다시 한 번 물어보았습니다. 한 선수가 마지못해 대답해 주었습니다. "이건 당신이 이해할 수 없는 거랍니다. 이건 중요하고도 현명한 사람들을 위한 게임이지요." 원주민은 침묵을 지키면서 체스판과 상대편의 움직임들을 계속 관찰했습니다. 잠시 후 그는 질문을 던졌습니다. "그런데 여러분은 누가 이기게 될지 알면서 왜 게임을 하는 건가요?" 아까 대답을 해주었던 선수가 그에게 설명을 해 주었습니다. "당신은 결코 이해하지 못할 거예요. 이 게임은 당신의 지적 그룹을 뛰어넘는, 전문가를 위한 것이랍니다." 원주민은 아무런 말도 하지 않았습니다. 그는 잠깐 동안 계속 살펴보더니 이윽고 자리를 떠났습니다. 조금 뒤 그는 무언가를 갖고서 다시 나타났습니다. 그는 아무 말도 하지 않은 채 게임이 진행되고 있는 탁자 위로 올라가서는 체스판 한가운데에 진흙이 잔뜩 묻은 낡은 장화를 놓았습니다. 방해를 받은 선수들은 화가 나서 그를 쳐다보았습니다. 원주민은 장난기어린 미소를 띠며 물었습니다. "장군?"(Rodriguez Loscano, 2001a, p. 5에서 인용함. 번역은 지은이)

VIVA
EZLN
JUSTISIA

2

사빠띠스따 봉기에 대한 이론들과 시각들

맑스에게 혁명은 역사의 기관차이다. 하지만 어쩌면 상황은 달라졌는지 모른다. 어쩌면 혁명은 기차를 타고 여행하는 인류가 비상 브레이크를 당기게 해 주는 수단인지도 모른다.
— 발터 벤야민, 1975

여러분은 그 원인들이 아니라 그 방식[길]에 동의하지 않을 수 있습니다.
— 부사령관 마르꼬스, 1994년 1월 1일

1994년 1월 처음으로 공개적인 모습을 드러낸 이래 사빠띠스따는 여러 시각에서 이루어진 정치적 분석의 주요대상이 되어 왔다. 다양한 정치적 조류의 학문적 이론들뿐만 아니라 학계 외부의 급진적인 시각들은 사빠띠스따 실천의 때때로 모순적인 측면들을, 그리고 이들의 종종 파악하기 어렵고 양가적인 담론을 설명하고 입증하고 해명하려 노력해왔다. 이 운동이 스스로를 정치적으로 "정의하는" 것을 거부하고, 또 다양한 정치적 술어들과 실천들을 즐기듯 만들어 내고 있기 때문에, 절대적인 환호에서부터 공공연한 적대에 이르기까지 다양한 스펙트럼을 갖는 "독해들"의 과잉을 허용해 왔다. 따라서, 그리고 이 운동의 담론과 실천 양자에 대한 분석에 초점을 맞추어 본다면, 사빠띠스따에게는 "혁명가"와 "포스트모던 게릴라"라는 딱지와 동시에 "무장한 개량주의자"와 "사회민주주의자" 같은 딱지가 붙여지는 것 같다.

이 장의 목적은, 사빠띠스따에 대한 기존의 모든 가능한 '독해들'을 빠짐없이 다루지는 않고, 치아빠스 봉기를 다루는 일반적으로 채택되고 있는 네 가지 접근법들— 그람시주의적 접근, 라클라우와 무페의 담론 이론, 학문적인 "자율주의적 맑스주의" 시각들, 비학문적인 좌파와 급진적인 좌파적 접근법들— 을 살펴봄으로써 정치 운동으로서의 사빠띠스따가 존재하고 관통해 가고 있는 폭넓고 다양한 이론적 맥락을 설정하는 것이다. 이렇게 하는 나의 주된 목적은 이러한 독해들을 특징짓고 있는 것으로 생각되는 두 가지의 공통된 문제들을 명확히 하고, 그와 동시에 이 책의 목표들을 규정하는 것이다. 첫째는 이러한 시각들이 사빠띠스따 반란의 독특한 특징을 이론적으로 설명해 주지 못하는 무능력을 보인다는 것이다. [이러한 시각들은 이 운동을 이론적으로 하찮은 것으로 귀결시키거나, 한편으로 사빠띠스따의 주체성 그리고 이 운동과 정치적으로 유사한 조건에서 발견되는 주체성에 관한 논의의 결핍을 초래한다. 두 번째 문제는 적어도 학문적인 독해들에서 나타나는바, 사빠띠스따에 대한 무비판적 접근이다. 이러한 접근법들은 이 운동을 이상화함으로써 이 운동의 실천과 이데올로기적 교의들에 대한 비판적인 성찰 과정을 가로막는 결과를 낳는다.

그람시주의적 접근

경제와 국가 사이에 설정된 전통적인 맑스주의적 위계와 결별하는 그람시(1948~51)와 그의 『옥중수고』에 따르면, "헤게모니"를 위한 정치투쟁의 최고 단계는 경제적 권력의 쟁탈이 아니라 지배계급의 국가로의 변형이다. 그람시는 "통합적 국가"integral state라는 개념이 정치사회와 시민사회의 종합으로 확대되는 것과 같은 방식으로 이 개념을 발전시켰다. 그 자신의 설명에 따르면 다음과 같다. "국가라는 일반 관념은 시민사회라는 관념에 다시 회부될 필요가 있는 요소들을 포함한다. 우리가 국가 = 정치사회+시민사회라고 말할 수 있다는 의미에서 말이다."(Gramsci, 1948~51, p. 263) 그람시 사유에서 핵심적인 개념인 "헤게모니"는 지배계급이 반대 세력들을 지배하는 데 성공하고 자신의 동맹자들의 수동적이거나 능동적인 동의를 획득하는 데 성공했을 때 성취된다.(Torfing, 1999)

최상위의 사회 집단이나 계급은 "지배"와 "도덕적·지적 리더십"이라는 두 가지 방식으로 자신을 드러낸다. 지배가 본질적으로 국가의 강제적인 장치를 통해 실현됨에 반해, 지적·도덕적 리더십은 시민사회 안에 구체화되고, 주로 시민사회 — 교육적, 종교적, 조합적 제도들의 조화 — 를 통해 실행되며, 바로 이 후자가 헤게모니를 구성한다. 헤게모니는, 사람들이 [그것들을 통해] 현실을 지각하고 평가하는 인지적이고 정동적인 구조들을 만들기 위해 시민사회의 제도들이 작동하는 방식들을 통해 달성된다. 그리하여 그것은 윤리정치적이지만, 한편으로는 견고한 경제적 뿌리를 가지고 있다.(Femia, 1981) 그람시에게 국가는 억압적인 장치로서가 아니라 오히려 정치 사회와 시민사회 간의 유기적인 관계로 이해된다. 그리고 지배계급이 하나의 국가가 되고 또 헤게모니적으로 되는 것은, 무력의 행사와는 반대로, 동의를 통해서이다.

헤게모니라는 그람시적 관념을 둘러싼 어떠한 논의도 필연적으로 그의 "역사적 블록"이라는 개념을 포함하지 않을 수 없다. 이 개념의 의미에 대한 다양한 해석이 존재하지만, 역사적 블록이 사실상 분석의 두 단계를 결합한 것임을 알 수 있다. 먼저 이론적 단계로서, 여기에서 이 개념은 현실의 두 영역들, 구조와 상부구조 사이의 관계를 기술한다. 두 번째는 구체적 단계로서, 여기에서 이 개념은 현실 사회에서의 이 두 영역들의 연결을 기술한다. 그람시(1948~51)는 실재적인 것들의 과정의 통일인 "구조들과 상부구조들이 역사적 블록을 형성한다"고 썼다.(Gramsci, 1958~51, p. 366) 헤게모니를 점하기 위해서 지배계급은 윤리정치적인 것을 경제적인 것에 연결시키는 하나의 역사적 블록을 구축해야 한다. 하지만 역사적 블록은 단순한 정치적 동맹으로 환원될 수 없는바, 그것이 수많은 하위블록들― 이들 각각은 다양한 요소들과 잠재적인 모순들을 포함하고 있다― 이 존재할 수 있는 복잡한 구축물의 외관을 띠기 때문이다. 역사적 블록은 정치 동맹들의 이질적인 조합들로 이루어진 다양한 정치적 블록들을 생산할 수 있으며, 그러면서도 자신의 전반적인 지형을 유지한다.(Sassoon, 1987)

주어진 역사적 블록이 분절되는 방식은 원래 대안적인 역사적 블록을 구축하고, 그 결과 헤게모니를 쥘 수 있는 새로운 계급의 능력, 혹은 무능력과 구조적으로 관련을 맺고 있다. 더욱이, 역사적 블록이 (비록 국제적인 사태 안에서이긴 하지만) 국내적인 상황에 특유한 것이기 때문에, 분석의 기본적인 단위인 국내적 차원이 특별히 강조된다. 그렇다 하더라도, 대안적인 블록을 구축하기 위해서는, 그리고 새로운 사회적 계급이나 그룹이 헤게모니를 쥐기 위해서는 "집단적 의지"―"이질적인 목표들을 갖는 분산적 의지들의 다양체가 세계에 대한 동일하고 공통적인 (일반적이고 특수한) 생각을 토대로 해서,

단일한 목표를 갖고 함께 결합되는 문화—사회적 통일의 달성"(Gramsci, 1948~51, p. 349)이 필요하다. 그리고 공통 의지의 형성은 그 자체로, 이데올로기 지형을 해체하고 이데올로기 요소들을 재분절하는, "지적이고 도덕적인 개혁"의 생산물이다. 마지막으로, 그람시에게 있어서는, 지적이고 도덕적인 개혁이 "민족적이고 대중적인" 특성을 갖춘 공통 의지의 형성을 목표로 삼아야 한다는 점이 강조되어야 한다. 그리고 바로 이러한 "민족적이고 대중적인" 요소들의 분절이 특정한 계급이 헤게모니를 쥐기 위한 시도를 통해 국가의 이해관계를 표현할 수 있도록 해 준다.(Torfing, 1999)

그람시의 저작은 라틴아메리카에 지대한 영향을 미쳤으며, 라틴아메리카 좌파의 논의들과 전략들을 새롭게 하기 위한 매개체, 기폭제의 역할을 수행했다. "모범적인 계급 이데올로기"와 같은 정통 맑스주의 개념들의 비판에 논의의 초점을 맞추면서, 좌파들은 맑스주의에 대한 비본질주의적인 이해를 향해 나아가고 있었으며, 저항을 조직하기 위해 문화와 정치 사이의 관계에 새롭게 접근하기 시작했다. 헤게모니를 사회 변형의 점진적인 기획을 위해 서로 다른 이해관계들을 분절하는 과정으로 바라보는 생각, 민족적 현실에 대한 탐색, 권력을 잡는 반란 행위가 아닌 지적이고 도덕적인 개혁으로서의 혁명 등은 모두 그람시의 사상이 1980년대 동안의 우발적인 파열로부터 라틴아메리카 좌파를 "구출하고," 그들에게 새로운 방향을 부여했다는 것을 의미했다.(Dagnino, 1998) 무장 투쟁 전략의 "패배" 이후, 그리고 그람시의 이론의 영향으로, 권위주의 체제에 대한 좌파의 저항은, 이론적인 교의들과 투쟁들이 해석되어야 할 통일적인 개념으로 혁명 개념보다는 민주주의 개념에 초점을 맞추었다. 그리고 "민족적이고 대중적인," "개혁주의," "수동혁명"과 같은 그람시의 개념들은 대중주의 populism, 그리고 국가가 라틴아메리카 사회의 형성에서 갖는 역할과 같은 경험을 분석하기 위한 자료가 되었다. 전통적인 맑스주의에서는 이러한 개념들을 적절하게 제공할 수 없었다. 라틴아메리카에서 그람시의 생각들이 끼친 영향은, 1987년 "라플라타 강 행진에서의 미국 무장 세력의 17차 회담"에 제출된 첩보 보고서에서 그의 이름이 발견된다는 사실을 보면 알 수 있다. 보고서는 국제 공산주의 운동에서 그람시가 갖는 중요성을 인정하면서 다음과 같이 덧붙이고 있다. "그람시에게 수단은 혁명적인 권력 탈취가 아니라 점진적이고 평화적이며 영구적인 방식으로 권력을 장악하기 위한 즉각적인 조치인 사회의 문화적 전복이었다."(Dagnino, 1998, p. 38에서 인용함) 그러므로 그람시의 생각들과 개념들이 라틴아메리카 저자들이 사빠띠스따 운동을 이론화하는 데 광범위하게 이용되고 있는 것은 놀랄 일이 아니다.

예상할 수 있는 바처럼, 사빠띠스따에 대한 그람시주의적 접근은, 정체성에 대한 강조와 더불어 헤게모니, 그리고 헤게모니에 이미 함축되어 있는 다원론에 초점을 맞춘다. 아래로부터의 집단적 의지의 구축인 헤게모니는 자율적인 집단적 정치 주체들이 "다양성 내부의 통일"을 추구한다는 것을 나타낸다. 카누시는 두 가지 종류의 정체성 모델들 간의 차이를 명확히 함으로써, 그람시에 의해 촉발된 사빠띠스따 독해를 시작한다.(Kanoussi, 1998) 한편으로는 정체성을 무언가 고정되고 안정적인 것으로 이해하는 본질론적인 모델이 있고, 다른 한편으로는 정체성을 일시적이고 불완전한 것으로 접근하는 모델이 있다. 이 모델에 따르면 정체성은 차이의 실천들 및 위치들을 통해 연속적으로 구축되는 과정에 있다. 이 후자의 경우, 정체성들은 역사의 내부에서 그리고 특정한 정치 투쟁들 속에서 구축되며, 이러한 이유로 정체성들은 그람시가 서발턴 Subaltern 그룹들이라고 부른 것의 헤게모니를 위한 투쟁의 일부를 이룬다. 이것이야말로 하위의 원주민 사빠띠스따들을 제대로 설명해 준다. 이들은 (그람시의 "유기적 지식인"으로 이해되는) 부사령관 마르꼬스의 목소리를 통해, 그리고 "제1차 라깐도나 정글 선언" 이래로, 정치와 권력과의 관계라는 맥락에서, 또는 다른 말로 하면, 헤게모니라는 맥락에서 구축되는 이러한 "새로운 정체성"을 표현한다.

"민주주의" 및 "평등"과 같은 사빠띠스따 담론의 핵심 개념들은 정체성과 민주주의에 대한 강조와 함께— 즉, 다원론에 대한 강조, 또는 사빠띠스따들이 "많은 세계들이 어울리는 하나의 세계"라고 부르는 것에 대한 강조와 함께— 새로운 윤리정치적 공간과 집단적 의지를 구축하려는 시도를 보여준다. 그리고 이것이야말로 지배적인 정치 체제의 헤게모니에 도전하기에 이르고, 또 "복종하는 명령"이라는 원주민의 원칙에 기초한 대안적인 민족적 정치 기획을 주장하는 원주민 투쟁의 민족적인(대중적인) 성격을 명확하게 해 주는 것이다. 사빠띠스따는 신자유주의와 거대 다국적 회사들이 멕시코 정부의 동의를 얻어 멕시코에 강요한 발전 기획(NAFTA에 구현된)에 대한 대응으로 이해된다. 계속되는 논의에 따르면, 결과적으로 사빠띠스따의 담론과 실천이 목표로 하는 것은 근대성의 현실화를 위한 가능성의 조건들을 생산하는 것이다. 그리고 여기에서 근대성이 의미하는 바는 모든 형태의 인종주의를 제거하고 모든 인권을 존중하는 것이다.(Aragones, 1998) 동일선상에서, 마추까는 사빠띠스따가 민주적인 주장들, 네트워크들의 장려, (일국적이고 국제적인) 대화자로서의 시민사회에 대한 강조, 그리고 "모순적인 것들의 조화로운 결합," 즉 이 운동의 자유주의적이고, 사회민주주의적이고 사회주의적인 요소들을 가지고, 민주적인 사회주의와 다원론적인 헤게모니를 지향하면서, 지구화 과정들을 민주적으로 전복하는 것을 목표로 한다고 주장한다.(Machuca, 1998) 마추까의 주장에 따르면, 다원론적인 헤게모니는 동일성, 통일성에 의해 특징지어지는 것이 아니라, 다양한 사회적 관계들의 일치점들에 의해 특징지어지며, 멕시코의 국가-정당의 헤게모니적 통일성에 대항하는 것을 목표로 한다.

사빠띠스따는 자신들이 권력 탈취가 아니라 정체성의 재창조와 시민사회가 주권을 행사할 수 있는 사회적, 문화적, 정치적인 조건들을 생산하기 원한다는 사실에서 자신들의 도덕적 권위를 주로 이끌어낸다.(Betancourt, 1998) 이것은 시민사회가 만들어낸 제도들이 국가를 점진적으로 통제하고, 이것이 역으로 국가 스스로가 만들어낸 제도들의 변형과 재구축, 그리하여 국가와 시민사회 간의 관계의 변형과 재구축의 전제가 된다는 것을 나타낸다.(Machuca, 1998) 사실상 이것이 모든 그람시주의적 저자들이 사빠띠스따를 독해하면서 만들어내는 주요 논점이다. 그 목표는 시민사회가 "복종하는 명령" 원칙에 따라 권력을 갖는 다원론적이고, 민주주의적이며 확장적인 extended 국가이다. 이것이 이번에는 사빠띠스따에 의해 수행된 민족적인 협의회들national consultations과 같은 직접민주주의의 "기제들"mechanisms을 통해 작동된다. 마지막으로, 이러한 민주주의 이행을 달성하기 위하여 사빠띠스따 투쟁은 멕시코와의 정치적 관계들 속에 만연해 있는 군사 논리를 제거하고, 국가 전반을 유지시키는 모든 관념들에 맞서, 관념들의 장에서 이뤄지는 전투에서 승리해야 한다. 다른 말로 하면, 바로 이것이 "기동전"과 "진지전"을 나누는 그람시의 구분을 되풀이하는 전략이다.(Machuca, 1998; Slater, 1998)

라클라우와 무페의 담론 이론

구조주이저 맑스주이에 대한 그람시주이저 비판을 출발점으로 삼는 라클라우와 무페[이후부터는 "라클라우/무페"로 옮긴다.—옮긴이](Laclau & Mouffe, 1985)의 기획은 맑스주의 이론의 함정들을 피하고 전체주의의 위험에 의해 주입된 가장 假裝된 친근성과 본질주의를 피하게 될 "급진적이고 다원적인 민주주의"를 위한 이론을 발전시키는 것이었다.(Townshend, 2002a) 비록 알뛰세르, 발리바르, 풀란차스와 같은 구조주의자들의 저작 속에서일지라도, 라클라우/무페는 상부구조의 형태와 기능이 경제적 토대에 의해 결정된다는 생각(부수현상론)을 제거하기 위한 시도를 인식할 수 있었다. 하지만 그들은 상부구조적 현상들의 복수성을 생산의 층위에서의 사회계급들 사이의 모순으로 환원하는 것(계급 환원론)이 이러한 저자들의 저작 속에 여전히 나타난다고 주장한다. 앞 절에서 논의한 그람시주의적 생각들에 힘입어 라클라우/무페는 그들이 생각하기에 "경제주의"(부수현상론과 계급 환원론)와 "계급의식"과 같은 맑스주의의 본질론적 교의들과 싸우려는, 그리고 헤게모니 개념에 기초한 자신들의 대안적인 정치적 기획을 발전시키려는 시도 속에서 영감과 분석적 범주들을 얻었다.(Torfing, 1999) 예를 들어, 집단적 의지와 헤게모니라는 그람시주의적 개념들은 정치적 행위의 주체가 더 이상 사회계급과 동일시될 수 없으며, 생산관계들의 부수현상이 아닌 그러한 이데올로기가 "물질성"을 갖고서 "총체화하는" 형식으로, 그리고 분절화의 실천을 통해 구축되어야 하는 것으로 이해될 수 있다는 것을 함축했다. 다시 말해, 이데올로기는 사회적 관계들의 중심부에서 발견되는 적대로부터 연원하는 헤게모니 투쟁들의 산물로 이해될 수 있었다.(Torfing, 1999; Townshend, 2002b)

맑스주의 이론의 본질론적 성격을 설명하면서, 그리고 맑스주의에서 헤게모니가 우발성 문제에 대한 정치적으로 권위주의적인 대응이었음을 설명하면서, 라클라우/무페는 그들만의 민주적인 헤게모니 이론을 발전시키는 데까지 나아갔다. 이와 같이 하기 위하여 그들은 탈구조주의적 철학, 라깡주의적 정신분석, 후기 비트겐슈타인의 언어철학에 의존했는바, 이와 같은 방법으로 그들은 외부세계가 담론적으로 구축되며 담론 외부에서는 어떤 것도 의미를 갖지 않는다는 결론에 도달한 담론적인 접근법을 발전시켰다.(Townshend, 2002a) 라클라우/무페가 볼 때, 근대 세계에는 의미의 부분적인 고정화를 위한 가능성과 불가능성의 조건들을 제공하고, 그리하여 다수의 담론들을 분절하는 과정을 가능하게 해 주는 잉여 의미의 (담론의 논리로) 환원불가능한 장("담론성의 장")이 존재한다.(Laclau & Mouffe, 1985) 헤게모니가 기초하고 있는 분절화는 "떠다니는 기표들"(예를 들어 "평등")이 담론적 전체 내부의 계기들로 변화되는, 담론들로 변화되는 과정, 즉 담론적 실천이다. 라클라우/무페의 주장에 따르면, "담론성의 장을 지배하기 위한, 차이의 흐름을 포획하기 위한, 하나의 중심을 구축하기 위한 시도로 구축된" 담론은 그 무엇이든지 오로지 기표들의 의미를 부분적으로 고정할 수 있을 뿐이며, 의미-창조적인 "결절점들"의 잉여를 배제할 수 있을 뿐이다.(Laclau & Mouffe, 1985, p. 112) 따라서 담론들은 분절화의 과정을 통해 헤게모니적으로(즉, 정치적으로) 구축되며, 이 담론들은 안정적인 사회적 실천들과 담론적으로 창조된 정체성들 또는 주체의 위치들을 형성한다. 하지만, 담론들에 포함된 의미의 부분적인 고정성은 기표들의 의미가 제거되고 있다는 가능성에 의해 언제나 전복되기 쉽다.(Townshend, 2002a)

따라서 헤게모니는 고정되지 않은 요소들을 부분적으로 고정된 계기들로 분절함으로써 하나의 담론을, 또는 담론들의 집합을 사회적 정향과 행동의 지배적 지평 속으로 확장하는 것으로 이해할 수 있다. 보수적인 "변형적인 헤게모니"에 반대되는 것으로서의 그람시주의적인 "확장적인 헤게모니"의 형성은 기본적으로 "환유적이며," "그 효과들은 언제나 환치換置의 작동에 기인하는 의미의 잉여로부터 발생한다."(Laclau & Mouffe, 1985, p. 141) 정치세력들은 은유적 통일성에 기초를 두고 있는 더욱 강력한 헤게모니를 위해서 가능성의 조건들을 제공하는 환유적인 미끄러짐을 생산할 수 있을 것이다. 더욱이, 헤게모니적 담론의 확장이 필연적으로 결말을 함유한다 할지라도, 이 은유적 통일성은 적대의 현존 때문에 결코 완전하게 달성될 수 없다. 라클라우/무페에게 적대는 담론적으로 또는 상징적으로 구축되는 것이며, 그것의 뿌리는 라깡이 아동의 전前언어적 단계에서 모든 인류가 경험하는 트라우마라고 생각했던 것의 결과인 "충만함"의 요구로부터 유래하는 것으로서 사회적이기보다는 심리적이다.(Townshend, 2002b) "스스로를 언어의 한계들 내부에 위치짓고 오로지 그것의 외해로서 존재할 수 있을 뿐인"(Laclau & Mouffe, 1985, p. 125) 적대는, 담론들이 달성하려고 시도하는 사회의 최종적인 "봉합," 대상화[객관화]를 가로막는 어떤 것이다. 사회적 적대에는 두 가지 유형이 존재한다. 하나는 대중적 적대이고 다른 하나는 민주적 적대이다. 대중적 적대는 사회적 공간을 단순화하는 것과 전체 사회적 공간을 두 개의 반대 진영으로 분할하는 것을 포함한다. 다른 한편, 민주적 적대들은 세계를 점점 더 복잡하게 만들고, 새로운 사회 운동들의 경우에서처럼 다양한 전투 지형들을 만드는 것으로 보이는 단지 소수적인 사회적 공간들로 분할한다. (Torfing, 1999) 사실상 사회적인 것들의 개방성이 주어져 있다면, 헤게모니적 활동을 위한 조건들은 민주적 적대의 증식이 일반적 위기 그리고 다수의 떠다니는 기표들을 낳을 때 발생한다. 그 때 "주± 기표"가 개입하여 떠다니는 기표들의 정체성을 등가의 패러다임적 연쇄(예컨대 "코뮤니즘") 내부에 반동적으로 구성한다.

헤게모니를 위한 투쟁은 "등가"와 "차이"라는 두 개의 대립하는 논리 사이의 갈등에 의해 특징지어진다. 여기에서 등가의 "연쇄들"을 통해 구축된 동맹들은 차이의 논리를 통해 파열될 수 있다. 좌익 헤게모니는 오직 "자유"와 "평등"의 떠다니는 기표들이 사회적 공간들의 증식을 통해 민주적 담론 내부에 고정될 때에만 확립될 수 있다. 더욱이, 좌익 헤게모니는 젠더, 섹슈얼리티, 인종, 평화, 환경과 같은 이슈들을 옹호하는 새로운 사회 운동들, 그리고 근본적이고 복수적인 민주주의를 토대로 하는 결절점을 창조하는 노동자의 운동들, 양자의 모든 투쟁들을 통일시켜야 한다.(Townshend, 2002a, 2002b) 다원론은 오직 모든 그룹화가 그들 자신의 정당성[타당성]의 원칙들에 기초할 때에만 근본적일 수 있으며, 급진적인 다원론은 오직 그것이 이러한 그룹화의 "자기 구성성"의 원인이던 인류 평등주의적 상상성의 바로 그 환치일 때에만 민주적일 수 있다고 라클라우/무페는 주장한다.(Laclau & Mouffe, 1985) 그들은 다음과 같이 주장한다. "따라서, 급진적이고 복수적인 민주주의를 위한 기획은, 근원적인 의미에서, 동등주의적이고 평등주의적인 논리의 일반화를 기초로 하는 영역들을 최대한 자율화하기 위한 투쟁에 다름없다."(Laclau & Mouffe, 1985, p. 167) 또한 급진적인 복수적 민주주의를 증진시키기 위해서는, 종속의 관계들을 억압의 관계들, 즉 적대의 관계로 변형시키는 것이 필수적이며, 그리하여 불법적인 것으로 이해하는 것이 필수적이다. 라클라우/무페는 자유주의적인 민주주의 이데올로기를 포기하는 것이 아니라, 급진적이고 복수적인 민주주의를 지향하면서 그것을 확대, 심화하기를 요구한다.(Laclau & Mouffe, 1985)

우리는 「EZLN의 급진적인 반대와 혁명적 담론들」이라는 제목이 붙은 오르띠스-페레스의 논문에서 라클라우/무페의 이론이 작동하는 것을 볼 수 있다. 그녀는 자신의 분석을 라깐도나 정글의 처음 네 편의 선언들(1994~96)에 기초를 두고 있는데, 그녀의 주장에 따르면 이 선언들은 주요한 담론적 등록부들 중의 하나를 구성한다. 사빠띠스따는 이 등록부를 통해 "의미화의 헤게모니적 연쇄들에서 연원하는 전통적인 의미를 기표들이 "내쫓긴 자들"의 다문화적인 인종적 성격에 더욱 동조될 사슬들로 바꾸어 놓는다."(Ortiz-Perez, 2000, p. 2) 그리고 사빠띠스따가, 인종주의, 식민주의, 자본주의와 같은 개념들을 민주주의, 자유, 정의와 같은 개념들로 대체하자는 정치적 제안들을 함으로써, 헤게모니적 대안에 맞서 자신들의 대안을 분절하는 곳이 바로 이와 같은 선언들 속에서이다. 따라서 이 분석의 목적은 "사빠띠스모가 하나의 이데올로기로, 그리고 하나의 정치적 운동으로 자신을 확립하는 지평과 동일화하는"(Ortiz-Perez, 2000, p. 1) 데 도움을 줄 수 있는 작업틀을 이 네 개의 선언들을 통해 찾는 것이다. 이제 이것은 사빠띠스따 담론과 사빠띠스따 이데올로기를 분절하고, 그것의 전반적인 의미를 "급진적인 반대" — EZLN과 그 담론들의 방어와 보급을 보증하는 사빠띠스따의 전략에 핵심적인 기표 — 에 관련시키는 주± 기표들에 대한 탐색을 포함한다.

오르띠스-페레스는 제1차 선언을 읽고 나서 사빠띠스따가 그들 자신과 의기양양한 멕시코의 군사적 역사의 주변부(뿐만 아니라 멕시코 국가를 벼리는 데에서 이 주변부가 한 역할) 사이에서 생산하는 정체화의 담론적 연속성이 구성적 적대의 현존을 분명히 한다고 주장한다.(Ortiz-Perez, 2000) 적대는 "내쫓긴 자들"이 멕시코 국가의 형성에서 수행한 역할에 반대해 왔으며, 사빠띠스따 담론은 정확히 멕시코의 정치적 역사에 대한 급진적인 독해를 위한 규칙들을 설정하고 원주민들이 "민족적 정체성에서 차지하는 몫"(Ortiz-Perez, 2000, p. 5)을 되찾는 것을 목표로 한다. 하지만, 우리가 담론과 전쟁 이미지들이 탈구되면서 급진적 이의가 작동하는 것을 보게 되고, 시민사회의 역할을 강조하는 새로운 지평들의 분절을 보게 되는 것은 바로 제2차 선언에서이다. "평화로운"이나 "시민 투쟁"과 같은 기표들은 EZLN과 시민사회 사이의 담론적 공모 관계를 수립하고 이 운동의 지역적 경계들 바깥에서 전투를 벌인다. 더욱이, 같은 선언에서, "존엄"이라는 주± 기표는 사빠띠스따로 하여금 멕시코 정부들의 가부장적이고 대중주의적인 방법들을 거부하며 그들의 전쟁을 수행할 수 있도록 해주는 요소로서 모습을 드러낸다.

라깐도나 정글의 제3차 선언에 나타나는 "복종하는 명령"과 "만인에게 모든 것을, 우리에게는 아무것도"와 같은 기표들은 민족적 기획의 창출에 대한 강조를 강화한다. 그와 동시에, 사빠띠스따는 멕시코 국민을 급진적으로 변형시키는 것에 자신들의 투쟁을 연결시키는 담론 속에 그들 투쟁의 원주민적 대의를 공개적으로 선언한다. 오르띠스-페레스의 주장에 따르면, 바로 이 "애국주의적이고 민족주의적인" 논의들과 원주민적 대의의 결합이 사빠띠스따의 주장들과 투쟁을 더욱 강력하게 만든다.(Ortiz-Perez, 2000) 이것은 원주민들을 "멕시코의 주권 계약의 주체인 다수의 구성원들"(Ortiz-Perez, 2000, p. 10)과 동등하게 만들어줄 민족적인 기획의 구성물 속으로 원주민들을 통합시키기 위한 투쟁이다. 그리고 EZLN에게, 멕시코 국가에 소속된다는 생각은 그들의 근본적인 원칙들 중의 하나이다. 더욱이 제3차 선언에서 우리는 "당 국가의 청산" 그리고 "선거법의 개혁"(Ortiz-Perez, 2000, p. 12)과 같은 분절들에 대한 반대가 급진화하는 것을 본다. 마지막으로, 제4차 선언에서 민주주의를 위한 투쟁과 "나쁜 정부"에 반대하는 투쟁을 나란히 놓고, 포용적인 세계를 창출하기 위하여 상이한 사회적 기획들을 조정한다. 저자는 무장투쟁과 포스트모던 담론을 결합하기 위해서 EZLN에 포스트모던한 지위를 부여하는 것으로, 그리고 사빠띠스따의 정치적 제안에서 아나키즘적이고/유토피아적인 요소를 확인하는 것으로 자신의 분석을 결론짓는다.

라클라우/무페의 생각들이 끼친 영향을 볼 수 있는 또 다른 사례는 치아빠스 여성들의 투쟁을 다룬 하비와 할버슨의 저작이다.(Harvey & Halverson, 2000) 치아빠스에서 일어난 바람 — 그들은 또한 이 바람을 민주적인 "시미사회"와 권위주의적인 국가가 시민권과 민주주의를 둘러싸고 벌인 투쟁으로 이해한다 — 에 부치는 간략한 머리말을 제공한 뒤에, 저자들은 자신들이 여성들의 투쟁을 분석 대상으로 삼음으로써 "보다 포괄적이고 개방적인 담론 형식들을 개발하는 데에서 특이한 경험이 갖는 중요성을 조명하기"(Harvey & Halverson, 2000, p. 153)를 희망했다고 주장한다. 보편적인 것을 창조하기 위한 여하한 시도를 "아닌 것"(그들은 데리다를 인용한다)의 배제를 필연적으로 함의하는 것으로 이해하기 때문에, 그리고 모든 구조들의 탈구적 본성과 모든 공간들의 비고정성과 불안정성에 대한 라클라우/무페의 주장에 기초하기 때문에, [그들이 설정한] 과제는 여성 해방이 어떻게 억압을 이해하기 위한 단일한 공간을 생산하지 않는지 이해하는 것이다. 페미니즘적 저작들에 나타난 이원적 대립들(예컨대 전략적/실천적 이해관계들, 그리고 인식론/경험)을 "해체하면서," 하비와 할버슨은 우리에게 필요한 것이 두 개의 극단 사이의, 다시 말해 보편적인 것과 특별한 것 사이의 분절의 지점들을 확립하고, 보편성보다는 차이의 정치학을 향한 집단적 정체성들의 형성에서 경험의 환원불가능성을 인식하는 것이라고 주장했다.(Harvey & Halverson, 2000)

여성의 전체 경험이 하나의 집단적 정체성 안에 분절될 수 없다면, 설령 집단적 정체성들이 가능하다 할지라도, 하나의 공통 언어로 표현될 수 없는 몇몇 요소들은 언제나 존재할 것이다. 하비와 할버슨은 이 잔여殘餘를 데리다의 "비밀" 개념과 관련하여 개념화한다. 그들은 이것을 "정체성에 대한 보편적인 서사들로 범주화되는 것을 막고, 그와 동시에 순수하게 개인적인 것으로 제한될 수 없는 경험의 몫"(Harvey & Haverson, p. 156)으로 정의한다. 순수하게 보편적인 것과 순수하게 특별한 것의 특권적인 위치들을 제거함으로써, "비밀"은 정치적인 것들이 개방적으로 남아 있을 수 있는, 그리고 모든 결정들이 비결정성의 조건으로부터 만들어질 수 있는 기초가 된다. 따라서 이것은 시민권, 민주주의, 페미니즘을 규정하는 유일한 방법이 존재할 수 없음을 함축한다. 하비와 할버슨의 주장에 따르면, 이러한 관념들에 대한 어떤 정의들도 다른 것들과 [함께 분절되어야 하며, 그들이 데리다를 인용하면서 말한 바처럼, "도래할 민주주의"의 "약속"을 목표로 언제나 개방되어 있어야 한다. 그리고 집단적 정체성들은, 시민권, 민주주의, 페미니즘이 "선험적인 기표들"에서 그 내용이 사회적 행위자들의 정치적 선택들에 의해 형성되는 "떠다니는 기표들"로 변형될 수 있도록 특정한 역사적 맥락들 속에서 우리의 특별한 경험들의 분절을 통해 창조되어야 한다.

이러한 작업틀에 따르면, 치아빠스에서의 여성들의 투쟁은 시민권, 민주주의, 페미니즘의 경쟁적 담론들의 한가운데에서 복종의 다양한 경험들의 분절 과정들을 보여준다. 예를 들어, 신자유주의에 반대하고 인류를 옹호하기 위한 제1차 대륙간 회의에서, 페미니즘적 논의들은 신자유주의와 가부장제 사이의 관계와 관련되었으며, 이 양자가 어떻게 함께 민주주의의 복수적인 형식들의 발전을 가로막는지에 관련되었다. 하지만 대회에 참석한 원주민 사빠띠스따 여성들은 여성들로서의 자신들의 투쟁이 갖는 다른 측면들— 자신들의 조직에서 배제되는 것에 관한, 그리고 목소리를 내고 자신들의 이야기를 들려줄 필요에 관한 특수한 측면들— 을 강조했다. 치아빠스의 여성들은 그들을 종속시키는 "공동체의 전통들"(알코올 남용, 가족계획의 결핍, 여성의 상속 거부 등등)— 이것들은 전통주의적인 남성 권위자들과 외부세계의 엘리트들 사이의 정치적 동맹들로 이해된다—에 적극적으로 도전함으로써 새로운 저항 공간들을 창출하기 위해 노력해 왔다. 하지만 다른 한편으로 그들은 종속을 극복하기 위한 시도에서 중요한 의미를 갖는 여타의 전통들(예를 들어 전통적인 의복 만들기, 특정한 음식 준비하기 등등)을 되살렸다. 이렇게 보편적인 페미니즘 담론에 맞서서 사빠띠스따 여성들은 가부장적 사회 안에서 여성으로서 자신들이 겪는 경험의 정당성을 드러낸다. 그리고 그들의 투쟁이 열어젖힌 그들의 경험과 새로운 공간들은 젠더의 시각을 끼워 넣음으로써 사빠띠스따 자율의 의미를 확대해 왔다. 사실상 여기에 사빠띠스따 담론의 중대성이 존재한다. 원주민 여성들, 남성들, 어린이들은 부정不正에 반대하는 자신들만의 특별한 몫의 투쟁들을 위해 이러한 담론을 다양한 방식으로 전유했다. 하비와 할버슨은 앞으로의 연구가 사빠띠스따 여성들의 특이한 경험들이 어떻게 사빠띠스따 운동 안에서 계속해서 의미들과 가능성들을 창조하는지, 사빠띠스따 담론의 내용을 역동적이고 변화무쌍한 것으로 만드는지에 초점을 맞춰야 한다고 제안하는 것으로 자신들의 분석을 매듭짓는다.(Harvey & Halverson, 2000)

학문적인 자율주의적 맑스주의 접근법

자율주의적 맑스주의 이론은 1950년대의 이딸리아 오뻬라이스모로, 그리고 노동자들의 문제와 노동자 투쟁의 본성에 대한 그들 자신의 필요와 인식을 향한 관심으로 거슬러 올라갈 수 있다.(Aufheben, 2003) 영국과 미국에서 더욱 발전되고 정교화된 자율주의적 맑스주의는, 대부분의 맑스주의 전통들에 비판적인 태도를 취해 왔다. 그 이유는 이 전통들이 전적으로 자본주의적 착취의 메커니즘들에만 초점을 맞춤으로써 분석적인 측면에서 일방성을 특징으로 하며 노동계급의 자율행위 self-activity를 이론화할 수 없다는 것이다.(Cleaver, 2000[1979]) 어떤 자율주의적 맑스주의자들은 자본주의 경제 안의 추동 세력으로서의 노동계급의 중요한 역할을 강조한다. 예를 들어

위기를 오로지 자본주의 체제의 작동들workings에서만 특유한 것으로 보는 전통적인 맑스주의적 이해와 달리, 일부 자율주의적 맑스주의자들은 노동계급의 자율적인 투쟁이 위기를 불러오는 데 중요한 요인이며, 그 결과 계급투쟁이 조성한 새로운 조건들에 맞추기 위해 자본으로 하여금 스스로를 재조직할 수밖에 없도록 만든다고 주장한다.(Cleaver, 2000[1979]) 예를 들어, 이러한 주장을 따라 하트와 네그리는 1929년의 월가 붕괴가 미국의 경제 체제의 본성과 관계되는 것이지만, 더욱 중요한 것은 그것이 [1917년] 10월 혁명에 뒤이은 강렬한 노동계급 투쟁의 충격에 의해 야기된 모순들의 축적물이라는 점을 밝힌 바 있다.(Hardt & Negri, 1994) 그래서 자본주의 체제는 계급투쟁을 자신의 구성요소들 중의 하나로 통합해야만 했으며, 일련의 평형 메커니즘들을 통해 노동계급을 통제하려는 시도 속에서 "계획자 국가"가 등장했다.

자율주의적 맑스주의 이론에 대해 일관된 설명을 하기란 다소 어려운데 그 주된 이유는 이 이론이 개념들과 생각들이 끊임없이 음미되고 재작업되는 부단한 역동적 과정 속에 놓여 있는 것으로 보이기 때문이며, 여러 자율주의적 맑스주의 이론가들 사이에 초점과 분석상의 중요한 차이들이 존재하기 때문이다. 예를 들어 최근에, 노동계급을 자본주의의 발전을 추동하는 능동적인 주체로 바라보는 하트와 네그리의 접근법은 부적절한 것으로 비판받고 있다. 더 분명하게 말하자면, 홀러 웨이는 이러한 접근법은 단지 전통적인 맑스주의의 평형상태의 전도顚倒로 간주될 뿐이라고 주장한다.(Holloway, 2002) 전통적 맑스주의자들이 자본을 "구성되기 이전의" 노동계급에게 스스로를 부과하는 것으로 이해한다면, 이러한 자율주의적 시각은 노동계급이 자신을 자본에 부과하는 것으로 이해한다. 달리 말해, 이 양자의 경우에, 자본과 노동계급 사이의 관계는 상호의존적인 관계가 아니라 외부적인 관계로 간주된다. 하지만 이러한 차이들에도 불구하고, 모든 (학문적인) 자율주의자들은 자율적으로 행동할 수 있는 노동자들의 역량에 대한 정치적 평가를 공유하고, 다수의 사회그룹들을 포함하기 위해 노동계급의 범위를 확장하는 "노동계급"의 재정의를 공유하고, 자신의 계급적 지위를 벗어나 무언가 다른 것이 되려고 하는 노동자들의 노력들을 강조하며, 자율적인 정치적 투쟁을 통해 이루어지는 가치 생산의 중요성을 역설한다.(Cleaver, 2000)

하트와 네그리는 끊임없이 자본주의적 생산과정의 전복뿐만 아니라 대안의 건설을 제기하는 내적 힘이 산 노동이라고 주장한다.(Hardt & Negri, 1994) "가치를 창조하는" 실천으로 정의되는 노동은, 경제적이고 문화적인 용어들로 동등하게, 전체 사회적인 스펙트럼에 걸쳐 있는 가치의 생산을 해석하는 하나의 사회적 분석틀로 기능한다. 그들의 주장에 따르면, 가치화는 단순히 지식과 정체성들의 생산뿐만 아니라 사회의 생산을 이해하기 위한, 그리고 그것에 생명을 불어넣는 주체성들을 이해하기 위한, 요컨대 생산 그 자체의 생산을 파악하기 위한 더 나은 작업틀을 제공해 준다. 노동과 가치의 개념은 서로 상대방을 함축하며, 이것은 ("토대와 상부구조" 개념을 넘어서) 만일 노동이 가치의 토대라면, 가치 역시 노동의 토대임을 의미한다. 노동가치이론에 대한 맑스의 부정적인 개념화는 두 가지의 축들, 질적인 축과 양적인 축을 따라 발전했다. 질적인 축은 추상적 노동, 즉 모든 상품들에 현존하며 모든 생산 활동에 공통적인 본체로서의 노동에 초점을 맞춘다. 양적인 축은 노동의 가치를 측정하려는, 그리고 시장에서 자본의 작동의 기초가 되는 합리성을 드러내는 법칙인 자본주의적 가치화 과정을 밝히려는 시도이다. 하지만 맑스 역시 노동가치이론에 대한 긍정적인 개념화, 다시 말해 자본주의적인 가치화 과정이 아니라 자기가치화 과정에 초점을 맞추는 개념화를 내놓았다. 이런 견지에서 볼 때, 노동의 가치는 평형[취의 형상이 아니라 적대적 형상으로, 자본주의 체제의 역동적인 파열 주체로 이해된다. 따라서 노동력 개념은 자본주의적인 가치 법칙의 기능과는 상대적으로 독립적이면서 가치화하는 생산 요소로 간주된다. 산 노동은 맑스주의 비판의 긍정적인 측면의 토대를 이루는데, 이는 그것이 자본주의적 가치화 및 잉여가치의 생산 과정에서의 그것의 추상화를 거부하기 때문만이 아니라 노동의 "자기가치화"의 대안적인 도식schema을 제기하기 때문이다. 또한 노동의 "자기가치화" 과정에서 생산된 주체성들은 대안적인 사회성sociality을 창조해내는 행위자들이다.(Hardt & Negri, 1994)

하트와 네그리는 노동으로, "가치를 창조하는" 실천으로 간주되는 것이 언제나 주어진 역사적 맥락에 존재하는 기존 가치들에 의존한다고 주장한다.(Hardt & Negri, 1994) 따라서 노동은 어떤 활동으로 정의되는 것이 아니라 이러저러한 활동이 아닌, 가치를 생산한다고 사회적으로 인정되는 활동으로 구체적으로 정의된다. 노동의 역사적이고 사회적인 구체성이란 정의 자체가 사회적 논쟁의 유동적 장소를 구성한다는 것(예컨대, 여성들의 돌봄 노동을 노동으로 확립하려는 시도들)을 의미한다. 따라서 논쟁은 노동의 현재의 사회·역사적 실례들과 최근의 "공장 사회"로의 이행(노동과정이 전체 사회를 포위하기 위해 공장 입구를 벗어났다는 것을 의미하는)에 끊임없이 맞추어져야 한다. 모든 사회에는 이제 공장의 체제, 즉 자본주의적 생산관계들의 규칙들이 속속들이 침투되어 있다.

이딸리아에서 뜨론띠가 처음으로 발전시킨 공장으로서의 전체 사회라는 개념화는, 산업 프롤레타리아트가 자본주의 과정에서 자신의 중심성을 상실했다는 것을, 또한 이제 잉여가

치의 추출이 거의 모든 사회 영역에서 가능해졌다는 것을 함
축했다.(Aufheben, 2003을 보라) 결과적으로 자율주의적 맑스
주의자들은 우리가 전통적인 "계급" 개념을, 일정한 계급이
"사회주의의 담지자"가 되어야 한다는 가정을 버릴 필요가 있
다고 주장한다. 또한 그들은 산업 프롤레타리아트를 노동계급
과 동일시하는 전통적인 맑스주의를 벗어난다. 예를 들어 클
리버는 "노동계급" 개념을, 모든 생산적인 활동을 포함하는 것
으로, 그들의 노동이 자본주의에서 직접적으로건 간접적으로
건 착취되는 모든 사람들을 포함하는 것으로 재정의한다. 따
라서 클리버에게는, 농민, 학생, 여성과 같은 그룹들은 자본과
의 관계에서 자신들의 입장을 이끌어내고, 또 자본에 맞서 자
율적인 투쟁을 벌이기 때문에 노동계급의 일부이다. 홀러웨이
는 계급이라는 생각을 더욱 정교화하면서, 우리가 어떤 특정
한 계급에 속하는 것이 아니라 오히려 계급 적대들이 우리 안
에 존재한다고 주장한다.(Holloway, 2002) 더 분명하게 말하
자면, 그의 주장은 계급이 고정된 정체성이 아니라 하나의 과
정으로 이해되어야 한다는 것이다. 우리는 우리의 노동이 착
취된다는 의미에서 노동계급이지만, 그와 동시에 우리의 투쟁
이 이러한 노동 착취에 반대한다는 의미에서, 다시 말해 "노동
계급"이 되는 것을 반대한다는 의미에서 노동계급이 아니다.
이것으로부터 도출되는 것은 계급투쟁을, 자본이 끊임없이 시

도하고 있는 "계급화"class-ification에 맞서는 투쟁으로, 노동계급이 되는 것에 맞서는 투쟁으로, 죽은 노동에 맞서는 투쟁으로 개념화하는 것이다.

사빠띠스따로 돌아와서, 자율주의적 맑스주의자들(그러나 그들만이 아니라)에게 치아빠스는 단지, 이전에 자본주의 축적 과정의 중심이 아니었고, 억압과 착취의 지방적 형태들로 특징지어졌던 지역들을 지금 공격하는 자본의 전지구적 재구조화와 재조직화의 표적들 중의 하나가 아니다. 치아빠스는 그 풍부한 생명 다양성, 방대한 천연 자원들, 값싼 프롤레타리아 군대로 인하여, 여러 가지 면에서, 이러한 "지리 경제적" 통합에서 전략적 투기장이 되었으며, 또한 세계와 그 자원을 조직하는 구별되는 방식들을 각각 갖고 있는, 축적하는 자본의 두 개의 서로 다른 양식들 사이의, 두 개의 과학기술적 시대 사이의 갈등과 모순의 장이 되었다. 이러한 주장과 같은 선상에서, 쎄쎄냐와 바레다는 치아빠스에서의 갈등이 강력한 토지소유자들과 원주민들 사이의 관계를 재구조화하는 것 이상의 것을 표현한다고 주장한다.(Ceceña & Barreda, 1998) "그것은 효과적인 토지 개혁에 관한 문제를 훨씬 벗어나 있다. …… 전략적으로 경제적 지정학적 중요성을 갖는 지역인 치아빠스에서 문제가 되고 있는 것은 미국의 세계적 헤게모니의 물적 토대들을 재배치하는 것이다."(Ceceña & Barreda, 1998, p. 57) 결론적으로, 사빠띠스따 투쟁은 단순히 농업 개혁에 대한, 원주민들을 위한 더 좋은, 더 관대한 정책들에 관한 것이 아니다. 오히려 그것은 자본의 확장과 그것의 파괴적인 결과들에 반대하는 노동계급이 수행한 전쟁이다. 이와 마찬가지로, 국제적인 상황에 대하여, 원주민 공동체들의 경제의 물적 조건들, 역사들, 지위에 관한 분석에 대하여, 로렌사노는 "사빠띠스따의 경험이 주변적이거나 고립된 사건이 아니라, 전지구적인 노동 재구성의 분리불가능한 부분"(Lorenzano, 1998, p. 133)이라고 주장한다. 이것은 전통적인 계급 형태들과 "계급 지층들"의 파괴와 새로운 형태들의 출현을 수반하는 과정의 일부이다.

자본의 확대는 사실상 라틴아메리카 전체를 특징짓는 과정이며, 이것은 페트라스(그는 자율주의적 맑스주의자가 아니다)가 라틴아메리카 좌파의 "제3의 물결" — 이것은 주로 농민운동들의 부활을 주된 특징으로 하는데, 신자유주의에 반대하는 계급 전투가 이 농민운동들을 통해 수행되고 있다 — 이라고 부르는 것 속에 반영되어 있다.(Petras, 1997) 사실상 "제2의 물결"의 구조들과 중첩되는 이 새로운 운동들은 "제1의 물결"의 게릴라 부대들의 과거와 현재의 — 이것이 그 구조일 텐데 — 조직과 전술들, 또는 "제2의 물결"의 "신자유주의" 지향적인 선거 좌파(예컨대, 브라질의 노동당, 멕시코의 민주혁명당 따위)의 기회주의에 대해 매우 비판적이다. 이러한 운동들은 수평적으로 조직된 구조들, 투명한 경제, 극히 적은 물적 자원들, 하지만 정치 정당들로부터 자신의 정치적 자율을 유지하는 엄청난 "비법"을 갖추면서, 그리고 "합법적인" 전술과 직접적인 행동 지향적인 전술을 뒤섞으면서, 선거 좌파 정당들과 도시의 노동조합들이 포기한 정치 공간을 채우고 민주주의, 토지, 문화 자율성 등을 요구한다. 따라서 사빠띠스따는 브라질의 무토지 농민들Movimento sin Terra(MST)를 뜻한다, 볼리비아의 전前 광부들과 원주민 농민들의 저항 등등과 같은 운동들과 궤를 같이 한다.

로렌사노는 사빠띠스따 공동체들이, 스스로를 영구적인 군대로 자율적으로 조직했던 노동자 코뮨의 동맹체로 이해될 수 있으며, 따라서 "무장한 공동체"로 이해될 수 있다고 주장한다.(Lorenzano, 1998) 우리가 원주민 공동체들의 "자기 변형"의 길고도 강렬한 작업을, 사회 변형의 기획에 바쳐진 의식적인 사회적 에너지를 생각한다면, 사빠띠스따는 노동에 대한 전통적인 맑스주의적 개념화의 부적절성을 밝혀준다. 이러한 과정들에 대한 고찰을 통해 우리는 "노동 일반"이라 부를 수 있는 것에 이르게 된다. 이 용어는 무장한 정치적인 사빠띠스따 코뮨들의 물적인 사회적·지적 토대들을 창조하는 모든 행위를 포함한다. 달리 말해, 사빠띠스따는 우리로 하여금 노동의 약점(노조, 연대 네트워크, 정당들 등등의 외해)으로부터 벗어나 사회적 대안들의 건설자로서의 노동의 잠재력에 다다르게 해준다. 더욱이 노동자와 노동의 개념을 확장함으로써 우리는 "시민사회"의 조직들이 갖는 중요성을 더 잘 포착하는 데 도움을 얻을 수 있다. 다양한 종류의 시민사회의 조직화(인권그룹들, 여권그룹들, 환경그룹들, 실업자들 등등)는 "새로운 노동자들," 달리 말해 생산과정의 상이한 단계들에 연루되어 있으면서도 노동을 착취당하고 있는 노동자들로 구성된다. 그리고 "자기조직화," "자기가치화"의 강력한 역량을 보여주는 이 새로운 노동자들이야말로, 사빠띠스따 담론이 새로운 집단적 정체성의 건설을 위한 가능성들을 열어젖히고 있는 것으로 다루는 바로 그것이다.

로렌사노에게 사빠띠스따의 정치적 기획은 순전히 원주민적인 성격을 갖거나 농민의 요구들에만 한정된 기획이 아니다. 그와는 반대로 사빠띠스따가 목표로 삼는 것은 사회적 삶과 국가의 광범하고 급진적인 민주적 변형이다. 이와 유사한 방식으로 홀러웨이는 사빠띠스따 투쟁이 "노동하는 계급"이 되는 것에 반대하는 노동계급의 투쟁, "계급화"에 반대하는 투쟁을 보여줄 뿐만 아니라 자본에 대한 반란이 주는 충격 역시 보여준다고 주장한다. 페소화의 평가절하와 1994~5년의 세계 금융의 대격변은 "자본 축적을 붕괴시킬 수 있는 역량이 꼭 생산과정에서의 어느 하나의 즉각적인 위치location에 의존하는 것이 아니라는 점을 분명히 해 준다."(Holloway,

2002, p. 149) 일반적으로 자율주의적 맑스주의자들은 EZLN
이 "민족해방" 정치학 이상의 더욱 급진적인 것을 제공해주
지 못하는, 1960년대와 1970년대의 라틴아메리카 게릴라 운
동들의 단순한 연속이라는 점에 반대하고, 사빠띠스따를 정
치적 분석에서 "계급" 개념을 포기하고 혁명의 기획을 단념
한 "개량주의적" 운동으로 이해하는 주장들을 논박한다. 그들
은 EZLN과 전체 사빠띠스따 운동이 혁명의 기획뿐만 아니
라 전위의 실천들, 계급 결정론들, 진부한 용어들이 없는 바
로 그 혁명적 실천을 재정의하고 재사고하려는 시도라고 주
장한다.(Lorenzano, 1998; Holloway, 2002)

홀러웨이는 (EZLN의 성명서에서 자주 사용된) "존엄"이라
는 개념의 관점에서 사빠띠스따 봉기와 그것의 정치적 중요성
을 논의하고 이론화한다.(Holloway, 1998a) 그의 주장에 따르
면, 존엄은 사빠띠스따 군대가 거의 10년 동안의 준비 기간에
걸쳐, 정의定義에 저항하고 미래에 대한 결말 개방적인
open-ended 시각에 기초한 혁명에 이르는 방법을 개발할 때 라
깐도나 정글에서 만들어진 것이다. 사빠띠스따 운동은 전통적
인 레닌주의적 개념화인 대문자 'R'의 혁명Revolution에 반대되
는 것으로서, 소문자 'r'의 혁명revolution이다. 그것은 "존엄의 부
정 위에 세워진 사회에서 존엄을 요구하는 것은 오직 사회의
급진적인 변형을 통해서 충족될 수 있기 때문에" 혁명revolution

이다. "하지만 어떤 원대한 계획을 갖추고 있다는 의미에서의 혁명Revolution은 아니다."(Holloway, 1998a, p. 168) 존엄 개념은 "그 자신의 부정에 맞서는 투쟁"(Holloway, 1998a, p. 169)이라는 이중적인 차원에서 이해될 수 있을 뿐이다. 점점 더 많은 사람들이 존엄을 상실해가는 존재가 될 수밖에 없는 세상에서, 하나의 혁명 범주로서의 존엄은 존엄의 부정에 맞서는 투쟁이다. 달리 말해, 존엄은 착취, 소외, 물신화에 대항하는 투쟁이다. 사빠띠스따의 존엄과 혁명은 서로가 서로의 속성이 되며 양자 모두 자본주의의 "이것이 사물이 존재하는 방식이다"에 대한 거부를 표현한다. 더욱이, 이것들은 모두 어떠한 관례적인 정치적 술어들로 정의되기를 거부하는데, 이는 이러한 정의가 그것들이 갖는 힘force의 최후를 의미하기 때문일 것이다. 홀러웨이는 계속해서, 국가가 순수한 "됨,"is-ness 순수한 정의, 순수한 정체성이며, 이것이 바로 국가가 자신의 적들에게 요구하는 것, 즉 정의되기를, 하나의 정체성 안에 갇히기를 요구하는 것이라고 주장한다.(Holloway, 1998a, 2002) 사빠띠스따가 최초로 공적으로 모습을 드러낸 이래 사빠띠스따에 대한 국가의 투쟁은 정확히 이것, 즉 정의내리고, 분류하고, 제한하는 투쟁이었다. 다른 한편, 사빠띠스따의 투쟁은 그 반대, 즉 폐쇄를 깨뜨리고, "존엄의 봉기는 정의에 대항하는 봉기이기 때문에"(Holloway, 1998a, p. 168) 정의를 거부하는 것이었다. 따라서 존엄의 개념은 "인도적인 개념이 아니라 계급 개념"이다.(Holloway, 1998a, p. 180) 그것은 사빠띠스따가 공허한 낱말들을 사용하지 않고 자신들의 정치적 제안을 표현하기 위해 창안한 새로운 언어의 일부이다.

사빠띠스따 봉기에 대한 또 다른 측면은 클리버에 의해 논의되었는데, 전쟁을 수행하는 수단으로서 인터넷의 광범한 사용과 관계된다.(Cleaver, 1998a) 사빠띠스따는 치아빠스에서 전쟁이 시작된 첫날 이래로 자신들의 입장과 생각을 퍼뜨리기 위한 시도를 하는 가운데, 대다수의 상업적인 미디어의 보이콧에 직면했다. 인터넷의 사용은 사빠띠스따를 위한 강력한 무기가 되었고, 그들은 자신들의 목소리가 들릴 수 있도록 하였으며, 전 지구에 걸쳐 연대의 네트워크들을 건설했다. 사빠띠스따는 인터넷을 사용함으로써 봉기에 대한 정보를 확산시켰을 뿐만 아니라 전 세계의 민중들과 접촉해 그들의 생각을 알게 되었다. 예를 들어, 1995년 반란군들의 강령과 실천들에 대한 국제적인 협의가 47개국의 8만 1천 명이 참여한 가운데 인터넷에서 이루어졌다.(Cleaver, 1998b) 또한 중요한 것은 사빠띠스따를 지지하는 사람들이 인터넷을 통해 퍼뜨리는 정보이다. 클리버는 상업적 미디어의 정보와 달리 사빠띠스따를 옹호하는 그룹들이 보내는 독립적인 정보가 양도 많고 종류도 다양해서 그 정보의 수용자들이 그 사건들에 대한 좀 더 명확하고 심도 깊으며 비판적인 시각을 가질 수 있게 했다고 주장한다. 이러한 사이버네트워크들은 실제로 비디오, 뉴스, 책, CD, 기타 "혼성적인 전자적 생산물들"을 통해 사빠띠스따를 치아빠스로부터 이끌어 내었으며, 그와 동시에 반란군들에 대한 정부의 폭력의 확대와 절멸을 막는 방패로 기능했다(지금도 여전히 그러하다). 더욱이 사빠띠스따를 옹호하는 그룹들은 검색, 글쓰기, 번역을 통해, 그리고 치아빠스의 상황에 대한 정보를 수집하고 보급하는 과정과 관련된 전반적인 작업을 통해, "자기조직화"와 "자기가치화"를 위한 역량을 드러내고 확대해 왔으며, 사빠띠스따 투쟁의 참여자가 되었다.

비학문적인 급진적 좌파의 시각들

지금까지 진술된 사빠띠스따에 대한 무비판적 시각을 채택하는 경향이 있는 학문적 이론들과 별개로, 이 운동의 다양한 측면들을 조명하고 그 모순과 신화를 밝히려고 시도하는, 무수한 비판적인, 때때로 적대적이기까지 한, 학계 바깥의 시각들이 존재한다. 이 절에서 나는 더 광범한 급진적인 좌파의 이러한 비학문적 시각들의 일부를 함께 묶어 그것들의 주요 주장들을 설명하고자 한다.

아마도 사빠띠스따에 대한 비학문적 분석에서 가장 무비

판적인 시각은 뜨로츠키주의일 것이다. 예를 들어, 뜨로츠키주의자 연맹USFI의 잡지인 『인터내셔널 뷰포인트』는 사빠띠스따와의 관계를 부사령관 마르꼬스의 문서들과 다소 설명적이고 무비판적인 성격을 갖는 기사들을 출판하는 데 한정했다. 실제로 뜨로츠키주의자들은 보통 국제적인 상황과 멕시코의 정치에 대해서는 상세하게 분석하고 있지만, 사빠띠스따를 다소 이상화된 방식으로 이해하는 경향이 있다. 사빠띠스따 행진에 대한 로드리게스 로스까노의 무비판적인 저널리즘적 설명(Rodríguez Loscano, 2001b; 2001c)과는 달리, 후손은 "너무나 신자유주의적인 정부"에 대한 독립적인 좌파의 대안이 결여된 멕시코 정치의 미래에 대해 의문을 제기하고, 다음과 같이 주장하면서 자신의 기사를 결론지었다. "그러나 이 모든 물음들은 사빠띠스따의 멋진 주도에 의해 상당히 수정된 작업틀에 의해 제기되거나 제기될 것이다."(Husson, 2001) 사빠띠스따의 정치와 전략에 대한 가능한 비판점들에 매우 가까이 접근했음에도 불구하고 후손은 어떠한 비판도 전혀 내켜하지 않는 것처럼, 심지어는 엄밀한 뜨로츠키주의적인 관점에서 벗어나는 것처럼 보였다.(Husson, 2001) 아마도 뜨로츠키주의자들의 무비판적 접근은 "제4차 인터내셔널의 국제 집행 위원회의 결의안"에 가장 잘 요약되어 있을 것이다. 이 결의안은 사빠띠스따와 그들의 요구가 갖는 개량주의적 성격에 대한 어떠한 언급도 없이 "제4차 인터내셔널은 EZLN의 투쟁, 행진, 요구에의 연대를 재확인한다"라는 진술로 끝을 맺는다.(Husson, 2001)

좀 더 비판적인 접근은 준※뜨로츠키주의적 시각에서 발견되는데, "사회주의노동자당" 일원인 마이크 곤살레스의 저작들은 사빠따와 빌라 이후의 멕시코, 특히 치아빠스에서의 토지 문제에 대한 상세한 개관을 제공해 준다. 그는 지역 까씨께들(거대 지주들)에 의한 원주민 깜뻬시노들(빈농)의 착취와 주변인화, 국제 자본을 대신하여 활동하는 중개자들, 가장 기본적인 사회적 설비들의 절대 부족, 게다가 (NAFTA에 구체화된) 국제 자본의 최근의 위협 등이 사빠띠스따 봉기의 밑바닥을 이루는 원인들이 되었다고 주장한다. 곤살레스에 따르면, 이 운동의 중요성, 이 운동의 "상징적 힘"은, 이것이 혁명을 다시 정치적 의제에 위치시키고, 전 세계의 (반지구화 운동을 포함하여) 운동들에 영감을 불어넣으며, "스탈린주의의 과잉"에 대해 경고해 왔다는 점이다. "노동계급의 해방은 노동계급 자신의 행동이어야 한다"라는 것을 분명히 하면서 말이다.(González, 2001, p. 4) 하지만, 이러한 긍정적인 측면들 너머에는 사빠띠스따의 "역설적" 언어와 그 다원론적 시각이 갖는 위험들이 도사리고 있다. 이렇게 되면 변화를 위한 다양한 시각들과 전략들이 해결책 없이 공존할 수 있는 것이다. 더욱이, 그리고 이것이 곤살레스 비판의 요지인 것처럼 보이는데,(González, 2000, 2001) 사빠띠스따는 다른 운동들 및 멕시코의 무장그룹들과 동맹을 맺는 데 실패했으며, 가장 중요하게는, 일관된 정치적 계획을 정교화하는 데 실패했다. 사빠띠스따의 정치적 언어의 근저를 이루는 권리들의 수사학, 그리고 그리고 그 수사학에 내재하는, 계급투쟁에 반대되는 것으로서의 법의 원칙들, 아울러 국가 권력에 반대하는 비난이 EZLN의 성명서들에 그려진 인류 평등주의적인 미래를 불확실한 것으로 만든다. 결론적으로 곤살레스는 "권력의 이슈, 생산자들에 의한 사회의 통제"(González, 2000, p. 13)를 주장하고, 사빠따와 빌라의 농민군이 1913년 국가 권력을 접수하기를 거부한 것이 낳은 결과들을 참조하면서, 역사가 "자신을 비극으로 반복하지" 않도록 하려면 사빠띠스따가 권력과 관련하여 자신들의 계획을 수정해야 한다고 제안한다.(González, 2001)

(종종) 적대를 노골적으로 드러내는 또 다른 접근법은 아나키스트들, 상황주의자들, 좌파 공산주의자들과 자유론자들에 호소하는 시각에서 발견되는바, 이 시각은 사빠띠스따의 정치적 전략들의 약점이 아니라 "마초" 까우디요(우두머리)로 이해되는 마르꼬스를 포함하는 전체로서의 조직 체계에 관심을 둔다. 『와일드캣』은 사빠띠스따와 그 지지자들이 봉기의

원인들로 제시한 것, 즉 원주민 공동체들의 가혹한 생활 조건들을 문제로 삼는다. 그러나 치아빠스의 여건들— 이 잡지의 주장에 따르면 다른 라틴아메리카 나라들과 비교해 볼 때 그렇게 가혹하지 않은— 이나 가난은 봉기를 설명해 줄 수 없다. 그렇지 않았다면 "세계의 대부분은 혁명적 격동 상태에 놓여 있을 것이기" 때문이다.(Wildcat, 1996, p. 30) 『와일드캣』의 기고자들의 주장에 따르면, 반란은 민중들이 반란하기로 결정하기 때문에 일어난다. 하지만 자본주의적 농업의 발전은 사실상 투자와 자본주의적 혁신의 측면에서 보수적인 지주들의 제거와 사유지의 해체를 필요로 한다. 이어지는 주장에 따르면, 역사적 경험은 농민들이, 보통 "토지와 자유"라는 슬로건 아래, 반동적인 대지주들에 맞서 자본주의적인 생산 조직화를 향해 투쟁하도록 정치가들에게 이용될 수 있음을, "사빠띠스따가, 그들의 모호한 이데올로기처럼, 치아빠스에서의 계급투쟁을 만회하여 그것을 국내적인 민주적 개혁을 위한 캠페인으로 바꿀 수 있도록 제대로 순응될 수 있음"(Wildcat, p. 31)을 보여준다. 이와 동일한 선상에서, 카테리나는 EZLN이 내놓은 가장 급진적인 작품인 사빠띠스따의 "혁명적 농업법"은 사적 소유나 시장 경제를 반대하지 않으며 그와 반대로 그것들을 반영하고 있다고 주장한다.(Katerina, 1995) 하지만 "개량주의적이고," "사회민주주의적인" 성격에도 불구하고, 이 농업법은 여성, 노동 등에 대한 EZLN의 법률과 함께, 지역적 맥락을 초월하는 보편적 차원을 지닌 "사회혁명의 폭발적 잠재력"을 표현한다.

이러한 시각에 의해 강력하게 도전을 받은 측면들 중의 하나는, 제퍼리와 드뇌브 등이 "원주민 민주주의의 신화"라고 부르는 것이다.(Geoffrey, 1995; Deneuve et al., 1996) 저자들은 위계적이고 엘리트적으로 조직된 고대 마야 사회들의 구조를 논의한 뒤, 치아빠스의 원주민그룹들의 역사에는 그러한 조직이 전혀 없다고 결론내리고, (마르꼬스를 따라) 이 "본원적이고 자연적인" 민주주의가 전통 속에 뿌리내리고 있다고 시사한다. "전원적인 원주민 공동체"라는 신화는 부분적으로는, 공동체의 정체에 대한 사람들의 생각에 의해 유지되고 있으며, 이 의사결정 모델을 순진하게 정부의 일반적 모델로 제안하는데까지 이른 마르꼬스의 수사학에 의해 유지되고 있다. 오늘날 경험하는 바와 같이 원주민 민주주의의 뿌리들은 1970년대 이래 치아빠스의 원주민 공동체들을 조직하는 과제를 수행하고 있는 모택동주의적인 기간요원들의 작업 속에서 발견할 수 있다. 그리고 EZLN의 일부 지도부 사람들의 맑스레닌주의적 배경과 함께 바로 이 무택동주의적인 영향이, 이제 (드뇌브 등에 따르면)(Deneuve et al., 1996) 역으로 EZLN과 원주민 토대 사이의 명백한 분리 그리고 사빠띠스따의 "애국주의적 히스테리"를 설명해준다.

드뇌브 등에게, 애국적 민족주의는 코뮌주의적 민주주의와 나란히 EZLN의 두 번째 기둥을 이룬다. "사빠띠스따는 점점 더 자신을 멕시코 민족주의의 가치들의 보호자들로 드러내고 있다. 그들은 점점 더 정치적 계급의 부문들과 연대를 추구하고 있다."(Deneuve et al., 1996, p. 11) 이어지는 주장에 따르면, EZLN은 그들이 그렇게 열정적으로 방어하려는 민족이 부르주아지의 발명품임을,(Geoffrey, 1995) 그리고 그들이 고수한다고 공표하는 멕시코의 독립과 그러한 이상들이 원주민들의 빈곤화와 프롤레타리아트화를 위한 결정적인 계기였음을 망각한다.(Deneuve et al., 1996) 따라서 EZLN은 새로운 세기의 최초의 혁명이 아니라 "우호국들"의 원조를 잃어버리고 "반제국주의적 애국심"에서 피난처를 찾고 의회 정치에 경의를 표하는 낡은 유형의 운동이다. 특히 후자는 EZLN과 PRD의 밀접한 유대를 보면, 그리고 1994년 사빠띠스따가 PRD를 위한 투표에 원주민들을 독려한 것을 보면 알 수 있다.(Katerina, 1995; Wildcat, 1996) 카테리나의 주장에 따르면, 실제로 바로 이렇게 "지배적인 오늘날의 민주적인 다원론적 이데올로기"를 채택함으로써 사빠띠스따가 간신히 살아남을 수 있었던 것이다.(Katerina, 1995) 사빠띠스따의 민족주의적 성격은, 민족적 상징들을 광범하게 사용, 참조하는 것은 그렇다 하더라도, 과테말라의 마야족 인디언들이 이 봉기에 연루되어 있다는 점을 강력히 거부하는 것을 통해, 그리고 그 결과 프롤레타리아트의 투쟁을 멕시코 민족주의에 종속시키는 것을 통해 더욱 잘 드러난다. 따라서, 『와일드캣』의 기고자들은 "사빠띠스따 국제주의가 외국의 저널리스트들에게 이야기하고 의회에 압력을 행사해 달라고 자유주의자들에게 호소하는 것에 한정되어 있다"(Wildcat, 1996, p. 32)라고 주장한다. 그리고 이것이 논리적인 까닭은 사빠띠스따의 본원적인 목표들 중의 하나가 토지의 재분배—이것은 노동계급과의 연대를 필요로 하지 않는다—이기 때문이다.

사실상, 드뇌브 등은 EZLN이 표방한 애국적 민족주의가 특히 일부 중산층 부문과 부르주아지의 관심을 끌었다고 주장한다. 이러한 부문들의 민족주의적 정서는 멕시코에 NAFTA가 가져올 결과들(예컨대, 멕시코 석유의 미국 통제로의 이관)로 인해 고양되고, 그들은 북미 자본주의의 요구들에 순응하는 것을 원치 않는다. 사빠띠스따는 "시민사회"라는 포괄적인 용어에 포함되는 이러한 부문들로부터 지원을 받는다. 하지만, 그리고 이러한 지원의 대부분이 평화라는 사빠띠스따의 수사학에 기초하고 있는 것이 사실이라면, 이것은 아주 쉽게 부서질 가능성이 있으며 치아빠스의 상황이 좀 더 급진적인 방향으로 움직인다면 붕괴될 것이다. 시민사회와 관련하여, 마르꼬스에 대한 『와일드캣』의 비판은, 그가 "시민사회"의 개념에 포함시키는 것이 PRI가 아닌, PAN을 포함하는, 거의 모든 사람이라는 것이다(이 기사는 PRI가 아직 집권 중에 있을 때 씌어졌다). 하지만 PAN은, 그리고 마르꼬스가 민주적으로 논의되고 선택되어야 한다고 주장한 다수의 제안들은 "기아와 콜레라"를 의미하는 명확한 신자유주의적 의제를 갖고 있었으며, 그렇기에 이 제안들은 논의되기보다는 폐기되어야 했다.(Wildcat, 1996)

또 다른 비판점은 EZLN과 여성의 관계에 관심을 둔다. 치아빠스에서 여성의 생활 조건은 매우 가혹하고, 출산율은 매우 높으며(여성 1인당 평균 7명의 아이를 낳는다), 10만 명 중에 117명의 여성이 어릴 적에 사망한다. 유아 사망률도 굉장히 높다. 여성들은 종종 가정 폭력의 희생자가 되며, 남성들보다는 십중팔구 스페인어를 말할 줄 모르거나, 문맹이며, 대개 매매혼의 대상이 된다. 비록 EZLN이 더 나은 생활 조건들과 더욱 평등한 삶을 제공하면서 원주민 여성들의 특별한 관심을 끌었지만, 드뇌브 등은 여성들이 이 투쟁에 이용된 뒤 이 지역의 가톨릭 교회가 옹호하는 출산율 증가와 같은 새로운 일반적인 이해관계에 종속될 위험성이 존재한다고 주장한다.(Deneuve at al., 1996) 여성들의 EZLN 참여는, 코뮌주의적 민주주의의 전원적인 신화와 대조적으로, 원주민 공동체들의 반동적인 성격을 밝혀주고, 그래서 그들의 해방에 대해 중요한 의문들을 제기한다. 군대 조직에 여성들을 통합하는 것은, 공동체들 내부의 젠더 관계들의 변형을 위한 어떠한 욕망도 "미연에 방지하면서," "과거와 단절하기 위한 그들의 선택이 갖는 전복적인 잠재력을 분산시키는" 가장 확실한 길이다.(Deneuve at al., 1996, p. 8) 그리고 더 나아가, 여성들의 군사화가 남성 지배적인 공동체 관계에 대한 여성들의 복종을 대체할 가능성이 있다는 것이다.

사빠띠스따에 대한 더욱 균형잡힌 독해는 『아우프헤벤』의 기고자들이 제공하는데, 이들은 학문적인 자율주의적 맑스주의자들의 열정과 시각들을 일정 정도 공유하는 것처럼 보이면서도 봉기에 대해서 비판적인 관점을 유지한다.(Aufheben, 2000) 실제로, 『아우프헤벤』은 학문적인 자율주의적 맑스주의자들이 원주민 사빠띠스따의 계급적 입장을 잘못 설명하고 사빠띠스따를 "국제적인 노동계급의 대표부로 간주하는 기괴한 모델"을 설정한다고 비판한다.(Aufheben, 2000, p. 24) 이어지는 주장에 따르면, 치아빠스의 원주민은 상품 경제에 단지 "부분적으로 그리고 임시적으로" 통합되었을 뿐이며, 그와 마찬가지로 결코 완전히 프롤레타리아트화하지 않았다. 하지만, 학문적 자율주의자들처럼, 그들은 치아빠스에 코뮨이 존재한다는 시각을 공유하며, 대안을 구축하는 데에서 자율적인 인디언의 에너지들이 갖는 중요성을 강조한다. 다른 한편, 여타의 비학문적인 급진적 좌파들처럼, 『아우프헤벤』은 동일한 비판의 장소들, 즉 이 운동의 민족주의적인 성격, 군대의 조직화, 마르꼬스의 영웅주의 등등을 인정한다. 하지만 이들과 달리 [『아우프헤벤』에게는] 모든 비판을 "맥락에 특유한 것"으로 만들려는, 그와 동시에 사빠띠스따 기획의 훌륭한 점들을 인정하려는 분명한 시도가 존재한다. 그래서 예를 들면, EZLN의 많은 법률들이 "좌파적 부르주아 언어"로 더럽혀지고 있고, 그들은 내용적으로 개량주의자들이며, 맑스레닌주의의 영향을 따른다고 주장하는 한편, 그와 동시에 그들이 급진적인 민주적 과정들을 통해 만들어졌으며, "그들 자신의 문제들을 풀기 시작하는 깜뻬시노들의 영리한 시도"를 대표한다는 점을 인정한다.(Aufheben, 2000, p. 19)

사빠띠스따 독해의 문제와 한계

이 장을 시작하면서 언급했듯이, 내가 이러한 시각들과 이론들이 어떻게 사빠띠스따에 적용되어 왔는지 제시한 이유는 이러한 독해들을 넘어 치아빠스 봉기에 대한 새로운 이해를 발전시킬 필요를 보여주기 위한 것이다. 이 절에서 나는 앞서 제시된 사빠띠스따에 대한 독해들의 주요한 문제점들과 한계들이라고 생각되는 것을 간단히 논의하고, 그와 동시에 이 책이 취할 방향을 보일 것이다. 더 분명하게 말하자면, 나는 다음과 같은 세 가지의 주요한 문제들과 한계들에 초점을 맞출 것이다. (1) 사빠띠스따 봉기를 기성의 이론들 내부에 포섭하는 것. 그리고 그 결과 무엇이 치아빠스 봉기를 여타의 동시대적 투쟁들과 다른 것으로 만드는지 설명하지 못하는 무능력. (2) 급진적인 정치적 사건과의 관계 속에서 생산하고 생산되는 주체성에 대한 부족한 설명(기껏해야 부적절한 설명). (3) 이 운동의 담론과 실천에 대한 정교한 비판적 평가의 부족.

치아빠스 반란에는 새로운 것이 없는가?

앞서 제시된 모든 독해들이 봉기를 사소한 것으로 만들며 봉기의 독특한 성격 — 봉기를 그렇게도 독특하고 대중적으로 만들어 온 바로 그것 — 을 설명하지 못한다는 것이 내 입장이다. 앞서 제시된 모든 시각들 가운데에는 기성의 이론들을 사빠띠스따 반란에 적용하고, 그리하여 그것을 하나의 구체화로, 즉 어떤 이론적 작업틀의 표현으로 접근하려는 명백한 경향이 존재한다. 그 결과, 이 반란의 독특한 성격은 사라지거나, 기껏해야 불충분하게 이론화되고 설명된다. 그람시주의자들, 라클라우/무페의 추종자들에 의해 논의된 EZLN의 반헤게모니적 실천들, 그와 마찬가지로 (정도는 덜하지만) 자율주의적인 맑스주의적 독해들, 그리고 비학문적 시각들은 치아빠스 반란이 어떤 특정한 이론을 입증하는 사례 연구 이상의 그 무엇이라는 점을, 이 반란에는 기존의 이론들을 넘어서서 이 반란을 이해하기 위한 새로운 범주들을 창안하지 않으면 안 되는 요소들이 존재한다는 점을 이해하는 데 실패했다. 사빠띠스따를 그가 라틴아메리카 운동의 "제3의 물결"이라 부르는 것 안에 위치시키는 페트라스의 논의를 고찰해 보라.(Petras, 1997) 페트라스의 논의가 EZLN의 특성의 주요한 측면을 포착한다 할지라도, 반란 그 자체의 중요성과, 중요한 측면들에서 제3의 물결에 속하는 여타의 운동들과 구별되고 어느 정도까지는 그것에서 벗어나는 방식의 중요성은 여전히 염두에 두고 있지 않다. 이러한 시각들이 이 운동의 수많은 측면들과 차원들을 설명할지라도, 반란의 독특한 성격은, 우리로 하여금 반란, 그리고 사빠띠스따 안에 존재하는 다른 것이 무엇인지 포착하도록 해주고, 그것의 함축들과 잠재성들을 확대하게 해 줄, 새로운 이론적 작업틀들을 필요로 한다.

오직 자율주의적 맑스주의 진영 안에서만 우리는 이 운동에 어떤 이론을 단순하게 직접적으로 적용하는 것을 넘어서서 새로운 이론적 범주들과 작업틀을 개발하려는 어떤 시도들을 발견할 수 있다. 사빠띠스따를 기초로 하여 새로운 이론적 개념화를 발전시키려는 가장 세련된 시도들 중의 하나는 홀러웨이의 "권력을 잡지 않고 세상을 바꾸는 것"에 대한 논의와 혁명적 범주로서의 "존엄"의 이론화이다.(Holloway, 2002) 홀러웨이는 존엄에 대한 자신의 논의를 인도주의적 범주에 머물러 있다고 주장하는 반비판에 맞서(Wildcat, 1997), 자신의 접근법이 인도주의와 달리 부정적인 접근법이라고 주장한다.(Holloway, 1998b) 인도주의와 사회민주주의의 사례에서처럼 존엄과 인류가 이미 존재하는 어떤 것으로 이해되는 대신, 거부되는 형태 속에 존재하는 것으로 접근된다. 하지만, 그리고 홀러웨이의 접근법이 이 운동의 특정한 측면들을 설명하고 이론화하는 것이 사실이라 할지라도, 그것이 독특한 정치적 사건으로서의 이 반란의 전체성을 설명해주지는 못한다. 지금 우리에게 필요한 것은 그러한 접근법들을 넘어서서 사빠띠스따 반란을 그 총체성의 측면에서 그 효과가 그 자신의 지역성과 한계들을 넘어서는 중대한 정치적 사건으로 이해하여(또는 접근하여) 시간과 공간 속에서 확대하는 것이다. 이것은 4장에서 다룰 과제가 될 것이다.

주체성에는 무슨 일이 일어났는가?

주체성은 사빠띠스따를 옹호하는 문헌에서 불충분하게 논

의되고 가장 적게 탐구되어 온 또 다른 영역이다. 하지만, 반란이 일어나기 전에 원주민 공동체들에 의해 이루어진 거의 10년에 걸친 준비, 그리고 혁명적인 활동이 야기한 원주민의 사회적 상상성의 급진적인 변형(6장을 보라), 게다가 1994년의 봉기 그 자체와 그 함축들은 단순히 주체성이 아니라, 급진적인 정치적 사건을 구성하고 또 그것에 의해 구성되는 것으로서의 혁명적 주체성을 논의하기 위한 중대한 기회를 제공해 준다.

내가 위에서 제시한 사빠띠스따 독해들은 반란과 관련하여 주체성의 배치, 현시, 생산에 대해서 알려주는 바가 거의 없다. 기껏해야 주체성을 집단적 주체성의 건설로 환원하는 잘 알려진 포스트모던적 진부함을 반복하거나, 더욱 나쁘게는, 주체성을 아주 무시한다. 카누시는 분명 라클라우/무페의 이론의 영향을 입은 그람시주의적 시각에서 글을 쓰면서, 정체성이 차이의 실천과 입장을 통해 연속적으로 건설되는 과정 중에 있는 것이라는 간략한 설명을 제공한다.(Kanoussi, 1998) 따라서 사빠띠스따는 자신들의 역사와 자신들의 정치적 투쟁들을 토대로, 그리고 멕시코 국가와 관련하여 집단적 정체성을 건설하는 과정에 연루된 것으로, 헤게모니를 위한 투쟁의 일부로 이해된다. 하지만 카누시의 설명은 시야가 좁으며, 빤한 것을 언급한 것에 지나지 않는다. 모든 저자들이 위에서 언급한 것이 어느 정도 사실이라 할지라도, "반란 이전의" 혁명적 주체성의 생산과 "1994년 이후의" 주체성 사이에는 어떠한 구별도 없으며, 원주민 공동체들에 내재적인, 그와 동시에 급진적인 주체성들을 위한 이 운동의 광범한 함축성들과 관련한, 주체성 생산의 중요한 측면들과 차원들은 암흑에 묻혀 있다.

하비와 할버슨은 원주민 공동체들에 접근하지만 너무 머뭇거리는 바람에 우리에게 여성들의 주체성에 관한 심도 있는 설명을 제공해 주지 못한다.(Harvey & Halverson, 2000) 앞서 논의한 것처럼, 하비와 할버슨은, 여성들의 전체 경험이 집단적 주체성 — 비록 집단적 주체성들이 가능하다고 해도 — 내부에 분절될 수 없으며, 또 공통의 언어로 만들어질 수 없는 일부 요소들이 언제나 존재한다고 주장한다. 이 잔여물은 데리다의 "비밀" 개념을 참조하여 "정체성에 관한 보편적인 서사들로 범주화되는 것에서 벗어나고, 그와 동시에 순수하게 개인적인 것으로 한정되지 않을 수 있는 경험의 몫"(Harvey & Halverson, 2000, p. 156)으로 개념화된다. 하지만, 그리고 이러한 설명이 정말 통찰력이 있다는 게 사실이라 하더라도, 이 저자들의 주요한 목표는 일정한 이론적 이항 대립을 해체하는 것이었기 때문에 다소 피상적인 분석 층위에 머물러 정체성을 최소로 다루며 원주민의 형이상학과 관련한 "비밀"과 원주민의 사회적 상상성의 변형을 탐구할 기회를 놓친다. 6장에서 설명하는 바와 같이, 사빠띠스따를 하나의 전체로, 또는 그것

들의 어떤 측면들로 설명하려는 어떠한 시도도, 그리고 치아
빠스의 주체성(과 정체성)의 생산에 대한 설명도 원주민의 세
계관, 나구알들(동물적인 공통 본질들)의 현존에 대한 믿음을
고려해야 하며, 이 모든 것이 일어나고 있는 정치적 활동에 어
떻게 영향을 미치고 영향을 받았는지 고려해야 한다.

　　예상대로 자율주의적 맑스주의자는 나름대로 치아빠스에
서 일어난 일에 대한 설명을 시도하면서 노동과 "자기가치화"
를 강조한다. 하트와 네그리가 주장하는 바처럼 산 노동은 노
동의 "자기가치화"라는 대안적 도식을 제기한다. 그리고 그 과
정에서 생산된 주체성들은 대안적 사회성을 창조하는 행위자
들이다. 자율적으로 영구적인 군대를 조직하는 코뮨으로 이해
되는 사빠띠스따, 원주민 공동체들의 장기적이고 강렬한 "자
기 변형" 작업, 그리고 사회적 변형의 기획에 투여된 의식적인
사회적 에너지 들은 사회적 대안들의 건설자로서의 노동의 중
요성을 밝혀준다.(Lorenzano, 1998) "존엄"이라는 홀러웨이의
개념 역시 사빠띠스따 주체성을 존엄 범주와의 관련 속에서
구축되는 것으로 이해하는 데 중대한 기여를 한다. 하지만 이
모든 것이 주체성에 대한 적절한 설명이 전혀 아니라 해도, 그
리고 "자기가치화"가 사실상 반란이 일어나기 전후의 주체성
의 특유한 생산과정이라는 사실에도 불구하고, 또 홀러웨이가
논의한 바와 같이, 존엄 개념이 사빠띠스따 주체성들, 그리고

급진적인 주체성들 일반을 조명하려는 진실로 새로운 시도를 제공한다는 사실에도 불구하고, 여기에는 훨씬 더 많은 의미가 있다. 원주민 세계에 훨씬 더 특유한, 사빠띠스따의 독특한 성격에 훨씬 더 특유한, 이러한 독특한 운동으로부터 발산되어 나오는 주체성을 위한 광범한 함축들에 훨씬 더 특유한 의미가 존재하는 것이다.

나는 여기에서 위의 이론들과 비학문적인 급진적 시각들을 포함한 여러 시각들의 무능력이, 주체성을 효과적으로 다루는 데 있어서, 어느 정도는, 사빠띠스따 반란의 독특한 성격을 설명하지 못하는 그들의 무능력의 결과라고 말해야겠다. 일반적으로, 이 모든 시도들은 태도가 불분명하거나 단편적인 것으로 보이며, 혁명적 사건과 그와 관련된 주체성들 사이의 관계에 대한 통일된 설명을 생산하기 위한 이론적 지평이 결여되어 있다. 보통 1994년 이전의 주체성은 무시되며, 반란을 설명해주는 것으로서 구조적 요인들(예컨대, 가혹한 생활 조건, 자본의 재구조화 등등)이 강조된다. 하지만, 『와일드캣』의 기고자들이 주장한 바처럼, 가난만으로 봉기를 설명할 수는 없다. 민중은 자신이 봉기하기로 결심하기 때문에 봉기한다고 『와일드캣』의 기고자들은 주장한다. 그리고 바로 이렇게 주체성을 봉기와 관련하여 설명하는 것이 이 운동에 대한 모든 독해들에서 빠져 있는 부분이다. 나는 이 점을 4장과 6장, 그리고 이 책의 결말 부분에서 더 깊이 탐구할 것이다.

비판은 어떻게 된 것인가?

사빠띠스따에 대한 학문적 독해들 중에서 뚜렷이 보이는 경향은 이 운동의 담론과 실천에 대한 어떠한 비판도 완전히 결여되어 있다는 것이다. 여기에서 우리는 어쩌면, 소위 "역사의 종말"이 정점을 이루고 있는 상황에서, 급진적 정치가 전지구적 차원에서 퇴조하고 있는 상황에서, "좌익" 정치에 관련된 사람들이 오랫동안 혁명적 파열, 사회적·정치적 대안들을 오랫동안 갈망해 왔다는 점을 고려해야만 할 것이다. 치아빠스 반란은 국제 정치에서 실종된 바로 그것— 혁명적인 변형적 활동을 꿈꾸는 상상성을 다시 자극하기, 전지구적 자본주의의 분석에 지역적 자율의 강조를 결합시키는 담론과 실천, 원주민 세계에 대한 이상화된 생각들— 을 제공해 주는 것으로 보였다. 그리고 이 모든 것은 매혹적인 신화를 생산한 마르꼬스의 우아한 산문에 표현되어 있다. 그러므로 좌파에 속한 사람들은 희망과 에너지를 사빠띠스따에 바쳤으며, 멕시코 군과 의회그룹들이 그 물리적 존재를 끊임없이 위협해 운동의 처지가 불안정한 상황임에도 불구하고, 그들을 적대적인 민족적이고 전지구적인 상황에서 살아남도록, 그리고 사빠띠스따가 제공해야만 했던 것을 살아남게 하고 고무될 수 있도록 돕기 위해 많은 노력이

기울여졌다. 그 결과 비판은 사치가 되었고, 많은 경우 심지어
는 고찰할 이슈조차 되지 못했으며, 종종 잠재적으로 위험하
고 반동적인 것으로 간주되었다. 따라서, 사빠띠스따에서 광범
하게 논의되고 비판되어야 했을 수많은 요소들이 다루어지지
않은 채 남게 되었고, 종종 다소 성공적이지 못하게 정당화되
었다. 이렇게 해서 이상화와 오류에 이르는 길이 활짝 열렸다.
하지만 이것을 넘어, 그리고 내가 5장에서 전개할 비판의 지
점들과 관련하여, 어떤 시각들은 언급할 게 하나도 없으며, 사
빠띠스따가 어떤 이론들의 정당성을 확증하는 사례 연구로 다
루어지는 것으로 보인다.

학계 내부에서 비판을 받지 않아 온 그 운동의 측면들 중
의 하나는 사빠띠스따의 애국적 담론이다. 그람시주의와 라클
라우/무페의 영향을 받은 독해들의 관점에서 볼 때, EZLN의
애국적 담론은 멕시코 정부의 헤게모니적 담론에 맞서는 실용
적인 전략으로 보인다. 그래서, 오르띠스-페레스가 보기에,
사빠띠스따가 애국적 담론을 사용하는 것은 "구성적 적대"의
출현을 보여주며, 국가적 정체성에서 "빼앗긴" 자신들의 몫의
반환을 요구하며 전통적인 의미를 헤게모니적인 의미화 연쇄
로부터 제지하려는 시도를 보여준다. 마찬가지로, 그람시주의
적 독해들에서는, 사빠띠스따가 종종 멕시코 국가에서 참고한
내용들, 그리고 애국적인 상징들과 장치들의 사용은 "민족적

대중적" 성격을 갖는 "공통 의지"로 "역사적 블록"을 형성하려는 시도로 해석된다. 달리 말해, 사빠띠스따 민족주의는 민족에 대한 대안적 개념화— 멕시코 역사에서 차지하는 원주민들의 중요한 역할과 지위를 승인하는 민족, 그리하여 더 의롭고 포괄적인 민족— 를 제기함으로써 멕시코 정부의 헤게모니적인 민족적 담론에 대항하려는 시도이다.(예컨대, Aragones, 1998) 몇몇 경우에, 하나의 전략으로서의 사빠띠스따 민족주의의 옹호는 원주민들을 민족 프로젝트에 통합하려는 시도의 내적 차원을 벗어나 확대된다. 그래서 오르띠스-페레스의 경우에 멕시코가 진공 속에 존재한다는 인상을 주면서 국제적인 맥락이 사라지는 반면, 그람시주의적 저자들에게는 "민족적인"과 "국제적인" 사이의 구별은 유효한 것으로 남아 있으며, 그러므로 민족을 국제자본의 공격들로부터 방어한다는 것이 말이 된다. 하지만, 5장에서 논의하는 바처럼, 좀 더 가까이 들여다보면, 민족적인 것과 국제적인 것의 구별이 점점 사라지고 있다는 것이 드러나며, 그러므로 우리는 민족국가에 대한 사회민주주의적인 방어로부터 벗어나 우리의 관심과 에너지를 다른 방향으로 돌려야 한다.

우리는 이 논점에 대한 자율주의적인 (학문적) 맑스주의 노선의 저자들의 심도 깊은 분석을 기대해야 할 것이다. 별다른 것이 없다면 적어도 이들이 전지구적 자본주의의 최근의 발전과 그것이 민족국가에 미친 영향에 민감하게 반응한 것처럼 보여 왔다는 사실 때문에라도 말이다. 그럼에도 불구하고, 이 저자들은 일반적으로 사빠띠스따 민족주의에 대한 비판에 참여하는 것을 꺼린다. 자율주의적 맑스주의자들은 EZLN의 애국적 히스테리에 대해 침묵을 지키기를 선호하거나, 또는 5장에서 다루는 바처럼, 애국적 언어를 사용하는 것을 정당화하려고 노력해 왔으며, 사빠띠스따가 민족주의자라는 비난, 그리고 그들이 여러 면에서 그람시주의적이고 라클라우/무페적인 독해들과 닮았다는 주장을 벗기려고 노력해 왔다. 그렇다면 우리는 바로 몇몇 비학문적인 급진적 좌파 시각들에서만 EZLN의 애국적 담론에 대한 비판적 접근을 발견할 수 있다. 하지만 이 진영에서 이루어진 비판은 대개 이론적 정교함이 떨어지며, 우리는 종종 다소 미심쩍은 요약적 판단들을 만나게 된다. 예를 들어 EZLN이 민족— 그들이 그렇게 열정적으로 방어하는— 이 부르주아지의 발명품이라는 점을 망각한다는 제프리의 주장과 멕시코의 독립과 그 이상들— 사빠띠스따가 자신들의 사랑을 선언한— 이 원주민의 빈곤화와 프롤레타리아트화를 위한 결정적인 계기였다는 드뇌브 등의 주장을 고찰해 보라. 이러한 주장들이 반드시 잘못된 것은 아니지만, 사빠띠스따는 이 모든 것을 인식하고 있었던 것으로 보이며, 그들은 사실상 학문적 독해들이 제안한 방식으로 민족에 대한 또 다른 개념화를 위해 노력을 기울여 왔다. 고로 사빠띠스따 민족주의에 대한 비판은 더 심화되어야 하고, 발전하는 전지구적 조건에 초점을 맞춰야 하며, 민족국가의 방어를 새로운 전지구적 질서 내부의 정치적 전략으로 탐구해야 한다. 마찬가지로, 사빠띠스따들이 민족주의자들이며 그들의 국제주의가 도구적인 것이라는 『와일드캣』의 단언은 틀림없이, 사빠띠스따가 새로운 종류의 국제주의를 위한 초석을 놓았다는 사실을 깨닫지 못하는 주장이다. 나는 이 점을 데 안젤리스^{De Angelis}의 주장과 관련하여 5장에서 논의할 것이다. 요컨대, 사빠띠스따 민족주의에 대한 학문적 독해들의 무비판적 태도, 그리고 몇몇 급진적인 좌파의 시각들의 상당히 단순한 비판이 드세지만, 지금이야말로 이러한 접근법들을 넘어 사빠띠스따의 애국심과 민족적 기획에 대한 더욱 정교하고 이론적으로 근거 있는 비판을 개발하여 그 모든 방향들과 차원들을 연구해야 할 때이다.

무비판적 접근에 의해 특징지어지는 두 개의 영역은 [첫째로] 사빠띠스따와 "시민사회," 그리고 노동계급 사이의 관계이며, [둘째로] EZLN이 국가에 대해 유지하는 태도이다. 그람시주의와 라클라우/무페의 시각에서 볼 때, 전자의 경우에 사빠띠스따는 시민사회가 주권을 행사하도록 허용해주는 정치적 조건들을 생산하려고 시도해왔으며,(예컨대, Betancourt,

1998) 후자의 경우에 EZLN과 시민사회 사이의 담론적인 공모관계를 수립해서 투쟁을 그 운동의 지역적 경계들 너머로 가져가려고 시도해왔다.(예컨대, Ortiz-Perez, 2000) 자율주의적 맑스주의 입장도 사실상 이와 유사한데, 차이점이라면 이 저자들에게는 시민사회가 노동자들로 구성되며, 그리하여 사빠띠스따의 시도가 멕시코의 노동계급을 통일시킬 것이라는 점이다.(예컨대, Lorenzano, 1998) 비록 이 저자들이 사빠띠스따 전략의 어떤 측면들을 정확하게 포착한다 할지라도, 문제는 이 전략이 어떠한 비판적 평가도 없이 액면 그대로 받아들여질 때 발생한다. 이 저자들의 무비판적 태도는 이해하기 어려운데, 『와일드캣』의 기고자들이 옳게 주장한 바처럼, 우리가 사빠띠스따가 "시민사회"라는 용어를 사용할 때, 신자유주의적이고 보수적인 제안들을 포함해서, 모든 사람을 통합하려는 경향이 있다는 점을 고려할 때 특히 더 그렇다. 더욱이, 이 저자들이 집필을 할 무렵, 사빠띠스따 민족해방전선FZLN은 강력하고 진보적인 시민 조직으로 발전하는 데 실패하고, 자신을 대학생들의 지원 부대로 한정했으며,(Monsivais, 1998) EZLN은 마르꼬스 자신에 의해 멕시코의 노동계급을 끌어들이는 데 실패했다.(Le Bot, 1997) 따라서 사빠띠스따가 멕시코의 다른 운동들 및 무장그룹들과의 동맹 건설에 실패했다는 곤살레스의 비판은 진지하게 받아들일 필요가 있으며, 사빠띠

스따와 시민사회, 동시에 멕시코의 다른 무장 운동들과의 관계를 더욱 면밀히 고찰할 필요가 있다. 이것은 내가 5장에서 비판적으로 고찰할 또 다른 논점이다.

학문적 저자들은 사빠띠스따가 국가에 대해 유지하는 태도 역시 거의 제기하지 않았다. 다시 한 번 보자면, 예상하는 바와 같이, 그람시주의적 저자들에게, 아울러 라클라우/무페의 영향을 받은 오르띠스-페레스의 독해에서, EZLN이 자본주의적 제도로서의 국가에 대해 취하는 명백한 개량주의적 태도는 확연하게 드러난다. 사빠띠스따는 국가가 원주민들을 포함하는 시민사회의 요구들을 수용할 수 있도록 국가를 개혁하는 것을 전략으로 삼는 것처럼 보인다. 이것은 권한이 이양된 국가의 현존을 요구하는 새로운 민족적 기획이다. 이 국가는 협의 메커니즘들을 통해 사빠띠스따의 "복종하는 명령" 원칙에 따라 작동할 국가이다. 달리 말해 이것은 약간만 변화한 채 이미 존재하는 국가이다. 다시 한 번 말하자면, 개량주의라는 이유로, 국가와 의회민주주의에 반대하지 않는다는 이유로 사빠띠스따를 비판하는 부류가 바로 이 비학문적 진영이다. 하지만, 이 경우에서도 마찬가지로, 이러한 시각들에 의해 수행된 비판은 요약적이며, 이론적으로 근거가 박약하다.

자율주의적 맑스주의로 말하자면, 그리고 그들이 EZLN과 국가 사이의 관계를 비판적으로 논의할 이론적 도구들을 진정

가지고 있음에도 불구하고, 그들은 침묵을 선호한다. 이것은 비록 홀러웨이가 자본주의적 제도로서의 국가에 대한 분석— 내가 5장에서 사빠띠스따에 주의를 돌릴 분석— 을 발전시킨다 해도 그가 사빠띠스따가 국가에 반대하지 않는다는 사실을 논의하기를 피하는 한편, 이 운동이 권력 탈취를 바라지 않는다는 이유로 찬양한다는 것을 나타낸다. 몇몇 경우들에서 자율주의적 맑스주의자들의 무비판적 태도는 개량주의가 되며, 어떠한 혁명적 열망과도 배치된다. 그래서 로렌사노는, 사빠띠스따가 제안한 정부와 정부 관료들의 해임을 "민주주의의 의미심장한 급진화"로 이해하며, 사빠띠스따 기획이 "부르주아 민주주의의 부정이나 극복이 아니라……만인에게 민주적 참여를 개방하는 것"(Lorenzano, 1998, p. 155)이며, 기존에 획득한 민주적 권리들의 보존과 국가를 주민의 영구적 통제에 복속시키는 것을 목표로 한다고 무비판적으로 주장한다. 간단히 말해, 비판의 결여는, 라클라우/무페 식의 자유민주주의의 확대 심화를 위한 실천들을 무조건적으로 수용하는 것으로 귀결되며, 종종 어떠한 혁명 사상도 무조건적으로 폐기하는 것으로 귀결된다.

마지막으로, 비판적 고찰의 완전한 결여로 특징지어지는 또 다른 영역은 원주민 공동체들에 대한, 사빠띠스따 자율에 대한 내부적인 작업들이다. 사빠띠스따 공동체들을 정밀하게 탐구하고 자율의 과정들과 작업들에 대한 비판을 도출하는 데 전반적인 망설임이 존재하는 것으로 보인다. 일반적으로, 그람시주의적 독해들은 이 운동의 내적인 측면들을 무시하는 경향이 있으며, 기껏해야 원주민 민주주의의 토대인 "복종하는 명령"에 찬사를 보낸다. 이와 마찬가지로, 자율주의적 맑스주의자들은, 학문적이건 비학문적이건 간에 양자 모두, 사빠띠스따 지대를 올바르게 "무장한 공동체," 코뮌으로 이해하고, 대안을 구축하는 데 있어서 자율적인 원주민의 에너지들을 강조하지만, 이 대안의 어떠한 측면에 대해서도 좀처럼 꼼꼼하게 조사하거나 비판적으로 논의하지 않는다.(예를 들어, Lorenzano, 1998; Aufheben, 2000)

다른 한편, 하비와 할버슨은 우리에게 "좀 더 드문" 담론 버전을 보여줌으로써 우리는 치아빠스의 원주민 공동체들의 물적 관계들 및 조건들에 더 가까이 접근한다.(Townshend, 2002b를 보라.) 하지만 우리는 여전히 저자들의 주장을 평가하기에는 충분히 면밀하지 못하며, 그들의 접근법은 기본적으로 무비판적인 채로, 심지어는 문제적인 채로 남아 있다. 예를 들어, 어떤 전통들이 여성들이 종속(예컨대, 전통 의상을 만드는 것, 특정한 음식을 준비하는 것 등등)을 극복하는 데 중요했다는 그들의 주장은 바로 이와 동일한 전통들이 집을 여성의 활동의 장으로 규정하고, 그들에게서 예컨대 토지의 상속

권 ― 하비와 할버슨은 이것을 여성이 전통에 도전하는 것들 중의 하나로 간주한다 ― 을 빼앗아 왔으며, 지금도 여전히 그러하다는 사실을 간과한다. 이 저자들은 사빠띠스따의 자율과 투쟁이 갖는 측면을 이상화하는 것으로 귀결되는 무수한 모순들을 얼버무린다. 여성 투쟁의 이상화는, 예컨대 여성들의 위대한 성취들 중의 하나로 제시된 술 금지의 경우 훨씬 더 명백해지게 된다. 하지만 술은, 새로 만들어진 사빠띠스따 조직의 비밀과 기밀을 위한 필요를 이유로 사빠띠스따 지역들에서는 1980년대 초반 이래로 금지되어 왔다. 1990년대 벽두가 되어서야 술 금지가 여성들의 요구들 중의 하나가 되었고, 대다수의 사빠띠스따 공동체들에서는 이미 술을 금지해 왔으며, 술의 소비 혹은 비소비가 사빠띠스따를 비사빠띠스따로부터 구별하는 한 가지 방식이었다. 달리 말해, 여성들과 술 금지의 관계는 더 복잡한 관계이며, 내가 여성들의 생활에서 술 금지가 중요하다는 것을 부정하는 것을 의미하는 것은 아니지만, 우리는 술과 EZLN 사이의 관계를 더 깊게 분석할 필요가 있다.

사빠띠스따 자율의 내적인 과정들 및 구조들에 대한 다소 가혹한 비판 ― 군대로서의 EZLN, 원주민 민주주의, 여성들의 투쟁 등등 모든 것들이 호되게 공격당한다 ― 은 일부 비학문적인 급진적 시각들로부터 나온다. 하지만, 이 시각들에 입각한 비판은 사빠띠스따 공동체들의 조건들에 대한 직접적인 정보의 결여, 아울러 과도한 일반화의 경향과 다른 역사적 사례들로 부터 외삽하는 경향을 특징으로 한다. 예를 들어, 『와일드캣』은 많은 농민 투쟁들의 친자본주의적 성격에 대한, 그리고 자본주의 발전을 위한 그것들의 결과적인 만회에 대한 분석을 제공하면서, "오늘날 치아빠스에서 일어난 반란도 예외가 아니다"라고 주장한다.(Wildcat, 1996, p. 31) 비록 그들의 분석이 정확하다 해도, 『와일드캣』의 기고자들은 사빠띠스따 공동체들에서 생산이 어떻게 조직되는지 설명하지 못함으로써 자신들의 주장을 "상황에 특유한 것"으로 만들어 버린다. 사빠띠스따 투쟁이 결과적으로 만회될 수 있다는 사실에도 불구하고, 더욱 치밀하게 분석해 보면 다른 농민 투쟁들과의 중요한 차이점을 드러낼 수 있을 것이며, 어쩌면 어떻게든 이러한 만회에 저항할 수 있는 요소들을 드러낼 수 있을 것이다. 또 하나의 사례가 군사화를 통한 여성들의 해방을 "미연에 방지하기"에 대한 드뇌브 등의 주장이다. 이것에 일말의 진실이 있다 할지라도, 이 저자들은 다른 무장 투쟁의 경험을 가지고 일반화하고 있으며, 우리에게 다소 반동적인 설명을 제공한다. 다음과 같이 간략하게 이야기해 볼 수 있으리라. 소년들과 소녀들이 사빠띠스따 학교들에서 동등하게 받은 교육, 여성들 및 남성들 양자를 교사들과 보건 증진자로 만드는 훈련, 의사결정에서 여성들의 참여 증대, EZLN의 젠더 관계들과 젠더와 연관된 태도들의 공동체들 내에서의 확산 등등은 치아빠스에서의 여성의 기획이 EZLN의 등급들에서 시작도 끝도 아니라는 것을, 그리고 쉽사리 "미연에 방지"될 수도 없다는 것을 밝혀준다고 말이다. 이 모든 논의들을 심도 깊게 논의하는 게 목표가 아니지만, 나는 5장에서 사빠띠스따 자율을 이상화하려는 학문적 경향과 단절하기 위하여, 이 운동의 내적인 작업들에 기여하기 위하여, 상황에 특유한 비판적 설명을 제공하기 위하여, 오벤띡의 아과스깔리엔떼스의 자율적인 중학교의 사례에 초점을 맞출 것이다.

3장

자율 기획, 제헌권력 그리고 제국

자율 기획, 제헌권력 그리고 제국

모든 인간 활동들에 대한 총체적 경찰 통제의 길과 모든 인간 활동들의 무한한 창조의 길은 하나다. 그것은 근대적 발견들의 길이다. 우리는 필연적으로 우리의 적들과 마찬가지로 동일한 길 위에 서 있다. 거의 대부분은 그들을 앞설 것이지만 우리는 적들과 혼동되지 말고 거기에 있어야 한다. 가장 훌륭한 것이 승리할 것이다.
― 기 드보르, 1964

나는 자율 기획 개념은 꼬르넬리우스 까스또리아디스에게서, 제헌권력[구성적 힘] 개념은 안또니오 네그리의 저작(Antonio Negri, 1999)에서 빌려 온다. 나는 전자를 하나의 사회역사적 과제의 출현을 나타내기 위하여, 그리고 후자를 이 과제의 실현을 민주적 사유와 정치 속에서 그리고 그것을 통해 나타내기 위하여 사용한다. 까스또리아디스의 생각과 네그리의 정치 이론에 의존하면서 내가 이 장에서 목표로 하는 것은, 급진적인 정치 운동들과 활동들의 출현을 이해하기 위한 사회역사적인 작업틀을 개발하는 것이다. 이 작업틀의 개발은 내가 혁명적 주체성들의 출현과 그것들의 급진적 사건들과의 횡단을 논의하고(4장), 사빠띠스따의 이론과 실천에 대한 비판적 독해를 수행하고(5장), 그리고 사빠띠스따 반란의 결과 원주민의 사회적 상상성에서 일어난 변화들을 탐구하는 것(6장)을 가능하게 해 줄 것이다. 두 저자들의 작업에 대한 세부적인 분석과 비판을 진행하거나 그들의 이론들을 하나의 완전한 전체로 통합하는 것은 내 목표가 아니다. 실제로, 후자는 까스또리아디스와 네그리가 맑스주의와 관련하여 유지하는 상이한 태도를 가정한다면 불가능한 것으로 보일 것이다. 오히려, 접근법은 절충주의적이다. 내가 관심을 두는 것은, 상보적인 것처럼 보이고 우리에게 사회적·정치적 해방이라는 급진적 기획을 제공해주는 두 저자들의 작업에서 이러한 요소들을 확인하는 것이다. 이것을 완수하고 난 뒤 나의 다음 단계는, 하트와 네그리(Hardt & Negri, 2001)를 따라 내가 제국이라고 부르는, 사물들의 현재 질서를 사빠띠스따 투쟁이 위치하는 역사적 맥락으로서 기술하는 것이 될 것이다.

존재론적 테제들

나는 까스또리아디스의 작업에 내재하는 주요 존재론적 테제들을 제시하는 것에서, 그리고 자율 기획이라는 생각을 포착할 수 있도록 해 주고 이 장의 뒷부분에서 제시되는 정치적 과정들에 대한 이해를 도와 줄 몇몇 기본적인 개념들을 설명하는 것에서 시작하고자 한다.

창조로서의 "존재"

까스또리아디스의 주장에 따르면, "존재"가 "시간 안에" 있을 뿐만 아니라 시간 역시 "본질 안에" 있으며, 시간은 무이거나 창조, "대자적 존재"의 "자기 배치"이다. 까스또리아디스가 창조에 대해 말할 때, 그는 순정한, 존재론적인 창조, 새로운 형식들의, 플라톤적 술어학을 따르자면 새로운 에이데^{eide}의 창조를 의미하는 것이며, 물론 이것은 파괴, 낡은 형식들의 파괴를 함축한다. 새로운 형식들의 출현은 "무에서의"$^{ex\ hihilo}$ 창조이며 이것은 어떠한 다른 형식으로부터도, 이미 거기에 있는 어떤 것으로부터도 생산될 수 없거나 환원될 수 없다. 사회 자체는 "내자적 존재"의 유형, 새로운 존재론적 형식이며, 그것은 각각의 경우에서 그 자신의 세계, 사회적인 상상적 의의들^{significations}을 갖는 세계를 창조한다.(Castoriadis, 1994) 하지만

사회가 무로부터의 창조라는 사실은 이러한 창조가 진공 속에
서 이루어진다는 것을 의미하지 않는다. 까스또리아디스의 설
명에 따르면, 그리스의 민주적인 폴리스는 특정한 조건들 하
에서, 특정한 수단을 가지고, 일정한 환경 속에서, 일정한 사
람들, 그리스의 신화와 언어에 구현된 과거 등등과 함께 창조
되었다.(Castoriadis, 1991) 하지만 이 모든 것들은 어떤 식으
로든 폴리스의 창조를 결정하지 못했고, 단지 그것에 조건을
부여했을 뿐이었다. 요컨대, 합리주의자들과 달리, 그래서 폐
쇄적인, 전체 경험이 이성적[합리적] 결정들로 철저히 환원되
는 헤겔적 변증법과 달리,(Castoriadis, 1975) 창조라는 개념은
"무언가 존재하는 것"에 대한 결정들이 다른 결정들의 출현을
막는 방식으로는 결코 폐쇄되지 않는다는 것을 함의한다.

급진적 상상성

창조 과정을 움직이는 힘은 급진적 상상성이다. 급진적 상
상성은 "새로운 형식들을 이렇다 할 동기 없이 가정하기"
(Curtis, 1997, p. xxxiii에서 인용함)로 폭넓게 정의내릴 수 있
으며, "정신/육체" 그리고 "사회역사적인 것"의 형태로 존재한
다. "사회역사적인 것"은 물리적, 생물학적, 또는 정신-육체적
인 실존으로 환원될 수 없는 그 자신의 존재 양식을 갖고 있다.

"정신/육체"로서의 그것은 "없는 것을 가정할 수 있는, 어떤 것 속에서 거기에 없는 것을 볼 수 있는 역량"(Curtis, 1997, p. xxxiii에서 인용함), 결말 개방적인 창의적이고 표상적인 역량, 즉 달리 말해 우리가 급진적 상상력이라고 부르는 것의 형태로 자기를 드러낸다. 급진적 상상력은 역사적 행위 그리고 의미들의 세계의 구성 둘 안에 분리불가능한 상태로 존재한다. 역사적 행위와 의미들의 세계는 어떠한 선형적이거나 변증법적인 과정의 산물이 아니라 오히려 순수하고 순정한 창조의 결과이다. 개인의 급진적인 상상력과 대조적으로, 정신/육체는 사회역사적인 것의 사회적 상상성(또한 급진적으로 사회적인 제도화하는 상상력과 제도화하는 사회로 언급되는)(Castoriadis, 1975, p. 369)이다. 사회적인 상상적 의의들의 "가정·창조하기," 그리고 이러한 의미들의 현존을 만들기, 제도(제도는 일반적인 술어로는 사회를 구성하는 모든 것으로 정의된다. 규범들, 가치들, 언어, 방법들, 개인 등등) 속에서 그리고 이것들을 통해서 존재한다. 제도(제도화된 사회로서 역시 언급되는)는 정확히 이것, 제도화된 형식들-형상들 — 급진적 상상성은 오로지 이것들 속에서 그리고 이것들을 통해서만 존재할 수 있으며, 자기를 사회역사적인 것으로 만들 수 있다 — 의 상대적이고 일시적인 고정성 및 안정성의 현재 만들기이다. 그리고 이런 까닭에 이것이 그것을 존재하게 만들었던 활동에 반대되는 생명 없는^{lifeless} 생산

물로 여겨져서는 안 된다.(Castoriadis, 1975)

사회적인 상상적 의의들

사회적인 상상적 의의들— 여기에서 상상적이라고 하는 것은 어떤 "이성적"이거나 "실제적인" 요소들에 대응하지 않는다는 의미에서이고, 사회적이라고 하는 것은 익명의 집단에 의해 제도화되고 공유되지 않기 때문이다— 은 의의들의 마그마, 즉 달리 말해, 행위지향적인 그리고 언어지향적인 측면을 갖는 하나의 세계, 의미의 망을 구성한다. 실제로, 이 마그마는 언어와 행위의 도움을 통해서만 가능하다. 까스또리아디스는 이것을 레게인 legein— 사회적인 재현하기/말하기의 동일성적·앙상블적 조건들—의 도구적 제도화, 그리고 테우케인teukein— 행동을 하기 위한 동일성적·앙상블적 조건들— 의 도구적 제도화라고 부른다.[1] 사회는 의미들의 세계를 만들어 내고, 이러한 세계와의 관계를 통해서만 스스로 존재할 수 있다. 사회를 결합하는 것은 정확히, 그 자신의 의미들의 세계를 결합하는 것이다. 의미들은 단순히 "생각들"이나 "재현들"이 아니라, 생각들, 재현들, 행동들 등등을 결합하는 (사회적) 실재의 접착제이다. 어떤 것도 이 의미들의 세계와 관계를 이루지 않고서는 사회를 위해 존재할 수 없다. 출현하는 모든 것은 즉각적으로 이 의미의 망에 포착되며, 심지어 이 세계에 포착되는 한에서만 출현하게 될 수 있다. "사회는 의미의 요구를 보편적인 것으로, 총체적인 것으로 가정할 때, 그리고 그 의미들의 세계를 이 요구를 충족시킬 수 있는 것으로 가정할 때 존재한다."(Castoriadis, 1975, p. 359)

자율의 상상성

까스또리아디스의 주장에 따르면, 만일 급진적 상상성이 관념론 철학자들이 자유라고 부른, 그리고 더 적절하게는 불확정성indeterminacy(이것은 자율의 전제이다)이라 불리는 차원을 포함한다면, 그것은 역사적 행위(이것을 통해 급진적 상상성이 표명된다)가 "단순히 존재하는 것 이상의 무언가를 가정하고 제공하기 때문이며, 또한 그 안에 지각된 것의 반영도, 동물적 경향들의 단순한 확장과 승화도, 주어진 것의 순전히 합리적인[이성적인] 전개도 아닌 의미들이 그 안에 거주하기 때문이다."(Castoriadis, 1975, p. 146) 바로 여기에서 "자율 기획"이라는 생각이 특정한 사회역사적 조건들에 근거한 하나의 상상적 의의로 도입될 수 있다. 실제로, 급진적 상상성의 표현인 자율은 급진적 상상력 속에서, 동시에 분리 불가능한, 비인과적인 관계 내의 사회적 상상성 속에서 발견할 수 있다. 이 두 개들 중의 하나의 용어로 자율에 대해 설명하려고 시도한다면 우리는 다시 개인/사회의 이분법에 이르게 될 것이며, 까스또리아디스는 모든 가능한 인과적 연결들을 거부하기 위해 이 문제를 논의한다. (사실, 까스또리아디스는 진정한 대립은 개인 대 사회가 아니라, 서로 환원될 수 없는 기둥들로서의 정신과 사회라고 주장한다.) 하지만 자율 기획은 단순히 또 다른 상상적 의의가 아니라 현대를 특징짓는 두 개의 주요 의의들 중의 하나이다. 또 다른 하나는 합리적인 지배^{mastery}의 무한한 확장, 즉 까스또리아디스가 자본주의,(Castoriadis, 1975) 전체주의,(Castoriadis, 1975) 그리고 생태파괴적인 기술과학(Castoriadis, 1987)의 형태들로 공공연히 비난하는 비합리적 성격이다.

자율 대 타율

까스또리아디스는 자율과 타율을 대비시킨다. 타율은 노모스(이 용어가 갖는 광범한 의미로서의 "법률")의 사회외적인 원천의 대의가 제도화되는 사물의 상태이며, 여기에서 노모스는 최종적으로 주어진다(신, 영웅, 보편적 이성, 역사발전의 법칙 등등). 이 위에서 사회나 개인은 어떠한 행동도 하지 않는다. 세계의 거의 모든 곳에서, 그리고 거의 언제나 사회들은, 사회적 현실의 외부사회적 원천의 제도화된 대의, 종교와 초

월적 철학들에 의해 창조되고 영속화되는 대의를 특징으로 하
는 제도화된 타율 상태 속에서 생명을 유지해 왔다. 사회의 제
도화된 측면을 부정하는 것과 제도화된 상상성이 제도화하는 상
상성을 덮어 가리는 것은 반복 속에서 살고 생각하는 억제된
급진적 상상력을 갖고 있는 개량주의적 개인들의 창의성과 궤
를 같이 한다. 하지만 자율은 자연과학자들의 말처럼 생물학
적, 정보적, 조직적 폐쇄도 아니며 인지적인 폐쇄 또한 아니다.
자연과학자들은 폐쇄 아래에 있는 개인이나 사회의 고정된 해
석적 체계를 어떤 새로운 것도 뚫을 수 없는 곳에서는 자율이
라는 것이 다시 타율의 상태를 의미한다고 종종 암시해 왔
다.(Castoriadis, 1981)

그러므로 자율 기획은 폐쇄의 기획이 아니라 개방의 기획
이다. 그것은 한 사회가 그 자신의 제도를, 세계에 대한 자신
의 대의를, 자신의 사회적인 상상적 의의를, 자신의 법률 등등
을 문제삼는다는 것을 함축한다. 이런 식으로 자율 기획은 제
도화된 것들을 끊임없이 문제삼기 위해, 급진적 상상성을 자
유롭게 하고 종결 없는 운동을 생산하는 이성을 재귀적으로
작용하게 하기 위해 공간을 열어젖힌다. 까스또리아디스의 주
장에 따르면, 자율 기획에 완전한 의미를 부여하는 것은 법률
이라는 용어이다. 왜냐하면 "어떤 개인이나 집합체가 자율적
이 되는 것은 누가 어떤 순간에 좋아하거나 기뻐하는 것을 하

는 것이 아니라 오히려 자기에게 그 자신의 법률들을 제공하는 것"이기 때문이다.(Castoriadis, 1981, p. 332) 이것은 물론 자신의 가공되고, 구성된 현존을 인식하고, 그래서 자신을 "자기" 구성하고 재구성할 수 있는 새로운 유형의 개인, 고도로 재귀적인 개인을 함의한다. 달리 말해, 그 자신이 사회 역사적인 기획인 그러한 종류의 주체성.(Castoriadis, 2000) 하지만 다시 한 번 말하지만, 개인적 자율과 사회적 자율 사이의 관계는 후자가 전자를 결정하는, 또는 전자가 후자를 결정하는 인과적 관계가 아니다. 개인적 자율이나 사회적 자율 어떤 것도 상대방 없이는 가능하지 않다. 이 둘의 현존은 상대방의 현존에 기초를 두고 있기 때문이다. 개인적 자율 단독으로는 한 사회 안에서 결코 자유로울 수 없다. 이러한 사실은 단지 공식적인 압력(억압)의 현존을 나타내는 것이 아니라 그것 없이는 어떠한 개인도 존재할 수 없는 사회적 제도의 불가피한 내재화를 나타낸다. 자유, 진리, 평등 등등에 투자하기 위해서 필수적인 것은, 이러한 것들이 이미 의미들이나 사회적인 상상적 의의들로 나타났었다는 것이다. 자율을 추구하는 개인들에게 필수적인 것은, 이러한 사회역사적 장場이 제한 없는 심문을 위한 공간을 열어젖히는 방식으로 변경되었다는 것이다. 그리고 이러한 변경은 역으로 제도화된 상상성에 도전하고 질문을 던지기 위해서, 그리고 사회라는 전체 건물을 끊임없이 문제

삼는 정신적 자원들을 갖고 있는 개인들의 현존에 기초한다.

개인과 사회의 분리불가능성은 까스또리아디스가 라깡주의 이론에 의존하면서 개인의 자율이란 무의식적인 것에 의한 규제에 반대되는 자신의 법칙, 즉 타자의 법칙이라고 주장할 때 분명해진다. 까스또리아디스의 주장에 따르면, 주체는 그것이 — 그것을 지배하는 — 타자, 의도들, 욕망들, 투자들, 의미들 등등에 대한 담론이라는 의미에서 타율의 상태이다. 개인은 이러한 것들에 소환되거나 노출된다. 따라서 자율 기획은 어느 한쪽이 그 자신의 담론을 가지고 다른 한쪽의 담론을 대체한다는 것을 의미한다. 그리고 어느 한쪽의 담론은, 필연적으로 그것의 내용면에서가 아니라 그것이 다른 한쪽의 담론인 한에서, 다른 한쪽의 담론을 부정했던 것, 바로 그것이다. 어느 한쪽의 자율이 다른 한쪽의 담론의 정교화에 의존한다는 사실은 곧바로 그 문제의 사회적 차원, 한 주체와 다른 주체와의 관계를 지시한다. 어떠한 개인적 자율도 사회의 억압적 구조를 극복할 수 없으며, 사회적 자율 없이는 가능할 수도 없다. 그의 주장에 따르면, 이것이 특히 사실인 것은, 타자 담론이 집단적 익명 속에서, "시장의 경제적 메커니즘"과 법률 그 자체로 현시되는 바의 일부 법률의 "계획의 합리성"이라는 본성 속에서 사라질 때이다. 그래서 타자는 개인의 무의식 내에 있는 담론 이상의 것으로, 경찰, 군대, 법정 등등과 같은 제도들 속에 구현된, 제도화된 사회적 타율이 된다. 그리고 정확히 이러한 제도들의 내재화야말로 급진적인 상상력을 절단하고, 주체성의 개방 양식들의 설치를 막으며, 주류 사회적 의미들의 의문의 여지없는 일치 안에 제도화된 가공적 개인들을 생산한다.

자율의 출현

까스또리아디스의 주장에 따르면, 사회적인 상상적 의의로서의 자율 기획의 출현 순간은 고대 그리스에서, 더 명확하게 말하자면 철학과 민주주의의 탄생에서 찾아볼 수 있다. 철학과 민주주의는 함께 태어났으며 이것들의 연대는 이 둘이 타율의 거부, 규칙들과 대의들이 단지 우연히 거기 있었다는 이유로 타당하고 적법하다는 주장의 거부를 표현한다는 사실로부터 나온다. 이것들은 모두 진리, 정의 등등의 어떠한 "사회 바깥의" 원천에 대한 거부를 표현한다. 앞서 언급한 것처럼, 자율 기획은 집단체가 자신과 자신의 활동을 문제 삼고, 자신을 명백히 그리고 재귀적으로 제도화하고 재제도화한다는 점을 전제한다. 민주주의는 정확히 정치적인 "자기재귀성[자기성찰]"의 체제이며, 참된 민주주의를 위한 투쟁은 참된 자기통치를 위한 투쟁이자 명백한[명시적인] 자기 제도화를 위한 투쟁이다. 이러한 점은 철학의 경우에도 마찬가지로 참이다. 철학은 존재와 그것의 의미에 대한 물음(이 모든 것들은 이차적 물음들이다)에 대한 것이 아니라, 더욱 급진적인 물음의 출현에 대한 것이다. 예컨대, (존재, 정의, 진리, 폴리스, 그 자신의 사고 등등에 대하여) "내가 생각해야만 하는 것이 무엇이란 말인가?"와 같은 것 말이다. 어떠한 "대자적 존재"(개인이나 사회)도 오로지 폐쇄 속에서만 존재할 수 있다. 민주주의는 집단적 수준에서 이 폐쇄를 파열하려는 기획이다. 자기성찰적 주체성을 창조하는(그리고 "변증법적 진보"가 아니라 사유의 역사적 자기배치self-deployment를 실현하는) 철학은 사유의 수준에서 이 폐쇄를 파열하려는 기획이다. 여기에서 그리스의 민주주의적인 폴리스나 그리스 철학을 이상화하는 것이 까스또리아디스의 의도가 아니라는 점을 언급하는 것이 중요하다. 그와 반대로 그는 노예의 존재와 여성의 배제에 대한 아테네 민주주의의 단정斷定을 인식하고 있었고, 그리스 철학이 명확성determinacy, 극한peras의 견지로부터 반사되었다는 사실을 인식하고 있었다. 그가 진정으로 의도했던 것은 (자율이라는) 사회적인 상상적 의의를 낳은 맥락, 역사적 조건들을 기술하는 것이었다. 이 모든 것으로부터 나타나는 것은 우리가, 급진적인 변형, 사회적·정치적 관계들, 삶의 완전한 자동화로 이어지고, 그 주요한 기동력들로 급진적인 민주주의 정치와 열린 결말의 재귀적인 지적 활동을 갖고 있는 사회적인 상상적 의의를 물려받았다는 점이다. 바로 이 자율 기획 안에서, 혁명적인 활동이 위치지어질 수 있는데, 그것은 자율 기획이 언제나 기존의 질서에 대한 급진적인 물음을 표현하기 때문이다. 이런 의미에서, 사빠띠스따는 자율 기획 내부에서 작동하고 있으며, 그들의 "자유," "민주주의," "정의"를 위한 요구들은 오직 자율을 향한 이 운동 내부에서만 이해될 수 있다.

급진적 상상성에서 제헌권력으로

까스또리아디스는 다음과 같이 주장한다. "당위성 안에서 급진적 상상성은 타자로, 그리고 타자의 부단한 정향定向으로 나타나는데, 이것은 자신을 계속해서 표상하며, 자신을 계속해서 표상하는 것 속에 존재한다. 그들의 본질인 "이미지들"의 창조, 그리고 의의들과 의미들의 형상화나 대의로서의 "이미지들"의 창조 속에 존재한다."(Castoriadis, 1975, p. 369) 급진적 상상성이 오직 개인적인 급진적 상상력과 사회적 상상성을 통해서만 현시된다는 사실은 바로, 이 급진적 상상성이 제도, 제도화된 사회와 분리불가능하다는 점을 명백히 보여준다. 달리 말해, 급진적 상상성, 제도적 상상성은 기존의 사회적인 상상적 의의들, 의미들, 형식들의 확장, 변경, 수정, 중지, 파괴로서의 제도 안에서만, 그리고 그 제도를 통해서만 존재할 수 있다. 이렇게 함으로써 그것은 새로운 의의들, 의미들, 형식들(예컨대, 자유, 평등, 정의, 계급투쟁, 사회주의 등등)을 생산하고 창조한다. 바로 이렇게 자율의 상상적 의의 안에서 그리고 그 의의를 통해서 급진적 상상성을 다양하게 표현하는 것, 이것이야말로 자율에 연속성을 부여하고 그것을 하나의 기획으로 변형시켜 온 것이다. 나는 이것을 급진적 상상성의 물질적인 급진적 표현이라 부른다. 자율의 상상적 의의를 통해서, 정치적인 것의 질서 속에서, 그리고 네그리의 작업을 빌려,(Negri, 1999) 나는 이제 나의 분석을 이 개념, 제헌권력[구성적 힘]으로 옮겨, 정치적 사유와 실천 양자 속에서 이 개념이 그리는 궤적을 추적할 것이다.[2]

내가 앞서 급진적 상상성에 대해 말한 것과 일치되게 네그리는 다음과 같이 주장한다. "제헌권력은 진공의 소용돌이로부터, 결정들이 결여된 심연으로부터, 하나의 완전히 개방된 필요로부터 발생한다."(Negri, 1999, p. 14) 그것은 "기존의 어떠한 평형이라도, 그리고 어떠한 가능한 연속성이라도 파열시키고 깨뜨리고 중지시키며 어지럽히는 힘"(Negri, 1999. p. 11)이며, "전능하면서도 확장적인 활동"이며, 절대적인 절차와 절대적인 통치로서의 민주주의에 묶여 있는 힘이다.[3] 사실상, 제헌권력은 민주적 의지의 급진적인 표현이다. 바로 이 제헌권력의 실천을 통해서 민주적 의지가 제정권력[구성된 힘]constituted power을 파괴하는, 아니면 최소한 그것을 중대하게 약화시키는 정치체제로 들어갈 것이다. 민주주의 역시 전능하고 확장적인 힘이다. 결정들의 결여, 진공, 욕망은 민주주의 원동력의 모터들이다. 그것은 "충만한 입헌적 활동이라는 의미에서, 유토피아만큼 강렬한, 그러나 어떠한 유토피아적인 환상도 없는, 그리고 완전히 물질적인" 디스토피아이다.(Negri, 1999, p. 14) 제헌권력은 언제나 시간과 특이한 관계를 맺는다. 제헌권력은 그 자신의 일시성을 결정하고 역사에 내재하는 차원이 된다. 그와 동시에 그것은 "시간의 비상한 가속도"를 드러낸다. 역사는 현재에 집중되고, 제헌권력의 가능성들은 직접적인 생산의 매우 강한 핵 속으로 응집된다. 이것은 제헌권력과 혁명의 밀접한 연결을 명백하게 만든다.

사법 이론과 입헌제도는 제헌권력을 제한하고 통제하면서, 그것의 파괴적이고 창조적인 힘들을 제거하고, 그것을 체제의 한 메커니즘으로 변형시키려고 시도한다. 사법 이론의 견지에서 볼 때, 제헌권력은 사법적인 배치들 및 관계들의 원천이며, 입헌적 규범들의 생산의 원천이자, 결과적으로 국가의 권력들을 조직하는 규범들의 생산의 원천이다. 사법 이론의 다양한 형식들 내에서, 제헌권력은 오직 부정되기 위해서만 긍정된다. 그것은 사법 체계의 특징일 수밖에 없는 민주적 관계의 무효화를 막기 위해서 긍정된다. 그러나 그것의 폭력과 확장성은 길들여져야 하고, 기존의 질서, 제정권력[구성된 힘] 속으로 통합되어야 하는 것이다. 결과적으로 제헌권력은 잘 정의된 한계들과 절차들 내에서 작동하는 투표와 규제적인 활동들로 축소되며, 국가의 합헌성의 통제 형식으로서만, 헌법 개정의 활동으로서만 표현된다. 이와 마찬가지로 입헌제도와 자유주의 이데올로기는, 무엇보다도 제헌권력을 법률로 조직화하는 것을 통해, 자신들을 제한된 통치의 이론과 실천으로 가장한다. 입헌주의적 패러다임은 언제나 "혼합된 헌법," 불평등의 중재를 의미한다. 그래서 그 자체로 그것은 비민주적인 패러다임이다. 하지만 폭력적이고 확장적인 힘으로서의 제헌권력[구성적 힘]은, 민주적인 총체성이라는 사회적인 전前-헌법과 연결된 개념이다. 그리고 이 수행적·상상적 차원이 강력하고 지속적인 방식으로 입헌주의와 충돌한다. 제헌권력과 제한된 통치의 축 사이의, 달리 말해 민주주의의 창조적인 힘들과 입헌주의의 관성 사이의 이 투쟁은 역사가 진전될수록 더욱더 두드러진다.

제헌권력을 제한하고 마무리하려는 시도들은 그 힘을 체제의 위계들 내에 억제해서 결과적으로 그것을 체제의 원인이 아니라 결과로 재구축한다. 따라서 주권이 스스로 토대로서 등장한다. 하지만 주권은 제헌권력과 대립되는 토대이다. 주권은 시간과 공간 안에, 딱딱한 공식적 헌법 속에 제한된다. 주

권의 절대성이 전체주의적 개념인 반면에, 제헌권력은 민주
정부의 절대성이다. 나는 나중에 이 장에서 근대성의 두 번째
양상과 제헌권력을 저지하고, 자율 기획을 끝장내기 위한 시
도로서의 민족국가의 출현을 논의할 때에 이 주권 관념으로
되돌아 갈 것이다. 잠시 이 장의 다음 단계로 우리를 이끌어
줄 두 가지 견해들을 살펴보자. 이것은 자율 기획과 제헌권력
의 이론/실천의 지평 위에, 그리고 정치적 실천의 지평 위에
모습을 드러내는 몇몇 계보학적 계기들에 대한 간략한 논의가
될 것이다. 첫 번째 견해는 제헌권력이 권력power, potere에 대립
되는 역능strength, potenza이라는 것이다. 네그리의 주장에 따르
면, 아리스토텔레스에서 니체에 이르는 역능에 대한 형이상학
적 정의는 결여와 역능 사이의, 욕망과 집착 사이의, 거부와
지배 사이의 양자택일이다.(Negri, 1999) 이 양자택일이 폐쇄
적일 때, 권력은 선재하는 물리적 사실로, 마무리된 질서나 변
증법적 결과로 간주된다. 하지만 이 양자택일이 개방적일 때
(그리고 마키아벨리에서 스피노자와 맑스에 이르는 근대 정치
사상의 조류와 관련해서는 이것이 진실에 부합한다), 미리 구
성되거나 마무리된 원리들의 결여는 자유의 가능성에서 다중
이 보여주는 주체적 역능과 결합된다. 두 번째 견해는 제헌권
력과 혁명 사이의 관계와 연관된다. 제헌권력이 제정권력과
대립되며 그러한 권력으로 환원될 수 없다는 사실은, 제헌권

력을 저항, 반란, 변형, 창조, 시간의 구성인 혁명과의 연속적이고 순환적인 관계 속에 놓이게 한다. 따라서 "제헌권력이 존재하는 곳에 혁명 역시 존재한다."(Negri, 1999, p. 23) 그리고 이러한 점이, 제헌권력을 민주주의 개념과 떼어놓을 수 없다는 것과 아울러, 제헌권력을 민주주의 혁명의 발동기motor로 만들어준다.

이러한 견해들을 살펴보았으므로, 나는 이제 계속해서 제헌권력 개념의 발전과 자율 기획의 연속성을 보여주는 사유와 정치 실천의 역사에서의 여러 계기들을 확인할 것이다. 네그리의 주장대로 이러한 계기들, 사건들은 "이성의 새로운 지평들을 구축해 왔고, 역사적 존재의 새로운 차원들을 제시해 왔다."(Negri, 1999, p. 35) 그와 동시에, 우리가 유럽의 근대성 속에서 이러한 계보학적 파열 계기들을 추적한 바대로, 또 다른 기획이, 즉 주요 수단인 초월주의로 무장한 채 제헌권력을 통제하고 자율 기획을 저지하려고 시도했던 대항 기획이 전개된다. 다음 단계로 넘어가기 전에, 사빠띠스따 반란이야말로 진정 제헌권력의 표현이었다는 점을 언급하는 것이 중요하다. 하지만, 사빠띠스따와 제헌권력의 관계는, 내가 다음 장에서 논의할 것처럼, 좀 더 복잡한 관계이다. 더욱이 내가 치아빠스에서 일어난 사건들을 이해하기 위해 현저하게 유럽적 개념들을 사용하는 이유가 사빠띠스따 담론이 자율 기획의 배치와

같이 유럽에 기원을 두고 있는 개념들 및 관념들을 토대로 구
조화되어 있기 때문이며, 그래서 차이파스에서 일어난 사건들
은 자율 기획을 유럽의 경계 너머로 확장시키는 것에 의해서
[만] 이해될 수 있다는 점을 말할 필요가 있겠다.

계보학적 계기들 : 자율의 재출현

아테네 민주주의 이후, 자율 기획은 중세 시대까지 중단
되었고, 150년 간의 일식이 지나고 나서 12세기 이후부터 다
시 등장했다. 사실상, 이 기획의 출현이 중세 시대와의 단절
을 특징짓는다. 까스또리아디스가 "서방의 출현과 구성"이라
고 부르는 중세에 뒤이은 시기는 최초의 부르주아지의 자기
구성, 새로운 도시들의 건설과 성장, 몇몇 종류의 정치적 자
율과 새로운 지성적, 정신적, 예술적, 물리적 태도들의 요구
등을 특징으로 한다. 전통과 권위는 점차 신성성을 잃고, 이
전 세기들에서는 비난을 받았던 혁신이라는 말이 이제는 그
비난을 받지 않게 되었다. 하트와 네그리는 그 단절을 특징
지은 것이, 존재를 지식의 내재적 지형으로 제시한 것이었다
고 주장한다.

1200년과 1600년 사이에 오직 상인들과 군인들만이 여행할

수 있었고, 이후에 오직 인쇄술의 발명만이 하나로 묶을 수 있었을 거리를 가로질러, 무언가 엄청난 일이 일어났다. 사람들은 스스로 그들 자신의 삶의 주인임을, 도시와 역사의 생산자임을, 낙원의 창조자임을 선언했다. 그들은 이원적인 의식, 즉 사회에 대한 위계적 시각과 과학에 대한 형이상학적 관념을 물려받았다. 그러나 그들은 미래 세대에게 과학의 경험론적 생각, 역사와 도시에 대한 구성적 관점을 물려주었으며, 존재가 지식과 행위의 내재적 지형임을 제시했다.(Hardt & Negri, 2000, pp. 70~1)

달리 말해, 그 단절을 특징짓는 것은 근대성의 제1의 사건으로서의, 하트와 네그리가 내재성의 평면이라고 부르는 것의 발견, 아니 더 잘 말하자면, 재발견이었다. 이 저자들이 내재성의 평면이라고 부르는 것은 정확히 내가 여기에서 자율 기획과 동일한 것으로 간주하는 것이다.4 내재성의 평면을 재발견한 이 첫 시기에, 이전에 오로지 하늘에만 위임되었던 창조의 힘들이 지상으로 내려왔으며, 인류는 중세의 초월이 내재성의 평면에서 제거해 버린 것을 재전유한다. 15세기부터 보빌루스에서 갈릴레오에 이르는 수많은 인물들이, 인간 지성이 그 창조적 역량과 힘들을 다시 한 번 재전유하고 있다고 설명했다. 내재성의 평면은 삶의 새로운 패러다임으로 발전하고 있었고, 신체와 정신은 점차 변형되었다. 철학 및 과학에서와 마찬가지로 정치학에서도 역시 힘에 대한 새로운 이해, 그리고 해방에 대한 새로운 개념화가 이루어졌다. 인간의 지식은 하나의 행위, 자연을 변형시키는 하나의 실천이 되기에 이르렀으며, 민주주의는 대중들의 힘으로서 다시 나타나기 시작하고 있었다.

마키아벨리에게서, 그리고 16세기의 도래와 함께, 우리는 유럽적 사유의 이론적·실천적 전통 전체 내부에서 일어나는 심대한 파열을 만나게 된다. 네그리의 주장에 따르면, 마키아벨리는 제헌권력을 역능과 덕virtue으로 이해하고 발전시킨 최초의 사람이었다. 덕은 전통들과 권력을 파괴하고 새로운 질서들을 창조하는 힘이다. 새로운 군주는 그 자신이 논리와 언어의, 윤리와 법률의 저자이며, 그 자체로 가치, 생산적 역능, 무로부터의 창조이다. 마키아벨리는 제헌권력의 어떠한 현실화도 언제나 구성된 것의 불합리[부조리]와 대립되는 것으로 이해했다. 사실상 이것은 새로운 군주의 문제이다. 덕이 현실화될 때마다 드러나는 것은, 덕은 그것이 강해지자마자 그것에 대립되는 무언가를 축적하도록 작동한다는 것이다. 덕과 운, 이것이 엄청나게 혁명적인 잠재력을 가지고 있는 마키아벨리의 저작에서 드러난 기초적인 대립이다. 덕은 시간에 맞춰 행동할 수 있는 역량이, 그리고 시간을 과잉결정하는 것만큼 시간을 구성할 수 있는 역량이 무장될 때, 제헌권력이 된다. 그리고 정확히 이러한 무장(력)을 통해서 덕은 사회적 질서들을 형성한다. 마키아벨리가 자신의 저작에서 전개하는 바처럼, 『군주론』과 『로마사론』에서 창안된 정치적인 것의 절대성은 공화국, 민주주의가 된다. 이처럼 앞의 공화제의 언어는 뒤의 민주주의의 언어로 흡수되며, 민주주의에 대한 새로운 개념화가 등장한다. 이렇게 제헌권력이 존재하는 곳에서만 민주주의가 존재한다. 그러므로 민주주의는 무장되어야 하지만, 그것의 최초의 그리고 근본적인 무장(력)은 민중이다. 따라서 다중은 제헌권력과 민주주의의 주체로 재등장하며, 결정들이 결여되어 덕이 완전하게 전개될 수 있는 곳에서 개방된 "체제"가 된다. 마키아벨리에게서, 역사적인 구성적 존재론은 역사적 유물론으로 그 모습을 드러낸다. 존재는 인간의 실천에 의해서 구성되며, 행동과 이의異議는 사물들의 질서의 토대이다. 하지만 이 역사적 유물론은 결코 변증법적 유물론이 되지 않는다. 종합이나 포섭의 계기는 존재하지 않는다. "파열은 종합보다 더 실재적이다. 제헌권력은 결코 사례들, 소용돌이, 봉기, 군주, …… 를 제외하고서는 물질화되지 않는다. 하지만 정확히 이 파열이야말로 구성적이다."(Hardt & Negri, 2000, p. 89)

자율 기획의 재출현은 반동들을 야기했고, 강력한 적대를 부추겼으며, 결과적으로 전쟁을 야기했다. 갈등이 대중들의 제헌권력과 제정권력 사이에서 발생했다. 즉각적인 반동은 이

새로운 운동의 힘과 동력을 통제, 지배, 몰수하고, 그 방향을
초월적 평면으로 바꾸려고 노력한 타율의 반기획이었다.

> 비록 사물들의 과거의 존재 방식으로 되돌아가는 것이 불가
> 능했다 할지라도, 그럼에도 불구하고 명령과 권위의 이데올
> 로기들을 재수립하고, 그래서 대중들의 불안과 두려움, 삶의
> 불확실성을 줄이고 안전을 늘이고자 하는 그들의 욕망을 이
> 용하여 새로운 초월적 권력을 배치하는 것이 가능했다. 혁명
> 은 중지되어야 했다.(Hardt & Negri, 2000, p. 75)

실제로 이 두 기획들은 근대성의 두 양태들, 근대성을 지
배하려고 시도한 두 패러다임들이었다. 따라서 르네상스는 전
쟁으로 귀결되었다. (프랑스, 영국, 독일에서의) 종교적이고 사
회적인 전쟁, 내전 등. 내전은 근대성 개념에 흡수되었고, 근
대성 자체는 위기, 즉 내재적인 창의적 힘들과 질서 회복을 목
표로 하는 초월적 권력 사이의 중단 없는 갈등에서 발생하는
위기에 의해 정의된다.

철학에서는 데카르트가 내재성의 관념을 지배하기 위한
계몽의 첫자리를 차지한다. 데카르트는 신과 세계 사이의 배
타적 중재 지형으로서의 이성을 확립하고, 이원론(경험 대 사
유)을 재긍정했으며, 의식과 사유에 각인된 그의 "이미 구성
된" 선험적 규칙들은 휴머니즘적 주체성 원리에 의해 열려진

잠재성들을 선험적으로 제한한다. 계몽의 시대에 펼쳐진 반기획의 일차적 과제는, 기능적 이원론을 통해, 그리고 인간 행위의 불가피한 조건으로 규정되어야 했던 적절한 중재 메커니즘들을 통해 대중들을 훈육할 수 있는 초월적 장치를 구축하는 것이었다. 이렇게 경험은 상대화되었고, 인간의 삶과 역사에서의 어떠한 직접적이고 절대적인 것들의 사례도 제거되었다.

정치에서도 역시, 반기획은 자발적으로 조직을 이루며 자율적으로 창조성을 표현하려고 시도하는 대중들의 도전을 통제하기 위해 초월적 장치가 필요했다. 그 목표는 일종의 생산 양식과 새로운 인류의 연합들을 효과적으로 통제 및 지배할 일종의 초월을 유지하는 것이었다. 궁극적이고 절대적인 주권 지배자, "대지 위의 신"이라는 토마스 홉스의 명제는 정확히, 다중의 모든 자율적인 힘을 주권 권력의 총괄적 통제로 바꾸려는 반기획의 시도를 나타낸다. 주권이 전쟁의 치명적인 위험들에 맞서 생존을 보증할 것이라는 논리 하에서 발전한 주권 이론은(홉스는 이것을 인간 사회의 근원적 상태로 보았다), 초월과 재현에 의해 규정되었다. 휴머니즘적 전통에서는 이 두 개념들을 모순적인 것으로 제시한 바 있다.(Hardt & Negri, 2000)

홉스의 초월론과 형이상학적 원자론과 대조적으로, 그의 동시대인인 제임스 해링턴은 마키아벨리의 생각들을 심도 깊

게 파고들어, 역동적인 유물론적 방법을 전개하고 제헌권력을
다중의 물질적인 반권력으로 규정했다. 프랑스의 경우와 같은
몇몇 나라들에서 마키아벨리의 저작이 그 민주주의적 함축들
을 빼앗긴 채 근대 국가의 절대주의적 권력으로 흘러들어갔던
반면에, 조건이 허락되었던 다른 나라들에서는 그 혁명적 역
능이 그 자체로 유지되었으며 정치적 부활의 원천이 되었다.
혁명적인 영국에서 마키아벨리는 제정권력에 대한 비판, 사회
계급들에 대한 분석, 제헌권력으로서의 인민군의 개념 및 실
천을 소개한 저자로 모습을 드러냈다. 바로 이러한 맥락에서,
그리고 해링턴의 저작에서, 제헌권력과 자율 기획의 개념이
17세기에 그것들의 연속성을 보여주었다. 해링턴은 마키아벨
리의 노선을 따라, 토지의 사회주의적 재분배를 향한 욕망을
예감하는 급진적인 혁명 입장들(이러한 혁명은 무장한 자유
부동산 보유자들의 지원을 받았다)을 향해 나아갔다. 그의 사
유에서 제헌권력은 정확히 계급투쟁에서 탄생하며, 어떠한 운
運의 형식도 다시 덕들의 균형에 되돌려 주려고 노력하며, 자
신을 반권력으로, 이후에는 형성적 힘으로 드러낸다. 그것은
근대성 내부에 구축된 구성적 패러다임이지만, 또한 자본주의
의 긍정에 반하는 것이다. 해링턴이 출현하는 자본주의의 중
요성을 적절하게 평가하지 못하고 화폐, 고리대금, 은행 중개
등등을 과소평가한 것이 어쩌면 사실일지 모른다. 하지만 이

것은 그가 맑스 이전의 근대적 사유에서 그 누구도 넘어설 수 없는 좌표를 세운 제헌권력과 계급투쟁(그리고 국가)의 이론을 정초했다는 사실만큼 중요한 것은 아니다. 혁명적 기획이 끝나고(1660년에 군주제가 회복되었다) 전통적인 헌법이 재궁정되었을 때조차도, 구성적 원리는 계속해서 자신을 갱신했고, 불복종과 도시의 불안을 결정했으며 새로운 공간들을 찾아나섰다. 결국 제헌권력의 개념과 해링턴의 유산은 일시적 패배를 넘어 자신들을 식민지 아메리카의 공간들 속에 이식할 것이었다(Negri, 1999)

근대성의 패러다임을 둘러싼 헤게모니 투쟁에서, 승리는 초월적 장치를 가지고 혁명적 운동을 중립화하려고 애썼던 세력들에게 돌아갔다. 17세기에 유럽은 다시 봉건 사회가 되었으며, 반개혁적 가톨릭 교회들과 개신교 교회들은 모두 질서의 확립에 기여했다. 반기획은 아메리카의 원주민을 복종시키려는 방법을 통해 유럽의 "외부"를 공격했다. 정복은 식민지 건설로 이어졌고, 유럽중심주의가 새로 발견된 인간 평등의 잠재성에 대한 반동으로 나타났다. 17세기 후반 군주적 절대주의가 해방 세력들을 봉쇄하는 것으로 보였고, 근대성 개념을 — 그것에서 위기 개념을 제거하면서 — 고정시키려 애썼다. 반기획은 자율의 상상성을 침묵하도록 만들었지만, 사실상 그것을 결코 근절할 도리가 없었다. 자율 기획은 계속해서, 지하에 살아남았으며, 그곳에서 언제나, 어느 경우에건 제정권력의 기존 질서를 위협하는 하나의 적으로 살아남았다. 초월, 봉건제, 절대주의, 반개혁, 전쟁, 식민지화로 특징지어지는 동일한 17세기에, 바루흐 스피노자의 역능-욕망-사랑의 철학이 혁명적 휴머니즘 사유의 생산적 태반을 구성함으로써 자율 기획의 연속성을 드러내 줄 것이었다. 하지만 몇몇 예외들을 제외하고 거의 모든 철학적 조류— 경험론, 관념론, 그리고 이어지는 철학들— 가 초월론의 기획에 연루될 것이며, 모든 개념적 형성은 정치의 형식화, 사회적 적대의 조정, 이윤을 위한 과학 및 기술의 도구화에 의해 특징지어지게 될 것이었다.(Hardt & Negri, 2000)

18세기에 칸트의 철학은 초월론의 기획에서 벗어나지 못할 것이었다. 칸트는 주체를 형이상학적 지평의 중심에 놓는 데는 성공하지만, 그와 동시에 그는 다음과 같은 세 가지 조작들을 통해 주체를 통제한다. 현상 속에서 경험을 공허한 것으로 만들기, 지식을 지적 중재로 축소하기, 윤리적 행위를 이성의 도식 속에서 중립화하기. "이것이 칸트 철학의 중심 사상이다. 초월적인 것의 필요성, 모든 직접성 형식의 불가능성, 존재의 판단과 행동에서의 모든 생생한 형상의 제거."(Hardt & Negri, 2000, p. 81) 이후에 헤겔이 내재성의 지평을 회복하는 데 성공하지만, 이 지평은 맹목적이었다. 여기에서 다중의 잠재성과 그것의 내재적 목표들은 신적 질서의 알레고리 속에서 부정되고 포섭되었으며, 국가의 필수적인 초월적 권력으로 변형되었다. 헤겔의 주장에 따르면, "즉자적·대자적 국가는 윤리적 총체이다. …… 세계 속으로의 신의 행진에서 본질적인 것은 국가가 존재한다는 사실이다."(Hardt & Negri, 2000, p. 83에서 인용함) 갈망하거나 욕망하거나 사랑하는 것은 더 이상 존재하지 않는다. 잠재성의 내용은 궁극성[합목적성]에 의해 저지되고 통제되며 지배된다. 헤겔과 함께 근대성이 완성되었다.

하지만 18세기 후반에 일어난 두 개의 사건은 자율 기획이 아직 살아있음을 보여줄 것이었다. 미국 혁명과 프랑스 혁명은 각각 구성된 것들 및 선택의 거부가 갖는 급진성을, 하나의 지평을 여는, 아직 존재하지 않은 하나의 세계를 창조하는 결정을 표현했다. 미국 혁명과 프랑스 혁명의 각각 자유주의적이고 부르주아적인 성격에 대해 논의하는 것은 우리의 범위를 벗어난다. 자율 기획의 시각에서 볼 때, 여기에서 우리와 관련이 있는 것은, 이 두 혁명에서 사회적·정치적 배열들의 재작업의 동력을 구성한 것이 바로 혁명적 활동이었다는 점이다. 모든 관계들이 논의에 부쳐지고, 모든 것들이 그 밑바닥에서부터 흔들리는 것이다. 미국 혁명에서 군중들이나 조합들은 마키아벨리나 해링턴적 의미의 시민회의comitia와 동일한 기능을 갖는다. 나중에 프랑스의 클럽들, 동시에 러시아 혁명기의 대중들과 소비에트 평의회들을 특징지을 것도 이와 동일한 기능을 갖는다. 이 모든 경우들에서 근본적인 것은 기존 권력과의 파열, 제도화된 질서와의 파열이며 혁명적 기획의 확산이다. 미국 혁명의 경우에 자유의 이데올로기가 민주주의와 제국주의가 서로 맞부딪치는 역동적인 공간 구성의 구성적 원리가 된 반면, 프랑스 혁명의 경우에 제헌권력은 부르주아지에 맞서는 대중 계급들의 운동으로, 노동에 반대하는 투쟁으로 인식된다.

심지어 두 혁명이 패배한다 하더라도, 초월적 주권과 대의제가 회복된다 하더라도, 제헌권력이 부르주아 시대에 의해 멈추어진다 하더라도, 대중들은 정치적 공간을 재설정하고 중재 과정을 강제해 내었을 뿐만 아니라, 가장 중요하게도, 주어진 사건들의 일시성을 넘어 확장되는 파열의 혁명적인 상상성을 제시해 내었다. 미국 혁명, 프랑스 혁명, 그리고 이후의 러시아 혁명은― 일련의 반란들과 봉기들 역시― 18~20세기에 걸친 해방을 향한 복잡하고 상보적이며 진보적인 역사적 기획으로서의 자율 기획의 배치의 증거가 된다.

마키아벨리는 제헌권력을 다중의 덕으로 제시하면서, 해링턴을 위한, 그리고 무장한 반권력이라는 그의 구성적 개념화를 위한 지형을 준비한다. 그리고 미국 혁명이 특이하고 구체적인 자유 권리들의 미규정된 구성적 변증법을 도입함으로써 정치적 해방 과정을 확산시키는 반면, 프랑스 혁명은 평등의 맥락에서, 그리고 노동 해방의 견지에서 이 공간을 다룬다. 이렇게 프랑스 혁명은 산 노동의 정치적 배열들을 구성하기 위한 볼셰비키의 노력의 기초들을 제시한다.(Negri, 1999, p. 304)

근대성의 두 번째 양태는 사회적 생산의 새로운 형상들에 대한 통세를 보장해 주었고, 새로운 세력들로부터의 이윤을 관리해 주었다. 궁극적이고 절대적인 주권 지배자라는 홉스의 명제와 다중의 모든 자율적인 힘을 초월적인 주권 권력의 총괄적인 통제 아래로 옮기려는 시도는 칸트의 도식론과 헤겔의 변증법에 의해 제시된 조건과 일치하게 되었다. 17세기의 군주제적 절대주의의 발전을 위한 기능에 안성맞춤이었던 홉스의 명제는 그 자신의 역사적 시기를 넘어섰으며, 그의 초월적 도식은 권력의 유일한 도식이 되기에 이르렀다. 루소의 “공화제적 절대” — 이것에 의해 일반적 의지의 구축이 국가의 주권을 향해 나아가게 될 것이다 — 가 홉스의 군주제적 절대와 실제로 다르지 않은 것은 우연의 일치가 아니다. 18세기 후반 근대적 주권이 자본주의를 만났을 때, 바로 이 연합에 의해 전자가 헤게모니적인, 세계 규모의 통제를 획득하게 되었다. 자본주의와

근대 주권과의 관계는 아담 스미스의 저작에서 명백하게 드러
나게 된다. 여기에서 근대 국가의 정치적 초월은 하나의 경제
적 초월로서 정의된다. 그리고 홉스의 절대주의적이고 루소의
공화주의적인 근대 주권의 측면들과 스미스의 가치 이론이 통
합되는 것은 바로 헤겔에게서이다.(Hardt & Negri, 2000)

하트와 네그리의 주장에 따르면, "주권과 자본주의의 종합
이 완전히 성취될 때, 권력의 초월이 권위의 초월적 행사로 완
전히 변형될 때, 주권과 자본이 하나가 될 때, 그 때 주권은
전 사회를 가로질러 지배하는 하나의 정치적 기계가 된
다."(Hardt & Negri, 2000, p. 87) 그리고 바로 이렇게 주권
기계의 작동을 통해 다중은 명령 받는 전체로 변형된다. 주권
은 모든 외부적인 정치적 권력들에 맞서는 하나의 정치적 권
력임과 동시에, 또한 제헌권력과 반대로 작동하는 경찰 권력
이다. 제헌권력이 개방과 창의적 활동을 끌어들이는 곳에서
주권은 폐쇄와 통제를 가져다 놓는다. 근대성은 명령이라는
전통적 초월을 질서화하는 기능이라는 초월로 대체한다. 이러
한 이행기 전반에 걸쳐 행정기관은 국가를 사회적 현실에 더
욱 친밀하게 만듦으로써 사회적 노동을 생산하고 명령하기 위
해 연속적이고 광범위한 노력을 기울였다. 이러한 과정들, 그
리고 주권 권력의 확립은 한편으로는 근대성의 위기를 막으려
노력했지만, 다른 한편으로는 그 위기를 열었다. 왜냐하면 그

것들은 근대성 자체의 발생만큼 위태롭고 갈등적이었기 때문이었다.(Hardt & Negri, 2000)

19세기에 자본주의와 주권이 함께 진전되면서, 정치적·사회적 장면은 사회와 노동이 자본 아래 포섭되는 연속적인 과정에 지나지 않는 자본주의 발전의 궤적과 함께 완전히 바뀌었다. 자본주의는 제정권력, 사회적 관계들을 과잉결정하는 일종의 폭력이 되었다. 자본주의적 발전에 의해 형성된 조건들이 비판되고 거부된 것은 맑스의 작업에서였다. 네그리의 주장에 따르면, 맑스는 제헌권력을 "정치 운동"으로 해석했다. 이와 같은 급진적 민주주의의 제헌권력 안에서 권력에 대한 비판은 노동해방과 결합된다. 맑스에 이르러 자율 기획은 노동을 합병된, 축적된, 죽은 노동으로 보는 부르주아 이론에 대한, 그리고 권력을 죽은 노동에 의한 산 노동의 과잉결정으로 보는 부르주아 이론에 대한 비판이 되었다. 이와 달리 산 노동은 제헌권력을 구현하는데, 제헌권력이 혁신과 창의적 대중화를 위한 그 자신의 역량을 발견하는 곳은 바로 이 산 노동의 협력적인 직접성과 창의적 자발성 속에서이다. 맑스에 이르러 자율 기획은 자본에 맞서는 프롤레타리아트의 투쟁이 되었으며, 바로 이 이론적 토대 위에서 러시아 혁명이 20세기 초에 발발할 것이었다. 나중에 4장에서 나는 사빠띠스따 봉기가 어떻게 꾸바 혁명에 의해 중개된 10월 혁명의 역사적 노선으로부터 출현하는지 설명할 것이다. 나는 5장의 사빠띠스따 민족주의에 대한 비판의 토대를 만들기 위해 민족국가의 출현을 잠시 간략하게 논의할 것이다.

민족국가

주권 국가의 발전은 또 하나의 개념인 "민족국가"의 발전으로 이어졌다. 유럽에서 민족 개념은 세습적이고 절대주의적인 국가의 지형 위에서 발전했다. 이 개념은 정치세력들의 일정한 타협의 도움을 받으며 17세기 전반에 걸쳐 살아남았으며, 영토적 세습 재산(왕의 신성한 신체)이라는 자신의 이론적 토대를 민족이라는 정신적 정체성, 그 자체 초월적인 개념으로 바꿔치기함으로써 이어지는 세기들 속에서 변형되었다. 자본주의적인 생산과정들과 절대주의적인 행정 양자에 의해 구축된 민족국가 개념은 생물학적 연속성, 영토의 공간적인 연속성, 언어적 공통성, 그리고 이것이 가장 중요한데, 시민권 등을 강조했는바, 이것들은 모두 근대성과 주권을 그것들을 규정하는 적대와 위기로부터 해방시키려고 시도했던, 그리고 자신들의 권력들을 국가 권위에 양도하기를 거부했던 대안적 경로들을 폐쇄했던 하나의 이데올로기적 지름길로 기능한다. 이렇게 민족은 루소의 "일반 의지"와 자본주의가 "필요들의 공동체"라고 생각하는 것의 조합물이 되기에 이르렀고, 심지어 혁명적인 운동들에 의해서조차, 근대성과 개발을 전달해 줄 수 있는 유일한 활동적 수송수단으로 제기될 것이었다. "민족"의 출현은 주권을 부활시켰고, 그것에 새로운 정의를 부여했다. 한편 그와 동시에 민족은, 자신의 위기를 이데올로기적으로 제거하고 자신의 권력을 유예함으로써, 자신의 위기를 감추었다.

모습을 드러낸 이후 계속해서 "민족"은 종종 혁명적인 것으로 비쳐졌다. 실제로 민족은 프랑스 혁명 동안에 그렇게 보였으며, 민중 개념에 연결되었고, 사실상 그 개념에 의해 정당화되었다. 민족 개념은 주권에 앞선다고 주장함으로써 주권 개념을 완성했으며, 민중 개념 역시 동일한 논리를 통해 민족 개념을 완성했다. 사실상, 민중 개념은 민족 개념에 선행하지 않았으며, 그 반대로 민족 개념의 산물이었다. 여기에서, 각각의 단계는 다시 주권의 토대를 신비화함으로써, 다시 말해 그 개념을 자연적인 것으로 제시함으로써 주권의 권력을 공고화하는 기능을 한다. 다중 개념과 반대되는 것으로서 민중 개념은 민족국가의 산물이었으며, 이런 이데올로기적 맥락 속에서 살아남는다. 민중 개념은 하나의 동질적인 범주이고, 공통의 의지, 고정된 정체성을 함의하며, 그것들의 외부를 배제하며, 개인의 욕망들과 에너지들을 하나의 총체성, 하나의 구성된 종합 속으로 질서지우는 것과 정확히 부합한다. 따라서 "민중"은 복종과 순응의 운송 수단이다.

제국: 세계질서

　민족국가의 주권의 쇠퇴가 주권 그 자체가 쇠퇴했다는 것을 의미하지는 않는다. 오히려 주권은 단일한 통치 논리 아래 통일된 국가적이고 초국가적인 유기체들로 구성된 일련의 새로운 형태를 취했다. 이 새로이 발전하는 전지구적 주권 형태는 하트와 네그리가 제국이라고 부르는 것이다.(Hardt & Negri, 2000) 제국은 제국주의 및 식민주의와 전혀 다른 어떤 것이다. 이것들은 유럽의 민족국가들의 중앙집중화된 권력의 주권이 그들 자신의 국경들을 넘어 확산되는 것에 의해 정의된다. 제국은 민족적 국가들의 주권이 황혼기에 처했을 때 출현한다. 현재의 질서를 (세계경제라는 그 개념화로부터) 자본주의의 발전으로, 또는 지배적인 국가들의 제국주의적 기획의 완성으로 이해하는 것은 이 제국적 지평을 특징짓는 중대한 파열이나 변동을 보지 못하게 한다. 하트와 네그리는 미국의 헤게모니 아래 경제적·사회적 개혁의 결과로서, 그리고 뉴딜에 의해 구축된 모델에 따라, 지배적인 나라들의 제국주의적인 정치학이 제2차 세계대전 이후 변형되었다고 주장한다. 세 개의 메커니즘들 또는 장치들이 이 새로운 전지구적 장면을 조직했으며, 뉴딜의 제국적 권력을 특징지었다. 이 모든 것들이 제국의 구성에서 하나의 단계를 이루었으며, 그것이 제국주의의 낡은 실천들에서 얼마나 멀리 벗어났는지 보여주었다.

(1) 세계시장을 미국에서 분기해 나오는 위계적인 선들을 따라 점차 개편한 탈식민화 과정, (2) 생산의 점차적인 탈집중화, (3) 전 지구를 가로질러 이어지는 전개들 속에서 훈육적인 생산 체제와 훈육 사회를 확산시키는 세계적인 관계들의 작업틀의 구축.(Hardt & Negri, 2000, p. 245)

사실상 제국은 식민주의적이고 제국주의적인 지배 형태의 종말에 관한 이야기이다. 제국주의 및 식민주의와 반대로

제국은 아무런 영토적 권력 중심을 세우지 않으며, 고정된 국경들이나 장벽들에 의존하지 않는다. 제국은 전체적인 지구 영역을 그것의 개방되고 확장된 변경들 내부에 점차적으로 통합해내는 탈중심화되고 탈영토화하는 지배 장치이다.(Hardt & Negri, p. xii)

제국적 주권 자체는 주변에 실현된다. 그 주변에서 국경들은 유연하며 정체성들은 혼성적이고 유동적이다. 하지만 중심

과 주변은 똑같이 중요한바, 이것들은 위치들을 계속해서 이동시키고 어떠한 결정된 장소들에서도 벗어난다. 이러한 사물들의 질서 내에서는 어떠한 민족국가도 하나의 제국주의적 기획의 중심을 형성할 수 없다. 미국은 이 새로운 질서 내에서 특권적인 지위를 점하고 있지만, 이러한 결과는 미국이 갖는 낡은 제국주의적 권력들과의 유사성 때문이 아니라, 적어도 부분적으로는, 자신의 헌법[구성]을 확장하는 특성에 기인하는 차이들 때문이다. 더욱이 오늘날 세계시장의 경향적 현실화는 어떠한 국가나 지역이 과거의 지배적인 자본주의 나라들처럼 발전하기 위해 전지구적 체계로부터 자신을 고립되거나 고리를 끊어내는 것을 불가능하게 만든다.

지배적인 나라들조차 이제 전지구적 체계에 의존적이다. 세계시장의 상호작용들은 모든 경제들의 일반화된 탈분절[탈귀로 귀결되었다. 점차 고립이나 분리를 위한 어떠한 시도도 단지 전지구적 체제에 의한 좀 더 잔인한 종류의 지배를 의미할 뿐이며, 무능력과 가난으로의 환원을 의미할 뿐이다.(p. 284)

제국으로의 이행을 특징으로 하는 이 변동이야말로 오늘날의 자본주의가 경제적 권력과 정치적 권력을 통합하는 것을, 다시 말해 완전히 자본주의적인 질서를 실현하고 경쟁적인 자본주의적 권력들을 그것들 모두를 과잉결정하는 단일한 권력으로 대체하며, 그것들을 탈식민주의적이고 탈제국주의적인 권리 개념 아래 두는 것을 가능하게 만들었다. 이 새로운 권리 개념 — 아니 오히려, 권위에 대한 이 새로운 기명記銘, 그리고 강제라는 규범들 및 법적 장치들에 대한 새로운 생산 설계 — 는 르네상스에 시작되어 근대 전반에 걸쳐 분리되었던 두 개념들 — 한편으로는 "국제적인 권리"라는 개념화, 다른 한편으로는 "영속적인 평화"라는 유토피아 — 을 결합시키는 윤리정치적 역학에 의해 특징지어진다. 이 두 개념들은 이제, 권리가 제국 개념으로 다시 이해될 수 있도록 재통일된다. 그리고 "정당한 전쟁"bellum justum 개념의 유효성에 대한 새로운 관심은 정확히 이 새로운 권리 개념의 징후이다. 포스트모던 세계에서, 전쟁은 경찰 행위의 상태로 축소되며, 전쟁을 통해 윤리적 기능들을 합법적으로 수행할 수 있는 새로운 권력은 신성시된다. 하트와 네그리의 주장에 따르면, 두 개의 구분되는 요소들이 이 정당한 전쟁이라는 개념 속에 통합된다. 이것들의 종합은 제국의 토대와 새로운 전통을 결정하는 핵심적인 요인이 될 수 있을 것이다. "첫째, 그것이 윤리적으로 정초되어지는 한에서의 군사적 장치의 적법성, 그리고 둘째, 요구된 질서와 평화를 달성하기 위한 군사적 행위의 유효성."(p. 13) 제국에서는, 개입의 예외성이라는 이름으로, "경찰의 권리"라는 권리 형태가 탄생한다.

새로운 권리의 형성은 예방, 억압, 그리고 사회적 평형의 구
축을 목표로 하는 수사적 힘의 배치 속에 기명된다. 이 모든
것은 경찰의 활동에 적합하다. 따라서 우리는 질서를 창출하
고 유지할 수 있는 경찰의 역량과 경찰 행위에 의해 제국적
권리의 주도적이고 암묵적인 원천을 인식할 수 있다.(p. 17)

제국적인 구성 과정은, 직접적이건 간접적이건, 민족국가
의 국내 법률을 관통하고 재설정하는 경향이 있으며, 그리하
여 초국적인 법률이 국내법을 과잉결정한다. 이 변형의 가장
중대한 신호는, 인도주의적인 문제들을 방지하거나 해결하고
평화를 강제하기 위해 세계의 지배적인 주체로부터의 소위
"개입할 권리"가 개발된다는 것이다. 이 권리는 자발적으로 서
명한 국제 협정들의 적용을 강제하거나 보장하는 것을 목표로
한 낡은 종류의 개입과는 질적으로 다르다. 이제 초국적인 주
체들이 합의에 의해 영구적인 비상 및 예외 상태에 개입하며,
경찰 행위는 보편적인 가치들에 의해 합법화된다. 오늘날 제
국이 맞서는 적은 군사적 도전보다는 오히려 이데올로기적 위
협으로 그 모습을 드러낼 것이다. 사실상, 제국의 개입 권력은,
뉴스 매체, 종교적인 조직들, 그리고 가장 중요한 것으로는,
소위 비정부기구들NGOs을 포함하는 다양한 신체들에 의해 수
행되는 도덕적 개입이 시작되면서 더 잘 이해될 것이다. 이 그
룹들은 보편적 필요들과 인권들을 동일시하면서 "정당한 전쟁

들"을 수행한다. 그것에 의해서 제국적 개입을 예시하며 준비하는 것이다.

제국적 주권은 그것이 모든 공간과 모든 시간을 총괄한다는 점에서 민족국가들의 주권과 구분된다. 마키아벨리에서 스피노자에 이르는, 맑스에서 푸꼬에 이르는, 근대성에 대한 모든 비판에는, 종종 유토피아로 기획되는 외부를 탐색하는 근본적인 내부가 존재한다고 하트와 네그리는 주장한다.(Hardt & Negri, 2000) 제국에서 이 외부는 더 이상 존재하지 않는다. 시민사회의 고안물artifice에 대한 원본이나 또는 그것과 독립적인 것은 아무것도 존재하지 않으며, 세계시장 바깥에는 아무것도 존재하지 않는다. 마찬가지로 사적인 것과 공적인 것의 구별은 사라지는바, 공적인 것은 점차 사유화하며, 사적인 것은 공적으로 되기 때문이다. 인종주의 역시 새로운 형태를 띤다. 생물학적 차이들이 "타자"를 구축하고 배제하기 위해 이용되었던 낡은 인종주의와 달리, 제국적 인종주의, 또는 차별적 인종주의는 제국적 장 내부에 타자들을 포함하고 통합하며, 그런 뒤에 그들을 일종의 문화 시장 수월성으로 기능하는 통제 체제 속에 분화시킨다. 이러한 맥락 속에서 외부/내부, 사적/공적 사이의 모든 구별들은 붕괴되며, 주체성 역시 특정한 공간/제도에 한정되지 않는다. 주체성의 생산은 하나의 주체성이 언제나 학교, 감옥, 가정 등등에서 존재하는 방식으로 모든 곳에서 이루어진다. 사실상, 제국적 주권에 특징적인 이 모든 과정들은 세계의 자본으로의 완전한 포섭에 의해 포착될 수 있다. 자본주의적 지배는 이제 편재하며, 전체 지구를 하나의 세계시장으로 변형시키고 있으며, 모든 것을 자신의 질서 내부에 통합하고 있다.

제국에서 모든 운동은 고정되며, 모든 것은 체계적 전체성 속에 통합된다. 모든 갈등들과 위기들은, 제국 기계를 붕괴시키는 것이 아니라 통합의 과정을 밀어붙이며, 그와 동시에 더욱 중앙집중적인 권위를 요구한다. 제국은 "체계이자 위계이며, 규범들의 중앙집중화된 구축이며, 더 나아가 세계 공간을 넘어서까지 적법성의 생산을 확대한다."(p. 13) 요컨대 제국은 근본적으로 국경들의 결핍으로 특징지어진다. 제국의 지배는 아무런 한계가 없으며, [제국의] 역사의 운동에는 과도기적 계기가 아니라 역사를 효과적으로 정지시키는 질서가 존재한다. 제국은 "어떤 의미에서는 역사의 외부에, 또는 역사의 종말에, 아무런 일시적인 국경들을 갖고 있지 않는 통치 체제이다."(p. xv) 하트와 네그리는 제국적 명령 장치들이 갖는 세 개의 구별되는 계기들을 확인하는바, 포함적 계기, 차별적 계기, 관리적 계기가 그것이다. 다시 말해, 제국은 우선 모두를 자신의 영역 안에 통합하고, 이어서 그것들의 차이들을 문화적 맥락 속에서 긍정하고, 세 번째 계기 속에서 이러한 차이들을 일반적인 명령 경제 속에 조직한다.

현재의 제국적 질서는 세계시장에 의해 통합된 근본적으로 이질적인 전지구적 세력들의 상호작용의 산물로도, 또는 단일한 권력의 산물로도, 그리고 역사적 발전의 다양한 국면들을 이끄는 이성의 단일한 중심의 산물로도 이해되어서는 안 된다. 중앙집중적인 사법적 범주들을 규정하기에 이른 구성적 과정들, 그리고 특히 민족국가들의 주권 권리(그리고 그것으로부터 이어져 나오는 국제적 권리)로부터 제국적 권리들의 최초의 포스트모던적 형상에 이르는 이행 과정들은 UN의 초국적 역할, 그리고 UN의 다양한 가맹 기구들을 낳은 사법적 형태들의 계보학으로 이해될 수 있다. UN의 형성은 국제적인 사법 구조들에서 전지구적 사법 구조들에 이르는 계보에서 하나의 경첩으로 기능했으며, 완전히 전지구적인 체제로의 이행을 밀어붙였다. 하지만 제국은 하나의 패러다임 변동을 뜻한다. 그리고 비록 UN의 가장 진전된 발전으로 이해될 수 있다 할지라도 어떠한 계약적인 혹은 협정에 기초한 메커니즘을 토대로 형성되는 것으로 이해될 수 없으며, 또한 어떠한 연방적 전거典據에 의해서도 이해될 수 없다. 제국적 규범성의 전거는 새로운 경제적·산업적·소통적 기계, 요컨대, 지구화된, 삶정치적 기계로부터 태어난다.

거대한 다국적이고 초국적인 기업들, 아울러 금융 및 무역

기관들(예컨대, IMF, 세계은행, GATT 등등)은, 여러 측면에서, 제국적인 삶정치적 세계의 근본적인 연결 구조와 그 구조에 생명을 불어넣는 주체성들을 함께 구축하는 데 모두 중요하다. 1970년대 말 초국적 기업들은 전 지구를 가로질러 자신들의 활동들을 견고하게 확립하기 시작했다. 그것이야말로 제국의 결정적인 구성적 국면이었다. 이러한 기업들의 활동들을 통해 이윤율의 조정과 균일화가 지배적인 민족국가들의 권력으로부터 완화되었으며, 자본주의적 이해관계들의 구성이 이러한 기업들의 통제 아래 형성되는 경향이 있었다. 초국적 기업들은 더 이상 과거처럼 추상적 명령을 부과하지 않으며, 불평등한 교환을 구성하지 않는다. 이제 그들은 직접적으로 다양한 시장들에 노동력을 분배하고, 자원들을 할당하고, 세계의 다양한 생산부문들을 조직하며, 점차 민족국가들을 자신들이 가동시키는 상품들, 화폐들, 주민들의 흐름을 기록하는 단순한 도구들로 변형시킨다.

따라서 거대한 산업 및 금융 권력들은 상품들뿐만 아니라 주체성들 역시 생산한다. 그들은 삶정치적 맥락 속에 대행적 주체성들을 생산한다. 그들은 필요들, 사회적 관계들, 신체들, 정신들을 생산한다. 말하자면 그들은 생산자들을 생산한다. 삶정치적 영역에서 삶은 생산을 위해 작동하도록 만들어지며, 생산은 삶을 위해 작동하도록 만들어진다.(p. 32)

소통 네트워크들의 발전 역시 새로운 국제질서의 출현과 인과적 관계를 갖는다. 소통 산업들 그리고 언어, 소통, 상징적인 것의 생산은 단지 지구화 과정을 표현할 뿐만 아니라 네트워크들을 통해 상호관계들을 증대하고 구축함으로써 그 과정을 직접적으로 조직하기도 한다. 제국적 기계의 합법화는, 최소한 부분적으로는, 소통 산업들로부터, 즉 새로운 생산양식의 기계로의 변형으로부터 태어난다. 그 자신의 권위 이미지를 생산하는 것은 하나의 주체이다. 이것은 자기 자신 외부의 어떤 것에도 의존하지 않는, 그 자신의 자기정당화 언어를 개발함으로써 끊임없이 재제안하는 합법화 형태이다. 소통적 생산과 제국적 합법화의 구축은 손을 맞잡고 나아가며 더 이상 분리될 수 없다.

언뜻 보면 이 새로운 제국적인 구성적 작업틀이 혼란스러워 보이지만, 면밀한 분석을 해 보면 전지구적인 사법적·정치적 삶에서 일관된 지평들을 한정하는 3조로 이루어진 권력 피라미드가 드러난다. 이 제국적 피라미드는 로마 제국을 세 개의 "선한" 권력 형태들 — 군주제, 귀족제, 민주제 — 을 통합하는 것으로 바라보는 폴리비우스의 이론적 분석과 유사하다. 이렇게 오늘날의 제국은, 미국과 그 전지구적 세력 독점의 군주제적 통일, 초국적 기업들과 민족국가들을 통한 귀족제적 분절들, 민족국가들, 다양한 종류의 NGOs, 미디어 조직들과 여타

유기체들에 구현되어 있는 민주제적 중재와 대의 등을 통합하
는— 이 세 가지 권력 형태들의 기능적 평형에 의해 구성되어
있다. 제국적 통제 역시 세 개의 전지구적이고 절대적인 수단
들— 절대적 폭력의 행사인 핵무기, 시장 통제의 화폐적인 메커니즘
인 화폐, 소통들을 관리하고 문화 따위를 조절하는 에테르ether — 을
통해 작동한다. 이 세 가지 전지구적인 통제 수단들은 역으로,
핵무기가 군주제, 화폐가 귀족제, 에테르가 민주제라는 의미에
서 제국적 명령의 세 가지 층위들을 참조한다. 따라서 바로 이
발전하는 질서 내부에서 우리는 사빠띠스따를 위치지우고 이
들의 담론과 실천을 고찰할 필요가 있다. 5장에서 더 면밀하
게 논의하겠지만, 하트와 네그리는 사빠띠스따가 자신들의 지
역적 관심들을 표현하고, 자신들이 시달리고 있는 배제와 억
압의 특수한 형태들에 대한 거부를 표현하는 전 세계의 수많
은 투쟁들 중의 하나라고 주장한다. 이것이 사실이라 할지라
도, 사빠띠스따는 (국제 질서와 관련해서) 멕시코 민족에게 연
설하고 (신자유주의와 관련해서) "인류"에게 연설하면서 자신
들의 직접적인 지역적 요구들을 뛰어넘었으며, 이 봉기의 효
과들은 다른 투쟁들을 고무하고 격려하는 데 엄청난 혁명적인
의의들을 지녀 왔다.

4장

사빠띠스따 봉기와 혁명적 주체성들

사건에의 충실성

사건과 제헌권력

그저 하나의 사건이 아닌

구축된 상황들

사빠띠스따—사건적 상황

충실성의 세 가지 주체들

미래의 사건을 향하여

사빠띠스따 봉기와 혁명적 주체성들

우리의 지위는 두 세계 사이의 전투원의 지위이다. 하나는 우리가 인식하고 있지 못하며, 다른 하나는 아직 존재하지 않는다.
— 라울 바네겜, 상황주의자 인터내셔널, 1961

이전 장에서 전개된 작업틀을 사용하면서, 그리고 다수의 다른 이론적 자원들을 채택하면서, 내가 이 장에서 의도하는 것은 정치적 사건으로서의 봉기의 독특함, 혁명적 상상성을 자극하는 데에서 그것이 갖는 중요성, 혁명적 주체성들에게 그것이 갖는 함축들을 강조하면서 사빠띠스따에 대한 새로운 이론화로 옮겨가는 것이다. 이와 같이 하기 위하여 나는 주로 알랭 바디우의 이론을, 아울러 자율주의적 맑스주의, 상황주의자, 그리고 라클라우/무페의 개념들을 채택할 것이며 이 봉기에 접근하기 위한 새로운 이론적 작업틀을 만들어 볼 것이다. 나는 이 봉기가 사건적 상황으로, 즉 바디우의 사건 개념과 상황주의자의 구축된 상황 사이에 존재하는 양상으로 이해되어야 한다고 주장할 것이다. 다음 단계로 나는 사빠띠스따의 "사건적 상황"과 관련한 혁명적 주체성들의 출현을 논의할 것이며, 세 가지 종류의 "충실성의 주체들"을 구분할 것이다. 마지막으로, 나는 바디우 이론의 두 가지 문제점을 검토할 것이며, 이러한 문제점들을 사빠띠스따와 관련하여 논의하고, 그와 동시에 까스또리아디스의 "자율 기획"이라는 생각이 이러한 문제점들을 다룰 수 있는 한 가지 길임을 환기할 것이다.

사건에의 충실성

1998년 프랑스에서 처음으로 출간되고 이후 2001년에 미국에서 출간된 『윤리학 : 악의 이해에 관한 에세이』라는 제목의 책에서 알랭 바디우는 지배적인 윤리적 이데올로기가 어떠한 해방적인 정치적 기획도, 사회적·정치적 변형에 대한 어떠한 진정한 시각도 결여하고 있다고 공격했다. 이 윤리적 이데올로기는 다음과 같은 두 개의 철학적 축들을 가지고 있는 것으로 이해될 수 있다. 한편으로는, 일반적인 인간 속성들과 권리들의 추상적인 보편성에 뿌리박은 칸트적인 보편화하는 축과 다른 한편으로는, 타자에 대한 인식에 기초하고 주로 문화적 차이들과 관련하여 표현되는 애매한 레비나스적인 축. 바디우의 주장에 따르면, 어떤 경우에서건 신학에 대한 암묵적인 준거, 즉 삶에 대한 정적이고 비활성적인 재현이 존재하며, 두 패러다임들 모두 인간을 사멸적인 것으로, 그러니까 부서지기 쉽고 수동적인 것으로, 이런 식으로 그것이 (냉담한 동시대적 주체성으로) 구성되는 최초의 순간으로부터 곧바로 수반되는 것으로 생각한다. 바디우는 "선을 위한 우리의 긍정적인 역량, 그리하여 가능성들에 대한 우리의 경계파괴적인 논법과 보수주의에 대한 우리의 거부"에 기인하는 윤리학에 관계된다.(Badiou, 2002, p. 16) 이것은 사유를 열어젖히고 허무를 향한 욕망에 반하여 진리들을 긍정하는 상황의 가능성들을 다루는 윤리학, 자신의 뿌리를 사물들의 구성된 질서의 파열에 두는, 그리고 "사건"에 의해 부추겨진 가능성들을 여는 것에 두는 윤리학이다.

사건 개념은 윤리적 행위에 대한 바디우의 이해의 핵심이다. 모든 혁신이 다 사건은 아니지만, 하나의 사건이란 하나의 상황에 일어나는 번쩍이는 보충이고, "존재하는 것"으로 축소될 수도 없고 그것에 의해 설명될 수도 없는 각별한 것이며, 제도화된 언어와 지식에 관한 사고와 행위의 통상적인 방법에 의해 다루어질 수 없고 그것에 의해 설명될 수도 없는 상황의 법칙을 넘어서는 무언가이다. 바디우가 사건 생산적인 것으로 이해하는 네 개의 행위 및 사유 영역이 있다. 그리고 그것들은 그와 동시에 진리과정들의 네 가지 장들— 사랑, 과학, 예술, 정치— 을 구성한다.

누군가, 특별한 인간 동물을 하나의 주체를 구성하는 데에 데려오는 것은 이러한 장들 중의 하나에서 일어나는 사건이다. 주체, 개인이 하나의 집단적 주체 역시 될 수 있기 때문에 그 개인과 꼭 부합하지는 않는 주체는 사건 이전에는 하나의 상황 속에 결코 실존하지 않는다. 하나의 상황 속에서 새로운 존재 및 행위 방식을 창안하는 과정에 들어가기 위한 사건적 파열이 강제하기 전에는 주체란 존재하지 않는다. 달리 말해, 주체는 사건에 대한 그의 충실성을 통해, 하나의 상황에 대한 사건적 보충화에 따라 그/그녀의 삶을 자신이 재사고하고 재조직화하는 것을 통해 하나의 과정으로서 출현한다. 그리고 바로 이렇게 사고에 대한 그의 충실성으로부터, 사건적 파열의 결과로 그것에 더해진 새로운 차원들의 견지에서 어떤 주어진 상황을 연관시키려는 결정으로부터 하나의 "진리"가 출현하는 것이다.

바디우의 주장에 따르면, 진리란 "사건에 대한 충실성의 실제 과정이며, 이 충실성이 상황 속에서 생산해내는 것이다."(Badiou, 2002, p. 42) 진리는 하나의 상황 내부에서 일어나는 내재적인 파열이다. 그것이 내재적인 까닭은 정확히 그것이 사건적 보충화에 의해 그려진 물질적 경로이기 때문이며, 그것이 파열인 까닭은 진리과정, 즉 사건을 가능하게 만드는 것이 만연한 구성된 지식으로부터 철저하게 거리를 두기 때문이다. 따라서 주체는 충실성의 담지자이자, 진리과정을 담지하는 사람이며, 이 진리를 담지하고 이 진리에 충실함으로써 그/그녀의 존재를 능가하고 확대하는 사람이라고 말할 수 있다. 진리의 윤리학을 진리과정의 연속성을 가능하게 하는 원리라고 이야기할 수 있는 것은 바로 이와 같은 종류의 주체들과 관련해서이다. 그리고 이것은 진리 주체의 연속성 속에 존재하는 그 자신의 특이성의 일관성에 지나지 않으며, 다시 말해, "알려진 것의 끈질김을 알려지지 않은 것의 고유한 지속"(2002, p. 47)에 복종하도록 하는 것에 지나지 않는다." 그러므로 진리의 윤리학의 격률은 "포기하지 말라"이다. 즉 당신이 사로잡혀 있는 진리과정에 충실할 것, 당신을 포획하고 깨트려왔던 것을 당신의 존재 속에 포획할 것.

그것의 혁신적인 요소들 외에, 그리고 그것의 전투적 윤리학의 중요성 외에, 바디우의 이론에는, 내가 이 장의 마지막 절에서 논의할 바처럼, 몇 가지 문제들을 노정한다. 여기에 관련되는 한 가지 문제는 그의 이론의 주요 범주인 사건이 충분히 규정되지 않아서 어떠한 종류의 해프닝이 사건으로 간주되어야 하는지 그것을 구별할 어떠한 기준도 우리에게 주어져 있지 않다는 것이다.(Schulz, 2004를 보라) 바디우는 네 가지 진리과정들에 적합한 사건이 무엇일지에 대한 어떠한 자세한 서술도, 사건들을 인식하는 데 적합한 어떠한 개념적 도구들도 우리에게 제공하지 않는다. 오히려 그의 저작을 읽으면서 우리는, 중단과 파열의 이미지들과 예술적인, 사랑에 관한, 과학적인, 정치적인 사건들의 역사적 사례들의 지원을 받으면서, 사건들을 구분하는 직관적 기준을 개발하게 된다. 우리는 바디우 자신이 사건을 정치적인 것들의 질서 속에서 이해하고 있다는 것을 파악할 수도 있을 것이다. *그가 종종 프랑스 혁명과 중국 혁명을 참고하면서 "혁명적인 전략의 정치군사적인 대담함,"*(1992, p. 24) "창의적인 정치학의 혁명들과 도발들"(1992, p. 38)을 그 사례들로 제시할 때 말이다. 그럼에도 불구하고, 이러저러하게 일어난 일들이 하나의 사건으로서 자격을 가질 수 있는지 그렇지 않은지에 관한 변치 않는 물음이 남아 있다.

무엇이 하나의 사건을 구성하는지에 관한 세세한 논의가 이 책의 의도를 넘어선다 할지라도, 나는 이 방향으로 글을 써서 사건에 살을 붙이려고 노력할 것이다. 정치적인 것들의 질서 속에서 그 개념을 3장에서 논의된 바 있는 개념 — 네그리의 저작 속에서 논의된 바의 제헌권력[구성적 힘](Negri, 1999) — 에 연결시키면서 말이다. 사건을 제헌권력과 연결시키려는 이유는 사건을 하나의 혁명적인 정치적 일로 유지시키고 그것의 이론적 환원과 사소화를 피하기 위해서이다. 그리고 사건을 하나의 실제적인 혁명적 파열로 유지시키는 일이 중요한 까닭은 사건이 충실성을 통해 삶에 데리고 오는 주체가 그것의 배치[성좌] 위에 사건의 특성을 가져오기 때문이다. 달리 말해, 혁명적인 사건들은 혁명적인 주체들을 삶에 데리고 온다. 여기에서 내가 의도하고 있는 것이 사건을 제헌권력과 동일시하고 이 두 개를 하나의 동일한 사물로 제시하는 것이 아니라는 것을 분명히 해두어야겠다. 바디우의 사건 개념화는 네그리의 제헌권력과 정말 다르며,(홀와드와의 개인적 교류를 통해 정리한 것이다) 네그리의 시각과 같지 않음을 바디우 자신이 피력한 바 있다. 하지만, 우리는 제헌권력을 하나의 사건이 갖는 중요한 차원으로, 그리고 사건이 생산하는 불가결한 요소로 접근할 수 있다. 나중에 설명하겠지만, 제헌권력이 존재하는 곳에 반드시 하나의 사건이 존재하는 것은 아니라는 사실에도 불구하고, 제헌권력이 없다면 사건이란 존재할 수 없다.

네그리의 주장에 따르면, "제헌권력은, 궁극성[합목적성]이 결여된 상태에서, 하나의 아주 강력하고 언제나 더욱 확장적인 경향으로서 투사되는 그런 힘이다."(1999, p. 14) 진공the void의 소용돌이로부터, 결정들이 결여된 심연으로부터, 하나의 완전히 개방된 필요로서 출현하기 때문에 그것은 여하한 기존의 평형과 여하한 가능한 연속성을 파열시켜 버리고, 중단시키고, 저지하고, 혼란시키는 힘이다. 제헌권력은 입헌적 규범들과 제정권력[구성된 힘]의 구조들을 생산할 뿐만 아니라, 이것이 가장 중요한 것인데, 민주 정치의 매우 기동적인 힘을 구성하는 활동이다. 이것이 법률과 맺는 관계는 언제나 이질적인 것으로 남아 있다. 제헌권력은 규범들의 위계적 체계들 속에 입헌화되거나 완전히 통합되는 것을 거부한다. 이 힘은 "제정권력"에 편입되는 것에, 그리고 국민투표, 개헌, 관리활동들 등등 안에서 대의되는 바와 같은 잘 규정된 한계들과 절차들 내부에 표현되는 것에 저항한다. 제헌권력의 시간은 가공할 만한 가속도 역량을 그 특징으로 한다. 역사는 현재에 집중되게 되며, 그것의 가능성들은 직접적 생산의 매우 강력한 핵에 응축되게 된다. 네그리의 주장에 따르면, 이것은 사건의 시간이자 특이성의 일반화이다. 따라서 매우 포괄적인 힘인 제헌권력은 혁명과 순환적 관계에 놓여 있으며, 그리하여 제헌권력이 존재하는 곳에 혁명 역시 존재하는 것이다.

네그리가 시간의 가속도로, 현재에 집중된 역사로, 어떠한 평형상태도 혼란시키고 어떠한 연속성도 중단시키며 제정권력을 파괴하는 힘으로 기술하는 그것[구성적인 힘]은, 실제로 정치적인 것들의 질서 속에서 일어나는 사건의 중요한 차원들이다. 이것들은 주어진 상황 속에서 구멍을 만들어 내는 어떤 것이며, 기존의 언어와 지식에 의해서는 설명될 수 없는 어떤 것이다. 이런 식으로 보자면, 제헌권력은 사건의 필수적인 조건이며 그리하여 제헌권력이 존재하는 곳에서만 오직 사건이 존재할 수 있다고 주장할 수 있다. 그리고 제헌권력이 존재하는 곳에 혁명 역시 존재한다고, 고로 사건이 존재하는 곳에 혁명 역시 존재한다고 주장할 수 있다. 요컨대, 사건은 언제나 하나의 혁명이다. 제헌권력의 역사를 그것의 전개과정 속에서 고찰해 보면 두 가지 연속성들이 밝혀진다고 네그리는 주장한다. 하나는 정치적 배열들의 최초ex novo 구성의 혁명적인 원리의 확장과 연속성 속에서 선형적인 방식으로 드러나며, 위대한 혁명들의 역사 속에, 사건들의 역사 속에 그 흔적이 남겨질 수 있다. 이 첫 번째의 궤적 안에서 두 번째의 역사적 연속성—하나의 주체화 과정, 아니 더 잘 표현하자면, 산 노동의 주체적인 행위 과정과 집단적 의지의 구체화 과정 — 이 모습을 드러낸다. 이 두 번째의 연속성은 바디우가 사건에 대한 충실성이라고 기술하는 것 그리고 진리의 결과적인 과정에 가깝다. 나는 이 장의 뒤에서 바디우 저작의 이 두 번째 측면으로 다시 돌아올 것이다. 사건이 어떻게 이론적으로 평범화될 수 있는지, 어떻게 그것의 혁명적인 본질이 제거될 수 있는지, 어떻게 여하한 급진적인 정치적인 일로 축소될 수 있는지 잠시 간단히 살펴보기로 하자.

그저 하나의 사건이 아닌

민주혁명의 재활성화에 관한 글에서 스타브라카키스는 혁명을 "사회적인 것들의 혁명적인 급진적 재정초"로 바라보는 생각에 반대하는 논쟁에 참여한다.(Stavrakakis, 2003, p. 8) 그의 현란한 주장은 중요한 논란거리를 내포하고 있는바, 그것은 이 주장이 바디우의 저작에서 파생되었을 수도 있는 사건에 대한 하나의 개념화로 이어지며, 사건의 혁명적인 성격을 축소하기 때문이다. 스타브라카키스는 중요한 두 개의 허설虛說에 의해 자신의 주장을 세우고 있는데, 하나는 혁명을 모든 유토피아 사상에 하나의 모델로 받아들여지고 있는 빈약한 유토피아주의에 연결시키며, 다른 하나는 민주 혁명의 개념에서 혁명적인 요소들을 선택적으로 배제한다. 의심할 바

없이, 부정적인 것의 침입들을 몰아내는 것을 함축하는 급진적인 사회 변형 기획으로서의 (어떤 종류의) 혁명적인 유토피아주의에 대해 비판할 때 스타브라카키스는 옳다. 하지만 우리가 그에게 동의할 수 없는 것은, 그가 혁명적인 급진적 변화라는 개념을 이러한 특수한 종류의 유토피아주의에 포섭시킨다는 것이다. 혁명이 오랫동안 몇 번의 폐쇄적이고 결정론적인 유토피아주의를 동반해 왔다 해도, 이것이 혁명의 중요성을 부정하고 우리들의 혁명 열망을 약화시키기에 결코 충분한것은 아니다. 레포르트와 기타 사람들이 만들어 낸 민주 혁명의 개념 — 스타브라카키스는 이것을 유토피아주의에 대한 하나의대안으로 참조한다 — 이 대부분, 엥겔스-레닌주의적인 유토피아 요소들을 가지고 있지 않으며 부정성을 사회적인 것을 정치적으로 구성하는 본질적인 차원으로 통합해 온 것은 사실이다. 반면 다음과 같은 점 역시 마찬가지로 사실이다(그런데 스타브라카키스는 이 점을 무시하는 것으로 보인다). 최소한, 민주 혁명의 환경 내에서 활동했던 일부 사람들이 결코 혁명적인 급진적 기획을 포기한 적이 없었으며, 부정성의 제거와 (이경우는 러시아에서의) 뒤이은 전체주의가 혁명 그 자체의 결과가 아니라 레닌주의 당과 국가 사이의 관계의 산물이었다는점을 반복해서 분명히 했다는 점 말이다.(예를 들어 Castoriadis, 1975를 보라) 간단히 말하자면, 부정성의 제거와 전체주의는 혁명 기획의 필연적인 당연한 결과도 아니었으며, 오늘날도 역시 마찬가지이다. 그리고 여기에 덧붙일 수 있다면, 유토피아의 필연적인 결과 역시 아니라는 것이다. 이 때 유토피아는 통치에 대한 청사진이나 정적인 묘사가 아니라 오히려 하나의 과정이자 활동으로, 미래에 대한 하나의 예시像示로 이해된다.

앞서 이야기한 것처럼, 내가 스타브라카키스의 입장을 논의한 까닭은 그가 사건을 민주 혁명의 개념을— 그의 주장에 따르면— 심화시키려고 노력하는 라클라우/무페의 "급진 민주주의" 의제 내에 통합시키는 지점에 서 있기 때문이다. 나는 이렇게 급진 민주주의를 개념화하는 것이 민주 혁명의 개념을 심화시키지 않으며, 그것의 혁명적 관점을 제거함으로써 그것을 그저 만회시킨다고 생각한다. 하지만 이것이 여기에서의 우리의 주된 관심사는 아니다. 오히려 중요한 것은, 혁명이 폐쇄적인 유토피아주의와 동등하게 처리되고 난 후 사건이 자신의 혁명의 근본 원리를 제거당하고, 자신의 급진적인 의의를 상실한다는 것이다. 혁명의 사건성eventality은 이러저러한 변화를 추구하는 여하한 급진적인 정치적 일(파업, 시위, 점거 등등)로 치환되며, 라클라우/무페식의 자유민주주의의 확장과 심화 기획 내에 더욱더 통합된다.(Laclau & Mouffe, 1985) 그래서 스타브라카키스의 급진 민주주의적 입장에 따른 사건은

"주어진 담론적 분절을, 기존의 질서를 탈안정화시키는 실재적 중지이다."(p. 13) 달리 말해, 실재적 중지는 실제적인 혁명적 파열과 반대되는 것으로서의 담론적 분절의 탈안정화로 축소된다. 이것의 즉각적인 결과는 우리가 실제적인 혁명적 사건을 과거, 현재, 미래의 차원들에서 바라볼 수 있는 시각을 상실한다는 것이다. 이러한 시각은 다양한 급진적인 정치적 일들이 일어나고 그것들의 탈안정화 효과들이 발생하는 중에 작동하는 능동적 윤리학의 토대를 이룬다. 하지만, 우리는 사건에 대한 충실성을 장려하는 것만으로는 충분하지 않으며 "사건임"event-ness을 향한 개방성이 계발되어야 한다는 스타브라카키스의 입장에 동의할 수 있다. 그가 우리에게 이것이 어떻게 달성될 수 있을지에 대한 어떠한 힌트도 제공하지 않으며, 사건 개념을 이론적으로 사소하게 만든다는 사실에도 불구하고 말이다.

나는 "사건임"을 향한 개방성 — 혁명을 향한 개방성 — 을 계발하는 방법이 — 결코 사건들로 받아들여진 적이 없는 — 상황들의 구축을 통해서 가능하다고 주장할 것이다. 사건과 **구축된 상황들**을 구분하면서 내가 의도하는 것은, 한 단계 더 나아가 사건의 이념을 더욱 명확히 하고 사빠띠스따 반란에 대한 우리의 이해를 심화시킬 수 있도록 해줄 유형학을 구축하려는 것이다. 이 장의 뒷부분에서 나는 또 다른 종류의 급진적인 정치적 일들에 부합하는 또 다른 술어 사건적 상황^{evental situation}을 사용해서 그것을 사빠띠스따와 관련하여 논의할 것이다. 하지만 그와 같은 범주가 어쨌든 사건과 구축된 상황 사이에 위치하고 있으므로, 의미를 분명하기 해 두기 위해 구축된 상황을 먼저 설명하는 것이 유용할 것 같다. 나는 주어진 사건들(즉 "사건적 상황들")로부터 자신들의 상상성을 이끌어내면서, 사물의 자본주의적 질서와 지배적인 담론적 분절들을 탈안정화시키고, 과거의 사건들의 상상성을 변조하고 확장하며, 그것이 시작하는 조건들을 생산함으로써 미래의 사건을 예기하고 예시할 수 있는 역량을 갖는 모든 급진적인 정치적 행위들을 "구축된 상황들"이라고 부른다.

구축된 상황들

"구축된 상황들"이라는 용어는 프랑스 상황주의자들의 것인데, 이 용어는 1958년에 발간된 잡지 『상황주의자 인터내셔널』의 첫 호에서 "일의적인 환경 및 사건들의 상호작용의 공동 조직화에 의해 구체적이고 의도적으로 구축된 삶의 한 계기"로 정의되었다.(Hussey, 2001, p. 126에서 인용함) 고로 상황을 구축한다는 것은 한 계기의 집단적 구축을, 시간의 어떤 계기의 모든 측면들— 배경에서부터 연루된 사람들이 어떻게 행동하고 있느냐에 이르기까지 — 에 대한 집단적인 연루를, 그것들의 변조를 함축한다. 구축된 상황은 어쨌든 예술과 정치학을 넘어선다. 부르주아 예술이 예술작업과 관객 사이의 분할에 기초하고 있는 반면, 구축된 상황은 그 구축 과정에서 개인의 완전한 연루를 요구하며 그리하여 스펙타클과 관객 사이의 분할은 해체된다. 그와 동시에 하나의 상황을 구축하는 과정은 어떤 사람의 조건들의 집단적인 창조를 함축하고 포함한다. 이런 식으로, 하나의 상황의 구축은 "예술들의 폐지로도, 정치학의 혁명적 폐지로도 해석될 수 있을 것"(Edwards, 1996, p. 1)이라고 에드워즈는 주장한다. 이 후자의 가능성은 상황주의자들이 1960년대의 자신들의 기획을 어떻게 이해하게 되었으며, 그래서 프랑스의 1968년의 정치적 격동기 동안의 공장 점령들이 어떻게 대규모의 상황들의 구축, 즉 사회 전체의 구축으로 이르는 하나의 단계로 이해되었는지를 보면 알 수 있다.

드보르는 "우리는 영속적인 상호작용을 하는 두 개의 거대한 성분들의 복잡한 요인들 — 삶의 물질적인 환경^{setting}, 그리고 그것이 자극하고 한편 그것을 전복하는 행위들 — 에 의해 인도된 개입을 발전시켜야 한다."(Debord, 1957, p. 44)라고 주장했다. 따라서 구축된 상황들은 실천으로서의 행위와 삶의 물질적 환경 사이의 상호작용인바, 그것들은 특정한 환경 속에서 창조적으로 살아진 계기들이며, 결정적으로[임계적으로] 변형된 매일의 삶의 사례들이다. 그것들은 행위의 경험적 모델들, 도시의 변형을 생산할 것이며, 동시에 현실적인 환경의 불모성과 억압 그리고 지배적인 정치적·경제적 질서에 반대하는 선동과 논쟁을 야기할 것이다. 이런 열렬하게 실현된 강렬도의 일시적인 계기들, 적을 혼란시키고 난처하게 만들 수 있는 미래를 가지고 있지 않은 이러한 상황들이 혁명적인 까닭은 이것들이 일상적 삶의 좋지도 나쁘지도 않은[평범핸] 본성을 파열시킬 뿐만 아니라 변형시킬 수도 있는 잠재력을 가지고 있고, 지배적인 가치들과 행위들에 도전하며, 문자적이고 비유적인 경계들을 횡단하여 새로운 주체성들을 생산하기 때문이다. 순수한 주체성과 직접성의 계기들인 구축된 상황들은, 자본주의적인 조건들 하에서 "스펙타클"의 최면적인 힘, 달리 말해 이미지의 지배와 불능을 타파할 수 있는, "실재의 삶"을 경험하고 생생한 세계의 구축에 능동적으로 참여할 수 있는 잠재력을 가지고 있다.(Debord, 1967을 보라)

나는 구축된 상황 개념이 사건과 맺는 관계, 그리고 혁명적 주체성들과 맺는 관계를 탐구하기 위해 다시 이 개념으로 돌아올 것이다. 여기에서 나는 계속해서 정치적인 변형 활동, "사건적 상황"이라는 나의 유형학 속에서 또 다른 조건을 고찰해 보고자 한다. 나는 사건적 상황을 이론적으로 세세하게 분석하지는 않으려 한다. 대신 사건적 상황이 무엇인지 대략적으로 윤곽을 잡고 사빠띠스따를 그 사례의 하나로 논의할 것이다.

사빠띠스따 — 사건적 상황

사건적 상황이란 무엇인가?

앞서 설명한 바와 같이, 사건이 존재하는 곳에 제헌권력 역시, 그리하여 혁명 역시 존재한다. 하지만, 또한 사건을 제헌권력에 연결하는 것이 사건을 구체화하고 사건의 혁명적 성격을 유지하는 데 중요하다는 사실에도 불구하고, 그것이 반드시 사건을 서술하기 위한 충분조건이 되는 것은 아니다. 그리고 우리는 그 역이 항상 참인 것도 아니라는 점을 인식해야 한다. 달리 말해, 혁명이 있는 곳에 사건 역시 존재한다는 게 항상 사실은 것은 아니다. 그리고 어떤 혁명들은 사건들보다는 "사건적 상황들"로 더 잘 기술될 것이다. 이것이 사빠띠스따와 맺는 관계에 대한 논의로 나아가기에 앞서 이 용어를 설명하겠다.

"만일 프랑스 혁명이 근대 시기의 위대한 정치적 사건의 지위를 차지한다면, 아이티 혁명은 이 사건의 특이한 가장 결정적인 결과의 자리를 차지해야 한다."라고 홀워드는 주장한다.(2004, p. 3) 나의 주장은 사건의 "결정적인 결과"로서의 아이티 혁명이 프랑스 혁명에 촉발된 단순한 봉기가 아니라 하나의 사건적 상황이었다는 것이다. 사건적 상황은 사건의 실천들과 담론들을 단순히 채택하는 것보다 더 나아간다. 사건적 상황은 사건의 요소들이 다른 맥락과 생산 체제에 적절하게 될 수 있도록 그 요소들을 다시 다룬다. 이렇게 함으로써 사건적 상황은 새로운 투쟁 순환의 시작을 나타내며, 혁명적 상상성을 다시 자극하여 그것을 시간과 공간 속으로 확장한다. 따라서 식민지 아이티에서 자유, 평등, 박애는 다시 다루어져 노예제에 반대하는 투쟁으로, 독립을 위한 전쟁으로 변형되었으며, 뒤이은 아프리카와 라틴아메리카의 해방운동들의 초석이 되었다.(Hardt & Negri, 2000; Hallward, 2004) 달리 말해, 이러한 모든 해방운동들을 위한 지형을 열어젖히는 것은 프랑스 혁명의 사건이지만, 이후의 운동들을 위한 불꽃을 일으키는 것은 바로 아이티 혁명의 사건적 상황이다. 따라서 사건적 상황이란 사건을 특정한 조건들 및 맥락들에 특유한 언어로 번역해내는 중간 요소와 같은 무엇이다. 하지만 여기서 사건적 상황이 언제나 사건과 정치적 투쟁들 사이의 필연적인 중간 요인인 것은 아니라는 점을 언급해야겠다.

또 다른 사례는 10월 혁명이 도입한 투쟁 노선으로부터, 공산주의와 프롤레타리아 봉기의 역사적 노선으로부터 나온다. 라틴아메리카적 맥락 내에서 그리고 그것을 넘어서서, 1917년 사건에서 발산되어 나오는 최초의 사건적 상황은 꾸바 혁명이었다. 꾸바 혁명은 레닌주의적·볼셰비키적 논리와 실천들을 채택하여 그것들을 독재 체제와 농업 기반 경제 하에 있는 나라의 특수한 조건들로 변형시킨다. 어떤 의미에서 꾸바 혁명은 10월의 사건들을 낳거나 또는 그것에서 연원하는 중요한 요인들(예컨대, "인민군"의 중앙집중적 모델, 그리고 게릴라세력들을 정치정당의 통제에 복속시키는 것)에 도전하면서 볼셰비키혁명의 사건들을 재창안했다. 꾸바 혁명 이후 라틴아메리카 전역에 퍼진 이후의 게릴라 조직들과 민족해방전선들은 여러 면에서 꾸바식 모델을 따랐으며, 정당들의 정치적 통제로부터 게릴라 세력들의 자율을 유지했지만, 그와 동시에 그것을 군사적 권위의 통제로 대체했다. 이 모든 그룹들과 전선들은 꾸바의 사건적 상황으로부터 발산하는 대규모의 구축된 상황들로 이해될 수 있다. 왜냐하면 다수의 이 운동들이 수많은 라틴아메리카 나라들을 민주화시키는 데에서 유력한 세력들이 되는 데에 성공했음에도 불구하고, 그리고 이러한 그룹들 내에 존재하는 차이들에도 불구하고, 그들의 상상성, 논리, 담론들 및 실천들은 꾸바 혁명이 규정한 한계들 내에 머물러 있기 때문이다. 사건적 상황의 효과들은 언제나 시간과 공간 속에서 확장하므로, 꾸바 혁명은 혁명적 상상성을 다시 자극하여 지리적 특수성을 넘어, 라틴아메리카 바깥으로 그것을 옮겨 놓았다. 다른 식으로 말하자면, 사건적 상황은 사건과 구축된 상황 사이의 어딘가에 존재한다. 그것은 사건과 일련의 투쟁들 사이에 놓인 다리로, 혹은 사건적 상상성을 다시 자극하고, 심지어는 원래의 사건을 재발명하는 힘으로 기능한다. 다시 한 번 말하지만, 내가 말하고자 하는 것이, 정치적 투쟁들이 사건으로부터 직접적으로 발산할 수 있다고 해서 이러한 중간 요인이 언제나 필수적이라는 것을 함축하는 것은 아니라는 점이다. 하지만, 사건적 상황은 사건(또는 이전의 사건적 상황)을 재활성화시키고 재발명하는 조건이다. 사건이 투쟁을 촉진하고 혁명적 주체성들을 생산할 수 있는 자신의 능력을 상실했을 때 특히 그렇다.

사빠띠스따 봉기

사빠띠스따 봉기는 사건이 아니다. 1994년의 이 반란은 어떠한 "상황 내의 구멍"도 만들어내지 못했으며, 오히려 상황의 배치에 강력한 충격을 만들어 내었다. 그 때 이후로 이 운동은 사건적 파열의 개념화와는 거리가 먼, 그리고 자유민주주의의 확대를 위한 투쟁의 개념화에 더 가까운, 원주민 권리들과 입헌적 변화에 대한 강조와 함께 개량주의적인 정치적 강령 내에 가두어졌다. 제헌권력은 단지 치아빠스 내에서 최소한으로만 그 힘을 발휘했으며, 곧바로 멕시코 군대에 의해, 그리고 반란군 스스로에 의해(5장을 보라) 통제를 받고 봉쇄됨으로써 사건의 생산에 기여하는 데 실패했다. 1994년의 반란은 자본주의에 유효한 일격을 가하지 못하고 어쩌면 단지 지역적 수준에서 그 발전을 지연시켰을 뿐이며, 어떠한 실재적인 혁명적인 억제책과 대안도 없는 상태에서 자본주의는 자신의 궤적을 계속한다. 실제로 우리는 이 운동이 세계 체제와 관련하여 차지하는 불안정한 지위와, 이 운동이 이후에 일련의 개량주의적인 책략들을 통해 자본주의 경제 내부로 흡수되는 것을 인식하지 않으면 안 된다. 따라서 심지어 이런 상식적인 관점에서조차 우리는 사빠띠스따를 하나의 사건으로 받아들일 수 없는데, 그것은 처음부터 이 반란이 자본주의와의 실제적인 파열을 불러일으킬 힘을 결여하고 있던 것처럼 보이기 때문이다.

담론적인 관점에서 (사건의 또 다른 차원으로서의 담론적인 파열을 가지고) 사빠띠스따에 접근해 보면, 달리 말해, 스타브라카키스식으로 담론적인 탈안정화의 사건으로 사빠띠스따를 이해하면, 사태를 더욱 명확히 할 수 있다. 의심할 바 없이, 이 반란은 일시적으로는 그럭저럭 지배적인 자본주의 헤게모니 담론을 탈안정화시켰지만, 일국적이거나 국제적인 수

준에서 헤게모니적이 되거나 반헤게모니적이 될 수 있는 담론
을 분절하는 데 실패했다. 사빠띠스따의 정치적 담론은, 라클
라우/무페의 용어를 빌자면, 민주주의, 자유, 정의 등등의 기표
들에 충격을 가하고, 부분적으로 뒤흔드는 효과를 가져왔지만,
그것들을 담론성의 장 안에 완전하게 떠다닐 수 있도록 하지
못했으며, 그것들의 의미를 다시 혁명적 기획의 일부로 고정
할 수도 없었다. 이러한 이유로 우리는 사빠띠스따를 또한 담
론적 사건이라고 말할 수도 없다. 이 운동의 담론은 의미들을
탈안정화시키지만 실제적인 담론적인 파열을 가져오지는 못한
다. 그것은 기표들을 뒤흔들지만, 단지 부분적으로만 그럴 뿐
이며, 새로운 담론의 토대 위에서 하나의 사건적인 (다중적)
통일성을 수립할 수도 없다.

사빠띠스따 반란이 제헌권력과 담론적 파열의 관점에서
볼 때 하나의 사건을 구성하지도 못하지만, 그것이 또한 하나
의 구축된 상황으로 받아들여질 수도 없다. 사빠띠스따를 단
지 꾸바 혁명의 연속으로 축소하려는, 그리고 꾸바 혁명 이후
의 다른 라틴아메리카 나라들의 경험(또는 여하한 종류의 동
시대의 투쟁 지향적인 주체성)과 유사한 것으로 이해하려는
어떠한 시도도 이 반란의 독특한 본성과 과거와 현재를 연결
하는 경첩으로서 이 반란이 갖는 중요성을 간과하게 될 것이
다. 의심할 바 없이, 사빠띠스따는 과거의 게릴라 운동들과 유

사한 특징들을 많이 가지고 있다. EZLN의 최초의 투사들의 레닌주의적(이고 모택동주의적)인 배경에서 연원하는 모든 것들, 처음의 "게릴라 집중" 전술들과 이후의 군사적 직제와 계급을 갖춘 해방군 조직, 마을들의 무장 점령, 군대와 경찰서에서의 탄약 탈취, 토지 점령, 지주들의 추방, 원주민 공동체들의 권력관계의 급진적인 변형, 주류적인 국가 교육 체제에 맞서는 자율적인 교육 프로그램들, 심지어는 멕시코의 연방군에 대한 극대화된 전투적 대응, 그리고 지역적 수준에서의 이런 과잉적인 과정들과 변화들은 니카라과, 엘살바도르, 과테말라 등등의 경우와 유사한 반란적인 계기의 장면을 보여준다. 그리고 틀림없이 혹자는 사빠띠스따에서 동시대 운동들의 많은 특징들을 볼 수 있을 것이며, 치아빠스 반란을 원주민 정체성을 위한 투쟁 속에서 일어난 일로 접근할 수 있을 것이다. 하지만 이 모든 것은 단지 사빠띠스따 반란의 일부에 지나지 않으며, 우리에게 1994년 봉기에 대한 이야기의 절반밖에 말해주지 않는다.

사빠띠스따 봉기, 그리고 이 운동 일반은 민족해방전선(그리고 정체성 관련 투쟁들)의 특징을 유지한다. 이것들이 낡은 게릴라 모델과 새로운 삶정치적 네트워크 구조 모델을 연결하는 경첩으로 기능하는 한에서 말이다.(Hardt & Negri, 2004) 라틴아메리카 게릴라 모델과 달리 사빠띠스따는 이전 모델들의 특징을 이루는 중앙집중적인 군사적 위계들의 전통적인 위계적 구조를 역전하는 결과를 낳으려 노력해왔고 대부분 그러한 결과를 낳았다. 지도부의 지위는 순환하며, 결정들은 항상 "명령하는 복종"의 원칙에 따라 원주민 공동체에서 집단적으로 이루어진다. 이 운동의 주도적 인물인 마르꼬스는 그의 상대적인 복종관계를 강조하기 위해 부사령관의 지위를 맡고 있다. 더욱이, 민족해방적인 정치학 개념화와 완전하게 단절하기 위해 EZLN은 수평적인 소통 네트워크들을 창조할 필요성을 강조한다. 또 이전의 경험들의 주된 특징을 이루었던 위로부터의 사회주의를 가능케 하는 수단으로서의 권력 탈취를 거부해왔을 뿐만 아니라,(Holloway, 2002를 보라) 주류 의회 정치와의 어떠한 연루도 거부해왔다. 이 모든 것에는 구축된 상황을 뛰어넘는 무언가가 이미 존재한다. 연속성들 및 반복들과 불연속들 및 심지어는 파열들(사빠띠스따에게 "유사 사건적" 자격을 부여하는)의 독특한 혼합이 존재한다. 전통적인 게릴라 요소들이 네트워크 기술 및 담론의 "탈근대적인" 활용과 공존한다. 이 두 개의 구별되는 투쟁 모델들은 사빠띠스따를 과거와 현재를 연결하는 하나의 "다리"로 만드는, 그리고 다가올 투쟁들을 예견하는 극적이고 시적인 분절을 통해 공존한다. 이 반란에 대한 그람시적이고 라클라우/무페적인 독해, 그리고 2장에서 논의했던 비학문적인 급진적 독해들이 못 본 것이 정확히 사빠띠스따의 이 "유사 사건성"이다. 이것은 이 반란을 기존의, 기성의 이론적 작업틀 안에서 설명하는 것을 불가능하게 만든다. 사빠띠스따는 우리로 하여금 우리의 범주들을 재고찰하도록 강제하며, 봉기를 이해하기 위한 새로운 용어들과 새로운 작업틀을 발명해서 미래로 나아가도록 강제한다. 이것은 그것들의 "유사 사건적" 특징의 한 요소이기도 하다.

사건이 무엇일 수 있을지 구체화하기 위한 시도를 하면서 나는 담론적 파열(또는 적어도 담론적 보충물)을 사건의 한 차원으로도 논의했다. 앞에서 나는 사빠띠스따 담론이 하나의 사건적 담론으로 받아들여질 수 없다고 설명했다. EZLN의 담론에는 파열이, 급진적으로 새로운 요소가, 담론적인 보충물이 없기 때문이다. 다른 한편, 사빠띠스따의 정치적 담론, 즉 도시적으로 구축된 탈근대적 담론이라 불릴 수 있는 것과 원주민의 전근대적인 주술적인 담론의 합성물— 자유주의적, 사회민주주의적, 사회주의적, 무정부주의적·유토피아적 요소들이 뒤섞여 있는— 이 혁명적 상상성을 자극해 왔으며, 알뛰세르의 용어를 사용하자면, 급진적 정치에 (그러나 그것뿐만이 아닌) 연루된 전 세계의 민중들과 그룹들에게 "질문을 던졌다." 여기에는 어떤 모호성이 존재하는데, 명확한 정의가 부족하고, 사빠띠스따 담론을 "유사 사건적" 방식으로 기능하도록 만들고 시간과 공간 속에서 확장하며 다양한 맥락들을 관통하고, 급진적인 사회적 상상성을 다시 자극하는 이질적인 요소들을 비정통적으로 종합한다.

사빠띠스따를 지역적 요구들을 소통하는 것으로 바라보는 하트 및 네그리의 시각과 달리,(Hardt & Negri, 2000) 혁명적 상상성을 자극하고 그것의 영토적 경계들 외부에 정치적 활동을 불러일으켰던 것은 정확히 사빠띠스따의 정치적 담론을 그것의 지역적 특수성들을 초월하여 전 세계적인 수준에서 확장한 것이다. 콜롬비아의 맑스주의적인 게릴라들(또는 네팔의 모택동주의적 반란군들)은 사건적 성격을 가지고 있지 않은 다소 전통적인 혁명적 언어를 사용한다. 다른 한편, 볼리비아의 깜뻬시노들과 브라질의 무토지 운동(모비멘또 신 떼라 Movimento sin Terra)은 지역적인 정치적·경제적 요구들을 강조하는 언어를 채택하고, 그런 만큼 다른 투쟁들과 쉽게 소통할 수 없으며, 보편적으로 응용할 만한 것이 거의 없다. 의심할 바 없이, 사빠띠스따 담론에도 지역적 요구들이 존재한다. 여기에는 소통되어야 할 인종주의, 토지, 빈곤 등등의 쟁점들이 존재하지만, 이것은 하나의 차원에 지나지 않으며, 사빠띠스따 담론은 보편적인 호소력을 갖는, 그리고 지역적 조건들에 의존하지 않는, 아니 더욱 좋게는, 모든 억압 및 착취의 조건들에 적용되는 개념들 및 사상들(예컨대, "민주주의," "존엄," "많은 세계들이 어울리는 하나의 세계," "신자유주의에 대항하는 인류" 등등)을 강조하는 또 다른 방향성 속에서 자신을 드러낸다. 마찬가지로 6장에서 논의할 원주민의 지역적인 주술적 담론에도 이 점은 참이다. 이 담론은 사빠띠스따의 성명서들에는 결코 명시적으로 드러나 있지는 않지만, 반면 결여되어 있지도 않다. 현존하는 것은 그것의 시詩, 그것의 예언적 뉘앙스이지, 그것의 지역적 특수성 및 세부사항들이 아니다. 그런 만큼 이것은 사빠띠스따 담론을 압도하지 않으면서 그것의 새로움과 보편적 성격에 기여한다.

지역적 관심사들과만 소통하는 구축된 상황 담론과 달리 사건적 상황 담론은 전지구적 질서와 연결되어 있음에도 불구하고 하나의 보편적인 축을 갖는다. 이 보편적 요소는 여하한 특수성도 벗어나 혁명적 상상성을 다시 자극한다. 1989년의 천안문 광장 항거에서 1996년의 남한의 파업들과 2002년의 제노바 시위에 이르는 지난 20여 년간의 가장 급진적인 정치적 사안들 중 어느 것도, 활동들을 고무하고, 학문적 논쟁을 불러일으키며, 어떤 점에서 소위 반지구화 운동의 끈을 연결하는 상상성이 되는 데에서 사빠띠스따 반란이 가져온 효과를 생산해 내지 못했다. 그러므로 이런 의미에서 우리는 사빠띠스따의 정치적·시적 담론이, 언제나 그들의 실천과 조화를 이루면서, 혁명적인 상상성의 생산적이고 창조적인 메커니즘들을 자극하고 뒤흔드는 데에서 어느 정도 담론적 사건의 효과들을 보고 있다는 점을 인식해야 한다. 맥마누스가 주장하는 바와 같이, 사빠띠스따는 변경, 비판, 예상, 변형에 의해 작동하는 가공적이고 창조적인 힘이다. 그리고 내가 여기에서 "혁명적 상상성," 또는 "급진적인 사회적 상상성"이라고 부를 만큼 사빠띠스따가 지닌 중요성은, 그들이 맥마누스가 "가능한 것에 대한 창조적인 인식론"(p. 9)이라고 부르는 것, 즉 거기에서 미래가 창조적으로 만들어져야 하며, 말할 것도 없이, 미래가 집단적으로 만들어져야 한다는 의미를 (재)활성화시킨다는 것이다. 달리 말하자면, 사빠띠스따와 그들의 "유사 사건성"의 중요성은 그들의 혁명 이론이나 자본주의에 대한 그들의 정치적 대안에 존재하는 것이 아니라, 오히려 혁명적 정치를 위한 필요를, 그리고 가장 중요하게는 혁명적 정치의 가능성을 명백히 한 것에 존재한다. 역사의 종말은 1994년 이후 유예되었고, 자본주의의 전능함은 도전받았으며, 사빠띠스따는 봉기를 일으키는 것이 여전히 가능하고, 승리 역시 가능하며, 새로운 투쟁 방식들이 발명되어야 하고 우리가 자본주의나 개량주의적인 변화 사상(그들 자신이 여기에 관계되어 있다는 사실에도 불구하고)에 응할 필요가 없다는 점을 증명한다. 이러한 시각에서 볼 때 이 운동의 효과들은 시간과 공간 속에서 사건적 방식으로 확장되고, 생명을 유지하며 혁명적 기획을 향해 나아간다.

EZLN은 바디우식의 사건이 아니라, 또는 다른 라틴아메리카 나라들의 민족해방이나 게릴라 부대식의 대규모의 구축된 상황이 아니라, 오히려 과거의 실천들과 담론들을 벗어남으로써, 그리고 새로운 혁명 정치 모델의 토대를 마련함으로써 20세기말에 "사건적 상황"을 창조해 내었다. 이 모델은 민주적인 수평적 구조들 위에, 네트워크 조직화 위에 기초하고 있으며, 정보 전쟁뿐만 아니라 직접적인 작업들 또한 강조한다. 꾸바의 사건적 상황이 아르헨티나에서 멕시코에 이르는 다수의 게릴라 부대들과 민족해방 운동들을 고무하고 선동한 것과 동일한 방식으로 사빠띠스따의 사건적 상황은 오늘날 반자본주의 투쟁과, 그리고 1999년의 시애틀에서 개시된 구축된 상황들의 순환을 위한 가장 중요한 영감의 원천에 강력한 연계를 구성하고 있다. 다음 장에서 논의하겠지만, 사빠띠스따 반란은 오늘날 소위 반자본주의 운동ACM을 구성하는 다양한 그룹들과 운동들의 출현 및 재활성화에 촉매 역할을 했다. 그리고 어느 정도는 사빠띠스따를 반영하고 있는 ACM은 낡고 새로운 — 논리, 정치 이론, 전술, 전략 등등의 의미에서 낡고 새로운 — 투쟁 모델들의 혼합물이다.

여기에서 나의 결론은, 헤게모니적 실천들, 정체성 정치들, 자기가치화나 그 밖의 것들을 강조하는 어떤 기성의 이론적 접근법도 사빠띠스따 반란의 총체성을 포착할 수 없다는 것이다. 우리는 계속해서 사빠띠스따뿐만 아니라 전 세계적인 반자본주의 투쟁의 새로운 순환 역시 이해하기 위한 새로운 개념들과 작업틀을 발명해야 한다. 무엇이 일어나고 있는지 설명할 뿐만 아니라 혁명적인 미래에 대해 피력하는 개념들을 말이다. 사건 개념도 구축된 상황 개념도 모두 사빠띠스따를 이해할 수 있는 적절한 이론적 도구를 제공해 주지 못한다. 치아빠스 봉기는 이 두 개의 사이 어딘가에 위치한다. 어떤 점에서는 구축된 상황을 닮아 있고, 또 다른 점에서는 사건을 닮아 있다. 이것이 내가 여기에서 "사건적 상황"이라는 용어— 이 반란의 독특함과 이 반란의 역량, 즉 10월 혁명이라는 사건이 멀리 사라지고 꾸바의 사건적 상황이 주로 그 반자본주의적 조직화로 인해 자신의 힘을 잃어버렸던 시기에 혁명적 상상성을 다시 자극할 수 있는 그것의 역량을 표현하는 용어— 를 만들어내면서 포착하려고 노력해 왔던 것이다. 사빠띠스따 반란의 이 "유사 사건성"은 충실성의 생산을 위한 조건을, 그리하여 새로운 주체성들의 출현을 위한 조건을 제공한다. 사빠띠스따 혁명(소문자 "r")은, 홀러웨이가 주장한 것처럼,(2002) 참여와 헌신의 상이한 정도들을 함축한다. 이것이 내가 이제 사건에 대한 충실성이라는 바디우의 서술의 맥락에서 계속 논의해야 하는 내용이다.

충실성의 세 가지 주체들

사빠띠스따의 사건적 상황은 우리에게 질문을 던지는 그리고, 특히 우리가 혁명적 상상성과 내가 3장에서 자율 기획이라고 기술한 것에 대해 그것이 갖는 중요성을 고찰할 때 일어나는, 주체 되기의 과정 속에 우리를 놓는 하나의 조건이다. 바디우가 비록 하나의 미분화된undifferentiated 과정으로서의 충실성을 주어진 사건과 맺는 관계라는 맥락에서 논의한다고 하더라도, 여기에서는 충실성과 그것이 포함하고 있는 주체성들의 생산을 더욱 구체적인 방식으로 섭근하는 것이 더 적절할 것 같다. 더 구체적으로 말하자면, 사건에 대한 충실성의 종류, 성격, 스타일은 그 사건에 참여한 정도, 그가 그 사건과 이루는 거리와 근접성, 동시에 자본주의적 위계와 권력관계들 속에서 그가 점하는 지위(들)에 달려 있다. 단순하게 말하자면, 하나의 주어진 사건에 대해서 하나 이상의 충실성이 존재하며, 그 각각은 특별한 요구들(그리고 어쩌면 "악"과 맺는 상이한 관계들), "진리"의 개별적인 생산물들을 갖추고 있다. 나는 이 다소 명백한 경험적인 사실을 사빠띠스따를 참고하여 더욱 깊게 논의할 것이며, 세 개의 광범한 충실성 주체들과 그것들이 사빠띠스따의 사건적 상황과 맺는 관계를 구별힐 것이다. 사빠띠스따 봉기를 미래 속으로 더 깊게 가져가기 위하여 호출된 것이 바로 이 충실성 주체들이며, 이 주체들이야말로 새로운 사건적 상황 혹은 아마도 하나의 사건의 실현을 위한 조건들을 생산해 내었던 것이다.

저항의 주체

충실성의 첫 번째 주체는 사빠띠스따 자신들, 즉 1994년 1월 1일에 치아빠스의 몇몇 도시들과 마을들을 점령하여 멕시코 정부와의 전쟁을 선포하고, 수년 동안 원주민들을 억압하고 착취한 정부를 비판하며, 신자유주의적인 현실의 범죄를 공격했던 원주민 및 비원주민 깜뻬시노들이다. 나는 여기에서 사빠띠스따의 사건적 상황의 돌입이 우연적이고 자연발생적인 일이 아니라 적어도 10년간 치아빠스의 산악과 정글에서 "진리"를 생산하고 있었던 다수의 (전)충실성들이 결합한 산물이라는 것을 간략하게나마 언급하지 않으면 안 된다. 나는 나중에 다시 이 쟁점으로 돌아와 사건들과 필요— 우리의 충실성들을 미래의 실현을 향한, 달리 말해 미래의 사건, 미래의 혁명을 향한 사건으로 이끌 필요— 사이의 상호연결을 탐구할 것이다.

치아빠스에서의 사건적 상황의 구축에, 그리고 혁명 일반의 구축에 직접적으로 관계된 사람들의 지위는 독특하며, 그들의 충실성은 그 사건이 일어난 지리적 위치와 멀리 떨어져 있는 누군가의 충실성과 완전히 다르다. 내 주장은 그 사건적 상황에 직접적으로 관계된 사람들에게, 사빠띠스따 반란의 직접적인 참여자들에게, 충실성은 일차적으로 저항으로 구체화된다는 것이다. 이것은 결코 이것이 충실성의 유일한 측면이라는 것을 함축하지 않으며, 사빠띠스따는 그들이 또한 자신들의 사건적 상황 내부에서 상황들을 구축할 수 있다는 점을 보여주었다. 그 가장 최근의 사례로는 2001년 사빠띠스따 행진을 들 수 있을 것이다. 하지만 나는 충실성의 주체들이라는 폭넓은 범주에 충실성이 구체화되는 지배적인 양식이 있다고 생각한다. 사건에 직접적으로 관계된 사람들에게 저항은 그 사건에 의해 개시된 조건이 유효하다는 점을, 그 주체성들이 저항에 의해 계속해서 생산될 것임을, 이 특별한 투쟁의 종말이 불가피할지라도 이런 종말이 쉽게 일어나지 않을 것임을 함축한다. 사빠띠스따에게 저항은, 그들이 멕시코 정부의 재정적 원조의 제공과 자본주의 체제로의 편입에, 연방군의 공격과 선전에, 그리고 준군사그룹들의 만행에 굴복하지 않는다는 것을, 그들이 치아빠스 내의 자본주의적인 뿌에블라빠나마 계획의 공격에 저항한다는 것을, 그들이 선거 제도로의 편입을 거부한다는 것을, 그들이 자신들의 구조들과 민주적 과정들을 증대하고 확대하는 방식을 계속해서 사고한다는 것을 의미한다. 저항은 사빠띠스따가 자신들의 사건적 상황에 대한 충실함을 유지하는 방식이며, 이 충실성이 구축하는 진리 — 그들은 이것을 "참된 말"la palabra verdadera이라고 부른다 — 를 통해, 그들은 주체들, 저항하는 혁명적 주체들이 된다. 여기에서 사건적 상황 자체가 자율적인 공간을 저항의 지대로, 그리고 주체성들을 저항의 주체성들로 변형시키는 조건들을 생산한다는 점을 언급하는 것이 중요하다. 여기에서 공간과 주체성은 분리될 수 없다. 사빠띠스따는 멕시코 정부의 공격에 살아남았으며 공간과 주체성 사이에서 생산한 분리불가능성 덕분에 정부의 저강도 전쟁에 저항할 수 있었다.

바디우의 주장대로, "위기는 진리과정을 건드리지 못한다. 사건에 의해 개시된 진리과정은 원칙적으로 무한으로 확장한다."(p. 78) 하지만 위기가 건드릴 수 없는 것은 이 과정이 개시한 "주체 되기"의 과정에 진입하는 "누군가들"이다. 누군가의 충실성, 그리고 이해관계에 대한 개인주의적인 요구들을 구분하는 것으로서의 위기는 주체를 혼동 속으로, 순수한 선택 — "지속적인" 저항의 윤리학과 바디우가 그저 죽을 운명의 존재를 감내하는 논리학이라고 부른 것 사이의 선택 — 과의 대면 속으로 내던진다. 위기는 자신의 충실성을, 진리과정을, 자신의 주체가 되는 것을 배반할 유혹에 이르는 과정 속에 주체를 노출시킨다. 따라서 저항 — 그리고 우리의 경우에 사빠띠스따의 저항 — 은, 치아빠스 안에서 다중적인 주체 되기가 그 자신의 진리 생산을 계속한다는 것을 의미한다. "항복하지 마라! 저항하라! 참된 언어의 명예를 배반하지 마라! …… 자신을 팔지 마라! 저항하라!"(EZLN, 1994b, p. 238) 이것이 바로 우리를 즉각적으로 어떤 원인에의 헌신으로서의 희생, 그리고 불멸성이라는 모든 이질적인 약속들을 부정하는 죽음 윤리의 필요라는 개념들로 이끌어주는 저항 윤리의 명령이다.(Castoriadis, 1997) 저항은 진리 생산의 내재적 단절에 어떤 연속성 — 주체 되기 과정을 넘어서는, 그리고 사건적 상황에 직접적으로 관계된 사람들의 진리 생산을 넘어서는 연속성을 부여하는, 그리고 혁명적 상상성이라는 바로 그 핵심을, 그 혁명성에 포획된 사람들이라는 바로 그 핵심을 건드리는 윤리적 자세이다. 나는 이 지점에서 혁명적인 상상성의 수준에서 투쟁들과 사건들의 상호연결에 대한 논의에 들어가지는 않을 것이다. 하지만 내가 주장하는 바는, 사건적 상황을 살아 있도록 만드는 사빠띠스따 저항이 전 세계의 반자본주의 투쟁들을 고양시킨다는 것이다. 물론 저항의 진리과정에 대한 배반은 이 투쟁에 영향을 미칠 것이다.

구축된 상황들의 주체

주어진 상황에 의해 고무된 혁명적 상상성에 포획된 사람

들, 우리의 경우에는 사빠띠스따들을 방문하고, 연대그룹들에
참여하거나 사빠띠스따 반란에 의해 고무받고 선동되며 동기
를 부여받은 (비판적이거나 그렇지 않은) 활동들에 연루됨으
로써 사빠띠스따를 적극적으로 지원하는 사람들이 두 번째의
충실성 주체를 구성한다. 그 사건에 직접적으로 연루된 사람
들— 저항하는 혁명적 주체들, 사빠띠스따 자신들— 과 달리, 우
리의 두 번째 주체 범주에 속하는 사람들은, 지리적 맥락에서
도 그리고 현실적인 사건적 생성의 참여라는 맥락에서도 역시,
그 사건의 현실적 장소와는 거리가 있다. 이들이 사빠띠스따
가 다음과 같이 연설하는 "생성중인 주체들"이다. "형제 자매
들이여, 여러분 자신을 팔지 마라. 우리와 함께 저항하라. 항
복하지 마라."(EZLN, 1994b, p. 238) 사빠띠스따의 사건적 상
황에서 멀리 떨어져 포획된 사람들에게 저항과 충실성은 상황
들의 구축을 통해 표현된다는 게 내 주장이다. 내가 앞에서 이
야기한 바와 같이 구축된 상황들은 새로운 행위들이, 삶의 새
로운 조직들이, 새로운 언어들과 새로운 주체성들이 출현할
수 있는 지형을 제공해주는, 그리고 참여자들에 의해 직접 조
직되고 살아짐으로써 스펙타클과 단절하는 집단적 환경들이자
삶의 배경들이다. 드보르가 주장하는 바와 같이, 그것들은 "지
배 문화에 대한 혁명적 대안"(Debord, 1957, p. 50)을 도입한
다. 이것은 "현재 사회에 포함되어 있는 혁명적 가능성들의 총

체성의 실현에 몰두하는 운동의 역사"(Debord, 1963, p. 164)
와 분리될 수 없는 산출물이다.

구축된 상황들, 아니면 베이의 언어에 따르자면, 그와 유
사한 "일시적인 자율적 지대들"은 사건적 상상성을 삶의 모든
측면으로 가지고 와서 그것들을 뒤엎어 그것들의 혁명적 잠재
력을 드러낸다. 따라서 사빠띠스따의 "야 바스따"("이젠 충분
해")는 자본주의적 구조들과 담론들에 의해 봉합되는 장들과
지형들 위에 투사되고, 그 안으로 스며든다. 그리고 그 결과
그것은 가족, 대학, 관계들, 사무실, 공장 등등으로 들어감에
따라 자신의 의미와 잠재성 속에서 변형되고 확장된다. 구축
된 상황이 사건이나 사건적 상황과 맺는 관계는 무조건적이지
만 비판적인 지원의 관계이다. 주어진 사건이 재현하는 공간
과 시간의 파열, 개방, 전복에 이르는 무조건적인 지원. 하지
만 또한 그 자신의 지리적 한계들 내에서 그리고 그 한계들을
넘어서 그 사건에 의해 개시된 과정들과 작동들에 대한 비판
적인 접근. 이런 식으로 구축된 상황들은 그 자신의 영토적이
고 정치적인 한계들 너머로 사건의 상상성을 확장하고, 사회
의 강제들을 탐색하고 능가하며, 미래의 사건의 실현을 위한
공간을 열어놓는다. 역으로 이것이 상황들의 구축이 일상의
실천이 될 조건들을 생산할 것이다.

하지만 하나의 위험이 존재한다. (그리고 이것은 상황들의

구축을 통해 자신들의 충실성을 표현하는 사람들뿐만 아니라 저항의 주체에게도 똑같이 적용된다.) 이 "생성중인 주체들"이 자신들의 정치적/이론적 활동을 이상화하고 심지어는 그것을 깨닫지 못한 채 자신들이 반대하는 바로 그 사회를 지원하는 것으로 귀결되는 위험성 말이다. 오늘날 스펙타클은 모든 곳에 존재한다. 더 이상 외부는 없다. 이전의 집중적이고 분산적인 스펙타클들은 이제 통일된 형태를 낳았다. 즉 점점 전체 사회로 확장하는 "통합적인 스펙타클"을 낳은 것이다. 스펙타클의 가장 교활한 통제 메커니즘들 중의 하나는 가장 급진적인 몸짓들을 식민화하거나 심지어는 만회하는 것이다. 플랜트가 주장하는 바와 같이, "반대는 그 자신의 스펙타클로 바뀌며, 반란군들은 그들 자신의 반란을 구경하는 사람이 되어 그들이 참여하기를 원하는 삶을 소비하고, 그들이 아무런 실재적 효력을 지닐 수 없는 유혹적이고 매혹적인 역할을 맡는다."(Plant, 1992, p. 69) 진보적인 논쟁 세력들과 스펙타클을 일상화하는 세력들 사이의 전선들은 쉽게 구별되지는 않지만 그렇다고 영구적이지도 않다. 사건의 충실성 주체는, 보들리야르식의 스펙타클한 힘에 대한 찬양을 포스트모던하게 수용하는 데로 내려가기보다는, 사회의 '스펙타클화'가 — 홀러웨이가 물신화와 관련하여 밝힌 바와 같이 — 하나의 주어진 사실이 아니라 계속적인 부정 투쟁 — 만회된 것과 식민화된 것은 언제나 재

주장될 수 있고 새로운 투쟁 형식들이 창조될 수 있다는 부정 투쟁
― 을 포함하는 하나의 과정임을 염두에 두면서 혁명적인 이
론과 실천에 참여한다. 결론을 맺는 장에서 나는 이 두 번째
충실성 주체로 돌아와 그것이 미래의 사건이나 사건적 상황을
준비하는 데에서 갖는 중요성을 더욱 깊이 논의할 것이다.

노동과 자기가치화

이 지점에서 우리는 자신의 충실성을 저항 속에서 표현하
는, 그리고 자율주의적인 맑스주의 전통에서 자기가치화로 알
려진 것의 관점에서는 상황들의 구축 속에서 자신들의 충실성
을 표현하는 사람들의 주체성 생산 과정에 접근할 수 있다. 네
그리의 주장에 따르면, "자본에게 정치는 분할과 위계이지만,
프롤레타리아트에게 정치는 통일과 평등이다. 자본에게 그것
이 노동의 종속을 의미한다면, 프롤레타리아트에게 그것은 자
기가치화의 과정을 의미한다."(Beasley-Murray, 1994, n.p.에
서 인용함) 자기가치화는 자율적인 자기발전 과정을, 집단적인,
상호협력적인 노동과 행위를 통해 가능하게 되는 가치 및 주체
성의 생산 과정을 의미한다. 가치를 창조하는 실천으로서의 산
노동은 부단히 자본주의적 생산과정의 전복 가능성을 제기할
뿐만 아니라 새로운 대인들의 구축 또한 제기한다. 그리고 가

치화 과정은 우리로 하여금 단순히 지식의 생산뿐만 아니라 사회의 생산, 그리고 사회에 생명을 불어넣는 주체성들의 생산을 파악할 수 있도록 도와준다.(Hardt & Negri, 1994) 현대 사회의 최근의 대규모적인 변형들에 대응하여 다수의 (종종 임의적으로 포스트모더니즘의 간판 아래 묶여진) 저자들은 주체성을 개인주의적인 맥락에서 접근하는 경향이 있다. 하지만, 하트와 네그리는 이러한 변형들, 자본주의적 기획의 승리, 그리고 '공장-사회'로의 계속적인 이동이 급진적인 혁명 이외에 다른 표현 수단을 갖지 못하는 존재를 능동적으로 생산하는 쪽으로 주체성들을 이끈다고 주장한다. 물질적이고 비물질적인 집단적인 노동 형식들은 사회적인 자기가치화 과정을 구성하고 주체성과 혁명적인 변화 과정을 위한 새로운 지평들을 밝혀준다.

사빠띠스따에 의해 수행된 노동, 물질적이고 사회적이고 정동적이며 지적인 기초들을 창조하는 노동, 로렌사노가 치아빠스에서 무장한 정치적 코뮌이라고 부른 바의 이 노동은 새로운 기획들과 이러한 기획들에 생명을 불어넣고 노동과 자본 사이의 적대를 표현하는 새로운 주체성들을 생산한다.(Lorenzano, 1998) 동일한 것이 반자본주의 투쟁의 작업틀 내에서 상황들을 구축하는 다양한 자율적인 정치그룹들에게도 해당된다. 이 그룹들의 사회적 노동은 주어진 상황들에 특수한 가치들을 전제하고, 생산하고, 창조하고, 재생산하지만, 그

와 동시에 자본주의 조직의 바로 그 심장을 건드린다. 다양한
물질적·비물질적인 노동 형태들, 그리고 가치화의 지형은 새
로운 형태의 반위계적인 자기조직화와 지배적인 구조들과 담
론들에 도전하는 지성적이고 정동적인 역량을 지니고 대안들
이 출현할 지형을 여는 새로운 형상의 주체성을 생산한다. 맑
스, 하트와 네그리는, 주체성의 해방을 주체 없는 과정에 제한
하고, 이 주체성의 생산과 발전을 가정하는 것으로, 동시에 코
뮤니즘의 도래를 일종의 자연사의 산물로 가정하는 것으로 마
무리했다. 하지만 주체성은 그것의 생산가능성과 생산성 둘
모두에 의해 파악되어야 한다. 주체는 구축되는 것과 동시에
사회적 노동의 거대한 네트워크를 구축하며, 그 결과 주체성
은 가치를 생산할 수 있는, 그리고 그 가치에 의해 생산될 수
있는 그 기질에 의해, 충실성을 생산할 수 있는, 그리고 이 충
실성의 표현을 통해 생산될 수 있는 자신의 능력에 의해 동시
에 그리고 똑같이 규정된다.

봉합된 주체

　　자기가치화는 고립된 개인적 활동을 통해 일어나는 과정
이 아니라 오히려 변형적인 집난적 행위와 노동에 그가 참여
하는 것을 통해 일어나는 과정이다. 달리 말해, 자기가치화는

집단성을 전제한다. 우리가 이 과정이 저항의 주체 속에서, 그리고 구축된 상황의 주체 속에서 발생하는 것을 인식한다 할지라도, 여기에서 문제되고 있는 주체는 개인주의적 원리들에 의해 좌우되는 주체성 생산과정에서 발견되며, 그것의 자기가 치화는 제정권력에 도전하기보다는 영속화시키는 구조들 속에서 구현된다. 나는 이 세 번째 충실성 주체를 학계와 관련하여 논의하며, 이 책을 쓰면서 일어난 역행적 과정과 관련된 대학 구조에 대한 비판을 목적으로 한다. 그렇다면 우리와 관련된 문제는 다음과 같다. "사빠띠스따에 관한 저작을 읽거나 그들에 대한 책을 쓰는 학자의 충실성은, 또는 사빠띠스따에 대한 논문을 쓰려고 마음먹은 학생의 충실성은 어떻게 표현되며, 물질화되는가?" 독자는 앞의 두 주체들이 집단적이었음에도 불구하고 여기에서 내가 개별적 주체에 대해 이야기할 수밖에 없다는 점을 주목해야 한다.

위의 물음에 대한 답은 오직 개인주의적인 술어들로만 주어질 수 있는데, 그것은 문제의 주체가, 학문적 환경 내에서는, 자신의 충실성을 개인적으로 대응하는 것(예컨대, 이야기 들려주기, 글 출판하기 등등)에 의해서만 보여질 수 있기 때문이다. 이것은 곧바로 대학 활동의 개인주의적인 성격뿐만 아니라 사회의 나머지로부터의 대학의 고립 역시 분명하게 보여준다. 그리고 이러한 활동의 참여자들이 충실성의 주체가 되지 못하게 하는 조건들을 우리에게 보여준다. 학문적 순환들 내에 묶여진 정의에 의해, 이러한 개별적 대응들은 통일된 사회적 실천으로부터 분리되고, 그들의 노력들은 그들의 애초의 고립을 다시 강화하는 경향이 있다. 학문적 지식의 이러한 폐쇄적인 생산 및 재생산 순환의 결과는 고립의 심화이며, 이것은 역으로 이론과 실천의 분리를 훨씬 더 증대시키며, 타자에 대한 각자의 정당화를 지연시키며, 그들의 뒤섞임이 통일된 혁명적 기획이 되는 것을 방해한다. 따라서 분리, 고립, 개인주의는 "결코 끝나지 않을 진부성의 순환 속에서 서로를 쫓는 예상 가능한 논문들, 아첨하는 학생들의 수사학의 퇴보 이외에는 아무런 의미를 갖지 않는 세미나들, 그리고 지적으로 공허한 결점을 위장하는 이기적인 협의회들"(Melancholic Troglodytes, 2003, p. 3) 속에 체현되는 무료한 지적 활동에 길을 내준다. 그리고 상황주의자들의 표현을 약간 바꾸어 쓰자면, 권태는 반혁명이다.

　이론과 실천의 관계가 "비판적"이고 "급진적인" 학문적인 학교들의 관심사가 될 때, 보이는 반응들은 대학의 구조와 고립된 이론 생산을 좌우하는 동일한 개인주의적 논리를 재생산하는 경향이 있다. 이것은 심지어 급진적인 사유에 침투하고 상아탑 안에서 집단적인 행동을 유린하는 상품 물신화 과정의 논리적 생산물이다.(Holloway, 2002를 보라) 따라서 논쟁들과 논문들은 행동주의를 보호하고 저 바깥에 있는 사람들과 함께 이론을 만들어내는 개인적으로 "훌륭한 학자" 이미지를 투사하는 사회집단들 속에 우리 자신을 참여시키는 것의 중요성을 강화한다.(예를 들어 Biglia, 2003을 보라) 집단적인 이론/실천 만들기가 혁명적인 기획에, 그리고 혁명적인 주체성 생산에 분리불가능하게 연결되어 있을지라도, 이 접근법에 도사린 문제는, 그것이 오늘날 다소 대중적인 형태를 띠고 있다 할지라도, 이론과 실천의 분리에 대한, 대학과 행동주의의 분리에 대한 통일된 비판을 전개하는 데 실패한다는 데에 있다. 학계를 자본주의적 기구로 그대로 내버려두거나 위계제의 쟁점에 피상적으로 달려들고, 소위 주변부 그룹들을 이상화하고 물신화하는 것으로 끝내고, 이러한 종류의 행동주의를 묘약으로 제시하고 만다. 학계와 정치행동 간의 관계라는 문제틀에 대한 이러한 일면적인 사유 노선이 낳는 결과는, 학계의 급진적인 변형— 다양한 정치 투쟁 형태들과 불가피하게 친밀하게 연결하게 될 변형— 을 위한 집단적인 격려, 조직, 행동을 하는 대신 거의 전적으로 학계 바깥의 정치적 활동과의 연루를 조장한다.

진리를 생산하는 네 가지 조건들— 즉, 예술, 과학, 사랑, 정치— 의 좌표라는 바디우의 용법에 의하면, 여기에서 문제의 주체가 사랑의 조건 속에서 봉합된다고 주장할 수 있다. 관념들에 대한 사랑, 이론적 혁신에 대한 사랑, 시각의 교환에 대한 사랑— 이것은 종종 개인주의적인 개인적 성취들에 대한 사랑으로 바뀔 수 있다— 은 이론의 생산을 오늘날의 학계 내부에서 좌우하는 조건이다. 그리고 그것은 바디우가 의미하는 바의 사랑이 아니라 오히려 정치와 고상한 체하는 관계를 유지할 뿐만 아니라, 더 나아가 종종, 자본주의 경제가 점차 대학에 침투하여 자본주의 경제의 논리에 따라 작동하도록 강제함에 따라, 자본주의 경제의 요구들에 의해 생산되고 동기화되는 구속적이고 맹목적인 사랑이다.(Parker, 2003) 문제의 주체가 개인적인 대응들을 우선시하는 조건들 속에서 발견되는 봉합된 주체이며, 통일된 이론/실천과 집단적인 정치적 행동을 벗어난 이론과의 추상적인 로맨스야말로, 이런 식으로 해서, 그 주체가 충실성의 주체가 되는 것을 가로막는다는 것이 나의 결론이다.

미래의 사건을 향하여

바디우의 충실성 윤리가 주체성과 정치 행위의 생산에 대한 혁신적인 이해 방식을 제공해 준다는 사실에도 불구하고, 여기에서 고찰할 필요가 있는 두 가지 주요한 문제들이 있다. 첫 번째는 사건의 생산에 직접적으로 참여하는 주체들에 의한 사건 자체의 생산이다. 바디우가 제시한 것은 사건이 일어나기 전에는 주체란 존재하지 않으며 오로지 인간이라는 동물, 즉 그 사건에 의해 그 혹은 그녀가 그 혹은 그녀 되기에 포획된 결과로서의 "주체 되기" 과정에 들어가는 "누군가"만이 존재한다. 하지만 사건을 "주체 되기"의 출발점으로 간주함으로써 바디우는 곧바로 그것의 생산을 주체 없는 과정으로 축소한다. 달리 말해 사건 이전에 주체가 존재하지 않는다는 그의 가정은 어떻게 사건이 존재하게 되는지를 설명하지 못한다. 이는 그것의 생산이 직접적인 참여자들, 그것의 창조자들이 자유에, 파열과 급진적인 변화에 참여해야 한다는 것을, 그리하여 이미 주체 되기의 과정에 존재할 것을 요구하기 때문이다. 사건의 생산에 참여하는 사람들이 스스로 또 다른 사건에 포획되어야 한다고 주장하는 것은 문제를 해결해 주지 못하는데, 이것은 주요하게는 바디우가 사건들의 연속성에 대한 어떠한 이론도, 또 다른 사건으로 정향된 어떠한 이론도 제공해 주지 못하기 때문이며, 경험적으로 이것이 언제나 옳지 않기 때문이다. 바디우의 이론에는 사건의 생산이 설명되지 않을 뿐만 아니라 어떤 사건에 의해 포획된 되기 과정 역시 신비로 남아 있다. 그리고 사건이, 어떤 의미에서, "존재하는 것"과 이질적이기 때문에, 기존의 지식과 언어로 환원불가능하기 때문에, 주어진 상황의 "누군가"를 포획하고 그 혹은 그녀를 주체 되기의 과정에 밀어 넣는 사건에 무엇이 존재하는가 하는 하나의 질문이 여기에서 떠오른다. 따라서 내 주장은, 사건에 앞서는 일종의 주체가 존재한다는 것이며, 그 존재는 어쨌든 자유와 급진적인 변화에 몰두하고, 그렇게 함으로써 사건 생산의 과정들에 참여하며, 또한 사건들에 의해 포획될 수 있다는 것이다. 이러한 종류의 주체를 설명하기 위해 3장에서 자세하게 논의한 바 있는, "자율 기획"이라는 까스또리아디스의 생각을 환기할 필요가 있다.

까스또리아디스의 주장에 따르면, 자율 기획은 고대 그리스에서 일어났던 파열에 뿌리를 둔 사회적인 상상적 의의들이며, 타율과 사물의 제도화된 질서, 제정권력을 부정하는 재귀적인 인간의 활동의 상호 환원불가능한 극들로서의 민주주의와 철학의 창조 속에 체현되었다. 우리 문명의 두 가지 주요한 사회적인 상상적 의의들 중의 하나인 자율 기획(다른 하나는 이성적 지배의 무제한적인 확장이다)은, 한 사회가 계속해서 자신의 제도들, 세계에 대한 자신의 재현들, 자신의 상상적인 의의들, 자신의 법률들 등등을 문제 삼고, 이런 식으로 새로운 형식들의 창조를 위한, 그리고 결말 없는 운동을 위한 공간을 열어놓는다는 것을 함축한다. 자율 기획은 파열, 비결정성, 개방성의 사회역사적인 기획이며, 정확히 이 역사적인 배치 내에서만 우리는 사건을 정치적인 것들의 질서 속에 위치지울 수 있다. 사건의 창조에 참여하거나 사건에 의해 포획되는, 그리고 충실성의 과정에 들어가는 주체가 그저 "누군가"일 수는 없다. 그와 반대로, 그것은 자율 기획의 생성중인 역사적 주체이며, 사건에의 어떤 식으로의 연루는 정확히, 사건이 보충, 수정, 풍부, 확장하기에 이르는 이러한 사회적인 상상적 의의에 이르는 그 또는 그녀의 충실성 과정이다.

두 번째 문제는 충실성에 대한 바디우의 개념화이다. 이것은 나에게는 방향 없는 정적인 과정으로 보인다. 의심할 바 없이, 충실성의 주체는 전혀 정적이지 않은 재배치와 변화들의 다중적인 과정들로 진입한다. 다른 한편, 이 과정들은 어떤 곳에도 이르지 못한다. 미래의 차원은 존재하지 않으며 오히려 자신의 유일한 참조를 과거의 사건에서 찾는 충실성만이 존재한다. 그리고 이것은 쉽게 폐쇄적이고 교조적인 충실성이 될 수 있다. 여기에는 두 가지 가능한 이유들― 나는 여기에서 이점에 대해서는 더 깊게 논의하지 않을 것이다― 이 존재하는데, 그 하나는 바디우가 네 가지의 진리 생산적인 조건들 속에서 충실성을 무차별적으로 취급한다는 것, 그리고 다른 하나는 성 바울에 대한 독해가 그의 충실성 개념에 미친 영향이다. 하지만 그리스도의 사건에 포획된 성 바울은 미리 결정된 그리스도의 재림 이외에는 어떠한 사건도 목표로 하지 않는 충실성 주체가 된다.(Badiou, 2003을 보라) 정치의 조건 속에서 사건들 사이의 관계는, 내가 제헌권력과 관련하여 논의한 바와 같이, 어느 정도는 누적적인데, 하나의 사건은 부정적인 맥락에서건 긍정적인 맥락에서건, 단조로운 연속으로서가 아니라 혁명적인 상상성의 급진적인 혁신 과정으로서, 다른 사건 위에 축조된다. 그러므로 결과적으로 하나의 정치적 사건에 대한 충실성은, 최소한 우리가 앞에서 구축된 상황의 주체라고 규정했던 주체에게는, 한계들의 극복을, 그리고 또 다른 사건의 실현을 통해 처음의 사건을 확장하는 것을 자신의 일차적인 목표들 중의 하나로 갖는다.

사빠띠스따로 돌아와서 우리는 그것의 사건적 성격이 정확히 미래의 사건의 상상성을 자극하는 것에 있다는 것을 알 수 있다. 그리고 결과적으로, 사빠띠스따의 사건적 상황에 대한 충실성 주체는 그러한 방향으로 자신의 노력들을 이끈다. 일반적으로 말해서, 사건은 언제나 미래 사건의 씨앗을 함유한다. 그리고 좀 더 분명하게 말하자면, 이것은 사빠띠스따의 유사 사건에 대해서도 역시 참이다. 사빠띠스따는 어떠한 경우에도 사건에 대한 생각, 혁명에 대한 생각을 거부하지 않았다. 비록 위로부터의 (대문자 "R"의) 혁명에 반대하여 아래로부터의 (소문자 "r"의) 혁명을 촉구했으며, 그 목적이 전자의 다양한 방법들, 참여의 정도, 등등의 중요성을 강조하고, 또 후자의 전위들 및 후견인들과 관련한 논쟁을 피하기 위해서였더라도 말이다.(Holloway, 2003) 그들이 권력 탈취로서의, 그

리고 폐쇄적인 유토피아 기획으로서의 위로부터의 혁명을 거
부한 것이 그들이 위로부터의 혁명 사상 자체를 거부했다는
것을 의미하지는 않는다. 그와 반대로, 그들은 자신들의 혁명
이 위로부터의 혁명을 가능하게 해 줄 한 걸음 더 나아간 조치
라고 주장했으며, 이 혁명이 과거의 혁명들만큼 효과면에서
급진적이 될 것이지만, 폐쇄적인 청사진 유토피아주의는 가지
고 있지 않다고 주장했다.

이 운동이 혁명적이라는 주장이 미래의 사건을 준비하는
것에 있는 것이 아니라 시각에 대한 현재적 역전에, 세계를 인
간의 존엄과 양립할 수 없는 것으로 이해하는 것 속에 있는
것이라고 홀러웨이가 암시할 때, 그는 이 점을 놓친다. 뒷부분
은 명백히 참이지만, 이 운동이 혁명적이라는 주장에 결정적
인 것은, 명시적이건 암묵적이건 간에, 그것이 바로 미래의 사
건에 대한 예기豫期이며, 그것의 명백한 개량주의적 경향들과
관계없이, 이 운동의 유사 사건적 성격이라는 것이 내 입장이
다. 사빠띠스따에 대한 라클라우/무페식의 독해들뿐만 아니라,
일부 자율주의적 맑스주의자들은 실재적인 혁명 운동을 위한,
자본주의를 전복하고 잿더미에서 사회를 다시 만들 실제적인
사건을 위한 사빠띠스따의 상상성이 아니라, 오히려 그렇게
하지 못하는 이 운동의 무능성을 이론화하는 경향이 있다. 이
무능성에 포스트모던적 정치학의 복장을 입히면서 말이다.(예

컨대, Ortiz-Perez, 2000) 하지만 여기에는 한 가지 문제가 있는데, 사빠띠스따가 급진적인 혁명적 계기의 상상성 속에, 사건의 상상성 속에 놓여 있었다는 것을 거부하는, 그리고 오로지 EZLN의 개량주의만을 이론화하는 사람들은 치아빠스 봉기가 정확히, 부정적인 용어로 말하자면, 개량주의에 대한 부정을, 혁명의 종말에 대한 도전을, 아니 더 좋게, 긍정적인 용어로 말하자면, 지역적 수준에서나마 수년간의 정치 투쟁들의 혁명적인 완결을 나타낸다는 점을 망각한다. 우리는 사빠띠스따가 모든 수준에서 10년간의 준비를 마친 후인 1994년 1월 1일 새벽에 마르꼬스가 산끄리스또발의 거리에서 "이것은 혁명입니다"(Tellos Diaz, 1995:16에서 인용함)라고 자랑스럽게 선언했을 때, 몇 달 후에 "그것이 혁명을 가능하게 합니다"(McManus, 2002:3에서 인용함)라고 덧붙였을 때, 사빠띠스따가 적절한 혁명적 계기를 예기하지 못했다고 해석해서는 안 된다. 이 인용문에서 우리는 분명하게 혁명에 대한 두 가지 개념화를 볼 수 있다. 하나는 사빠띠스따에 의해 표현된 사건적 상황이라는 개념화이고, 다른 하나는 "도래할 사건"이라는 개념화이다. 그러므로 사빠띠스따는 미래의 사건을 위한 지형을 준비하는 사건적 상황인 것이다.

사빠띠스따의 사건적 상황이라는 주체 생성 과정에 들어간다는 것은 그것의 에너지를 미래 사건의 구축으로 이끈다는 것을 함축한다. 여기에서 네그리의 제헌권력의 윤리적 주체가 바디우의 충실성의 주체보다 더 미래 지향적이다. 이러한 종류의 주체는 자신의 특이성 속에서 유토피아의 오류 없이 급진적인 사건을 목표로 하는 정치적인 디스토피아 형식으로서의 제헌권력의 실체를 실현하려는 불가능한 과제를 추구한다. 그것의 충실성은 각각의 사건을 증명서로 만드는 것 속에, 그리고 각각의 증명서를 전투 행위로 만드는 것 속에 존재한다. 윤리적 주체가 하나의 사건을 기다린다는 것은 제정권력의 부정과 급진적인 내재성의 긍정으로 그와 같은 사건을 구축하는 것에 전념한다는 것이다. 이것이 정확히, 라울 바네겜이 묘비명에 기록한 두 세계 사이에 위치하는 우리의 지위가 우리에게 요구하는 바이다. 마지막의 결론을 맺는 장에서 나는 이 문제로 돌아와 충실성 주체가 미래 사건의 구축으로 나아가는 것을 탐구할 것이다. 잠시 사빠띠스따의 집단적인 충실성 주체에 대한 비판으로 나아가 보자.

5장

사빠띠스따를 비판적으로 읽기

5

사빠띠스따를 비판적으로 읽기

부정不定에 온 걸 환영합니다.
—부사령관 마르꼬스, 1994

앞 장에서 나는 치아빠스 반란이 하나의 사건적 상황으로 가장 잘 묘사된다고 주장했다. 나는 사빠띠스따 운동이 1994 년 반란의 효과들을 살아 있도록 유지하는 한에서 사빠띠스따 전체를 표현하는 데 이 용어가 적합했기에 계속 사용했다. 더 욱이, 나는 사빠띠스따 운동이 그들 스스로가 생산한 사건적 상황에 대한 충실성 주체를 구성한다고 주장했다. 이 장에서 나는 충실성 주체로서의 운동을 비판하는 데 사빠띠스따가 기

여하는 일정 측면들을 고찰할 것이다. 사빠띠스따의 저항이
이 운동이 실제로 끊임없는 충실성 주체였음을 증명한다 할지
라도, 이 운동의 어떤 측면들은 사빠띠스따의 사건적 상황에
대한 다른 충실성 주체들이, 현재 혹은 미래에, 사빠띠스따의
한계들을 향해 갈지 아닐지, 그 한계들과 단절할지 아닐지 비
판적으로 고찰될 필요가 있다. 이것이 사빠띠스따 운동의 전
체를 포괄하는 비판적 독해라는 의미는 아니다. 내가 목표로
삼는 것은, 사빠띠스따를 옹호하는 문헌에서 무시되거나 덜
논의되어 왔던 치아빠스 봉기의 심도 깊은 측면들을 탐구하는
것이다. 나아가 이 장을 5개의 주제별 절로 나누어, 각각의 절
에서 사빠띠스따 담론 및 실천의 특수한 측면을 다룰 생각이
다. 첫째 절에서 나는 EZLN이 또 다른 게릴라그룹, 혁명인민
군EPR과 맺는 관계를 강조하면서, EZLN과 멕시코의 다양한
사회 부문들과의 관계에 대한 논의를 제공할 것이다. 둘째와
셋째 절에서의 초점은 EZLN의 민족주의, 더 구체적으로 말
하자면, 멕시코 민족과 국가를 강조하고 그것들을 방어하는
것에 대한 것이다. 넷째 절에서는 자본에 반대하는 전지구적
투쟁에서 사빠띠스따가 갖는 중대함을 고찰하기 위하여 일국
적인 수준에서 국제적인 수준으로 옮겨간다. 이 절에서 나는
제국의 맥락 내에서 이 운동을 전 세계의 다른 투쟁들과 구별
하게 해주는 것이 무엇인지 설명하고, 이 운동이 이끄는 가능

한 미래의 방향을 확인해 볼 것이다. 마지막 절에서 나는 지역적 수준으로 돌아가, 그리고 치아빠스의 자율적인 원주민 공동체들에 밀착해서, 원주민 자율의 알려지지 않은 측면들을 조명하고 그것의 불필요한 이상화들에 반대하기 위하여 사빠띠스따 자율의 한 측면인 자율적인 교육을 비판적으로 논의한다.

혁명가들과 개량주의자들

사빠띠스따와 "노동계급"

자율주의적인 맑스주의 시각에서 글쓰기를 하는 네일 등은, 시민사회 및 인류와 같은 용어들을 사빠띠스따가 사용하는 것이 나프타NAFTA 및 그와 관련된 멕시코 국가의 "엔클로저" 형태들에 반대하기 위하여 노동자들, 농민들, 중간계급 부문들, 쁘띠부르주아지들 간의 동맹 구축을 목표로 하는 인민전선 이데올로기의 신호라는 주장을 논의 및 심의한다.(Deneuve 등, 1996을 보라) 이 저자들은 사빠띠스따의 수사학, 전술 및 요구들 속에서 "인민전선 정치에 의한 사회민주주의라는 명시적인 목표"(Deneuve 등, section III, p. 1)를 확인하지만, 이 지점에서 멈춘다면 그들 투쟁의 현실적 맥락에서 EZLN의 진화를 인식하지 못할 것이라고 주장한다. 네일 등에게 중요한 것은, 지난 10년 동안 그리고 현재의 정치적·경제적 정세 아래에서 노동계급이 어떻게 확대되어 왔으며, 그리하여 어떻게 오늘날 수많은 사회 부문들(농민들, 노동자들, 주부들, 중산계급들 등등)을 포함하게 되었는지를, 사실상 어떻게 이 모든 노동계급 부분들을 통일하는 전략의 필요성을 제기하는지를 아는 것이다. 그러므로 이러한 작업틀 속에서 그리고 그들의 명백한 개량주의적 경향을 초월하여, 사빠띠스따는 복잡한 노동계급 구성 속에서 통일을 이룩하고 발전시키기 위한 방식들을 모색한 것으로 이해된다.

사빠띠스따를 다계급^{multi-class} 전선을 세우기 위한 시도로 보는 접근법이 우리가 노동계급에 대한 전통적인 개념화— 배제 그리고 특정한 노동 형태의 정치적 우선성을 기초로 하는 다소 제한적인 개념화— 를 받아들이는 것을 의미할 것이라는 점은 사실이다. 다른 노동 형태들(예컨대 가사노동) 역시 그들이 자본주의적 착취와 맺는 관계 속에서 규정된다고 가정한다면, 20세기의 마지막 10년에 산업노동이 "비물질노동"의 출현으로 인해 자신의 헤게모니를 상실한다는 사실은, 노동을 착취당하는, 그래서 자본의 지배에 저항할 수 있는 잠재력을 공유하는 모든 사람들을 포함하는 새로운 노동계급 개념화의 필요성을 분명히 한다. 하트와 네그리는 이러한 종류의 노동계급 개념을 "다중"이라 부르고, "다중은 프롤레타리아 개념에 자본

의 지배 아래에서 노동하고 생산하는 모든 사람들이라는 그것
의 가장 풍부한 정의를 제공한다"(Hardt & Negri, 2004, p.
107)고 주장한다. 사빠띠스따가 신자유주의에 맞서 멕시코 노
동계급이라 할 수 있는 사람들의 "80퍼센트 이상"을 결합시키
는 방법을 전략적으로 고려한다고 네일 등이 주장하는 것은
바로 이 확장적이고 포괄적인 노동계급 개념화 속에서이다.
이러한 점에 비추어 볼 때, 사빠띠스따의 정치적 제안들의 사
회민주주의적이고 자유주의적인 요소들(예컨대, 멕시코 헌법
의 인정, 부르주아 언어로 씌어진 혁명 법률들, 원주민 권리에
대한 강조 등), 이 운동에 대한 규정의 결핍, 용어의 모호함,
그리고 명시적인 애국적 담론 등— 이것들은 신자유주의적 "맑
스주의자들"에서 우익 가톨릭교들에 이르는 범위의 정치적 입장을
끌어당긴다 — 은, 적어도 부분적으로는, 멕시코의 노동계급의
다양한 부문들을 통일시키려는, 그리하여 이 모든 부문들을
위한 공통의 저항 지반을 정의하려는 시도로 이해될 수 있을
것이다.

하지만, 이러한 시각에서 사빠띠스따에 접근하는 것은 우
리로 하여금 한 걸음 더 나아가 이러한 노력이 취하는 내용과
방향에 대해 질문을 던지도록 만든다. 우리는 다양한 노동계
급 부문들 사이에 존재하는 모순들 및 위계들이 어떻게, 그리
고 어떤 방향성 속에서, 다루어지고 있는지 고찰할 필요가 있

다. 그럼에도, 다중에 대한 자신들의 논의들 속에서 하트와 네그리는, 그리고 사빠띠스따에 대한 자신들의 논의들 속에서 네일 등은, 다양한 노동계급 부문들을 통일시키고 그들 사이의 모순들을 해결하려는 시도가 낳는 문제들, 불가능성들, 가능한 결과들 및 방향들에 대해 우리들에게 아무것도 알려주지 않는다. 사빠띠스따의 경우, 네일 등은 통일을 수립하고 발전시키려는 시도가 취하는 방향에 대한 논의를 회피할 뿐만 아니라, 사빠띠스따의 담론 및 실천의 사회민주주의적이고 자유주의적인 요소들을 이러한 시도의 불가피한 결과로서 아무 의심 없이 받아들이고 암묵적으로 정당화한다.

> EZLN은 정말 다양한 노동계급 부문들을 포함했는데, 거기에는 소규모 소유자들이 포함되었으며, 심지어는 대규모 소유자들의 지원을 받기도 한다. EZLN이 다양한 부문들을 포함하게 되면서, 그러한 부문들 사이에 위계들 및 모순들을 포함하게 된다. …… 그러나 이것들이 새로운 사회적 관계들을 구축하는 데 시간을 두고 해결되어야 할 계급 내의 모순들이라는 점이 인식되었다. …… 또는 일부 계급 부문들은 대부분의 부문들을 억누르기 위한 국가 장치를 다시 제안하지 않을 수 없다는 점이 인식되었다.(Neill et al., n.d., late 1990s, section III, p. 2)

문제는 물론, 한 부문이 국가 장치를 제안하여 다른 부문들을 억누르느냐가 아니라, 다양한 부문들 사이의 모순들이 실제로 어떻게 해결되느냐이다. 이러한 부문들 사이의 모순들이 실로 막대한 멕시코와 같은 나라에서, 만일 어떤 종류의 진정鎭定 메커니즘들이 작동되지 않는다면, 어쩌면 계급 통일이란 불가능한 과제가 될지 모른다. 사빠띠스따가 모순들의 문제를 다루고 통일을 이룩하려고 노력하는 방식은 자신들의 요구들을 자유주의적인 것으로 만드는 것, 그리고 사소한 변화들에 더욱 쉽게 만족하는 부문들에 더 우호적인 사회민주주의적인 의제를 개발하는 것이다. 더욱이 애국적 담론의 사용은 진정 메커니즘으로 기능한다. 네일 등에게 EZLN이 애국심이라는 말을 사용하는 것은 다양한 노동계급 부문의 통일을 수립하려는 전략에 비추어 이해될 필요가 있다. 이러한 접근법에는 민족적인 대중적 성격을 갖는 공통 의지의 형성이라는 그람시주의적 창조 관념이 반영되어 있다. 이것이 사실이라 할지라도, 우리는 애국심이라는 말이 하나의 통일 원리로서뿐만 아니라 진정 메커니즘으로도 역시 기능한다는 점을 염두에 둘 필요가 있다. 하트와 네그리가 주장하듯이, 서발턴 민족주의는 사실상 강력한 외부세력에 맞서는 진보적으로 요새화된 방어 라인이었음에도 불구하고, 그것이 내부로 들어오게 되면서는 완전히 다르게 작용해 왔다. 종종 통일의 이름으로 내적인 차이들과 반대들을 억눌러왔던 것이다. 이것은 사빠띠스따 전략에도 역시 여전히 사실이다. 그리고 통일을 이룩하는 것은 적대를 진정시키고 가장 급진적인 목소리들을 침묵시키는 것을 함의해 왔다.

사빠띠스따와 급진적인 목소리들

"다양한 노동계급 부문들을 통일한다"는 사빠띠스따 전략을 더 가까이 살펴보면, 우리는 이 전략이 실제로 의미하는 것이 가장 빈곤한 부문과 관련된 가장 급진적인 목소리들을 침묵시키고 고립시키는 것이었다는 것을 알게 된다. 1996년 6월 28일 아과스 블란까스 대학살 1주년을 기념하면서 혁명인민군EPR이 게레로 주에서 처음으로 공식적인 모습을 드러내었을 때, EZLN은 정부와 멕시코 좌파PRD, 그리고 대다수의 미디어들과 공동으로, EPR의 전술들과 제안들에 대한 거부 의사를 드러내어 EPR의 고립과 침묵에 기여할 것이었다. 아래의 인용은 부사령관 마르꼬스가 EZLN을 대표하여 쓴 편지에서 발췌한 것이며, 여기에서 그는 EPR의 사령관들과 병사들에게 다음과 같이 이야기하고 있다.

나는 선언서에서 당신들이 지적한 쟁점에 관해 당신들에게 쓰고 있습니다. 구체적으로 "EZLN으로 하여금 그의 대화를 그만두게 할 잘못이 생긴다면, 그들은 그들이 이제 우리의 존경을 받는 것만큼 우리의 가장 온당한 지원을 받게 될 것이다"라는 당신들의 선언서를 말하는 것입니다. …… 우리는 당신들의 지원을 원하지 않는다고 말하고 싶을 뿐입니다. 우리는 그것을 필요로 하지 않습니다. 우리는 그것을 추구하지도 않습니다. 우리는 그것을 원하지 않습니다. 우리는 가장 온당하고 참된 우리의 자원들을 가지고 있습니다. 하지만 그것들은 우리들의 것입니다. 당신들은 당신들의 길을 계속 가십시오. 그리고 우리는 우리의 길을 가도록 내버려 두십시오. 우리를 구하거나 구출하려 하지 마십시오. 우리의 운명이 어떻든 우리는 그것이 우리의 운명이 되기를 원합니다. 우리를 걱정하지 마십시오. …… 하지만 우리가 서로 다르다는 것을 반복해서 지적하는 것이 유용하겠군요. …… 그 차이란, 우리의 정치적 제안들은 [당신들의 것과] 완전히 다르며 이것은 이 두 조직들의 담론과 실천을 보면 분명하다는 것입니다.(EZLN, 1996b. 강조는 지은이)

마르꼬스에 따르면, EPR은 상이한 사회부문들의 의지의 표현을 가로막는 공포 상황을 조성했다.(Le Bot, 1997을 보라) 하지만 이것은 진실의 일면일 뿐이었다. EPR은 억압적인 정치와 극빈에 대한 반대를 주장하며 자기 보호수단으로서의 무장투쟁을 방어했던 봉기 이전의 EZLN과 전혀 다르지 않았다. 사빠띠스따는 산끄리스또발의 거리에 출현했을 때 동일한 담론을 채택했다. 그들 역시 그 봉기의 시절에 공포를 조성했으며, 그때 이후로 수많은 경우들에서 마르꼬스는 무장투쟁의 이미지를 연출했다(그러나 그것은 단지 극적인 효과를 위한 것으로 보인다). EZLN과 마르꼬스는 사빠띠스따의 무장 반란이 민주정치를 위한 여지가 전혀 없는 나라에서 그들이 이용할 수 있는 유일한 길이라고 반복해서 정당화했었다. 하지만 그들은 다소 전위적인 입장을 채택하면서 이것을 자신들만의 것으로 여기는 것 같았다.

> 난청과 문맹에 직면한 …… 멕시코 사회는 자신의 요구들을 논의할 공간이 없습니다. 그리고 평화롭고 시민적인 투쟁의 문이 닫혀 있음을 발견합니다. 이런 의미에서, 우리의 역할은 어쩌면 필요들을 보여주고 공간을 열어젖히는 것인지도 모릅니다.(Marcos, in Meza Herrera, 2001, p. 37)

하지만 1996년에 이르러 사태는 바뀌었다. EZLN이 시민사회의 비혁명적 부문에서 상당한 지원을 받게 되었던 것이다. 치아빠스로 흘러들어온 다양한 시민사회 조직들과 NGO들의 돈과 지원에도 불구하고, 마르꼬스는 어떠한 위험도 무릅쓰지 않고 신비스러운 게릴라라는 가식적 이미지를 유지하기 위해 주의를 기울이는 한편, 평화주의자로서의 면모로 보수적인 부문들을 달랬다. EPR이 1996년 최초로 공식적인 모습을 드러내게 되었을 때, EZLN은 무장투쟁의 방어를 그만두었으며,

"존엄과 정의를 갖춘 평화"를 위한 정부와의 "대화"라는 생각이 군사적 담론보다 더 우위를 점했다. 게레로-치쁘레스가 주장하는 바와 같이, 그 정치적 합의에는 이질적인 EZLN을 체제 내로 통합하는 것이 포함되어 있다. 그것은 사빠띠스따가 자기의 반란 담론의 군사적 측면을 버리는 것을 대가로 하는 것이다. 따라서 시민사회 내의 몇몇 조직들의 보수적이고 신자유주의적인 제안들이 묶이고 논의됨과 동시에, EPR은 폭력적이고 급진적이며 전혀 다르다는 이유로 거부되어야 했다. 제헌권력[구성적 힘]은 작동을 멈추었고, 반란의 계기들은 사라졌고, 사빠띠스따는 이제 체제 내로 수용된 차이, 제한되고 통제되는 불안정성의 요인이 되었으며, EPR은 애써 이룩해 놓은 균형을 파괴하고 반란을 다시 자극할 위험이 있었던 것이다.

나는 EPR의 논리, 그리고 변화를 일으키는 수단으로서의 권력 탈취(EPR은 사실상 이러한 과제를 달성하기에는 세력이 너무 작았다)를 이상화할 의도가 없지만, 우리는 이러한 종류의 무장그룹이 지지를 받고 있으며 멕시코 노동계급의 대규모의 빈민 부문을 대표하고 있다는 점을, 그리고 무장 투쟁이 여전히 하나의 전략, 특히 중무장한 적의 폭력에 대항하기 위한 실행가능한 전략이라는 점을 인식할 필요가 있다. EPR이 원주민과 비원주민 깜뻬시노들로부터 상당한 지지를 받고 그들이 작전을 수행하고 있는 지역들에서 만족스러운 대우를 받고 있었음에도 불구하고,(Guerrero-Chiprés, 2004) 마르꼬스는 "EPR은 멕시코 민중의 눈으로 볼 때 적법성을 확보했어야 했는데 그렇지 못하다"(EZLN, 1996b)라는 점을 들어 이 그룹에 반대해 왔다. 그는 이것이 시민사회의 조건이라고 설명했으며, EZLN은 자신의 적법성을 이 시민사회로부터 획득했던 것이다. 달리 말해, 마르꼬스는 사빠띠스따의 자유주의적인 이데올로기의 격률들을 분명하게 발설했던 것이다. 무장을 채택하자는 EPR의 결정은, 만일 EPR로 하여금 무장을 채택하도록 이끈 극빈, 폭력, 착취의 객관적 조건들에서 벗어나 있는 부문들에게서 지지를 받지 못한다면 적법하지 않다는 것이다. 그러므로 멕시코 노동계급을 통일하자는 사빠띠스따의 전략은 다른 부문들을 압도하는 특정 부문들의 담론과 논리를 특권화시키는 것 같았다. 그리고 이 계급에 내재하는 모순들은 자유주의적이고 사회민주주의적인 의제들에 도움이 되도록 해소되었다. 네일 등에 따르자면 멕시코 노동계급을 통일시키려고 애쓰는 엔지니어들인 마르꼬스와 사빠띠스따에게 다니엘 미테랑 — 마르꼬스는 원주민의 대의를 지지하기 위해 치아빠스를 방문해 달라고 그녀를 초대한 적이 있다(Le Bot, 1997을 보라) — 은 EPR과 같은 정통 게릴라들보다 더 중요하고 EZLN의 정치적 제안들에 더 가까웠던 것이다.

EZLN이 EPR의 반란군들에게 "우리는 당신들의 지원이 필요하지 않습니다"라고 말하고 나서 몇 년 후, 정부와의 평화 및 대화 주장, 그리고 무장투쟁의 거부 등, 사태는 크게 달라진 것 같지 않았다. 사빠띠스따 민족해방전선FZLN은 새로운 정치세력으로 발전하지 못했고, 시민사회 내부의 몇몇 다른 조직들, 즉 멕시코 노동계급의 부문들은 멕시코 국가와 경제 엘리트들에게 실제적인 도전을 제기할 수 없었으며, 어떠한 중대한 변화도 불러올 수 없었다. 2000년 PAN의 선거 승리로 특징지어지는 멕시코 정치의 우경화는 PAN에게 표를 던진 멕시코 노동계급의 상당히 많은 사빠띠스따 지지 부문들을 만족시켰으며, 이들은 폭스의 기독천주교적인 신자유주의적 담론에 대한 지지 의사를 표명하면서 자신들의 가장 급진적인 제스처를 보여주었다. 나중에, COCOPA 법안의 부결과 2001년 원주민 권리와 문화에 대한 신자유주의 친화적인 개헌안의 통과는 사빠띠스따 전략의 한계들뿐만 아니라 시민사회의 유효성의 한계들을 보여주었다. 시민사회의 문제틀— 그리고 급진적인 정치적 제안을 형성하지 못하는 그 무능성— 은 사빠띠스따 행진과 COCOPA 법안의 부결 이후에 생긴 포럼과 시민사회 및 노동조합들의 다양한 조직들의 참여를 묶어낸 공동 조정자에 의해 제기되었다.

EZLN이 행진대열을 정지시키고 치아빠스로 귀환하기 시작
했을 때, 소위 시민사회는, 사실대로 말하자면, 자신들의 집
으로 돌아갔다. 그들은 모든 법안이 아니라 EZLN이 요구한
법안의 통과를 보장하기 위해 의회에 압력을 행사할 수조차
없었다. 더욱 나쁜 것은, 사빠띠스따 행진대열이 목적지에 도
착했을 때, 수많은 시민사회 부문들이 자신들의 초점을 상실
했던 것으로 보인다는 점이다.(Gonzalez, 2001, pp. 9~10.
번역은 지은이)

EZNL은 여러 시민사회 부분으로부터 다소 소극적인 반응
을 받은 것과 달리, 받아들일 만한 이질적인 것으로 체제 내에
통합되고 포함되어 정부에 어떠한 중대한 도전도 제기할 수
없었다는 이유로 급진적인 목소리들로부터 비판을 받았다. 시
민사회가 점점 진정되고 국가에 포함되었다는 비판에 직면하
자 2001년 사빠띠스따는 자신들을 급진적인 운동으로 다시
소개하려고 노력했으며, 다른 무장그룹들과 다시 접속했다.
1996년 마르꼬스는 EPR의 출현 이면에 놓인 구조적인 원인
들에 대해 아무런 언급을 하지 않으려 했지만, 이제는 게레로
주에, 치아빠스처럼, "수치스러운 사회적 불균형"이 존재하며,
무장 반란을 불러일으키는 억압이 존재한다는 점을 긍정했
다.(Subcomandante Marcos, 2001b) 마르꼬스는 사빠띠스따
행진 도중 이구알라에서 행한 한 연설에서, EPR 및 다른 무장

그룹들에 대한 자신의 입장을 급진적으로 바꾸고, 이 그룹들과 EZLN의 새로운 관계를 이끌며, 그들을 정당한 것으로 인정한다고 말했다.

> 몇몇 정치적·군사적 조직들의 현존과 활동들은 멕시코가 그간 결코 변하지 않았음을 보여줍니다. EZLN은 이러한 조직, 그들 중에서 몇 개만 들어 말하자면, 반정부혁명인민군ERPI, 혁명인민군EPR, 그리고 인민무장혁명대FARP, 이들에게 우리는 자신들이 영향력을 행사하고 이해관계를 갖고 있는 땅을 통해 우리가 용이하게 여행을 할 수 있도록 여건들을 만들어 준 것에 대해 감사하고 있습니다.(Subcomandante Marcos, 2001b, n.p)

사빠띠스따 행진 중에, EZLN은 자신들을 급진적이고 전복적인 조직으로 재구성했으며, EPR 및 여타 무장그룹들과의 관계를 재설정했다. 게레로-치쁘레스가 주장하는 바와 같이, EZLN이 대화 및 정의로운 평화에 대해 멈추지 않고 강조했지만, 이전에 정권, 미디어, 좌파에 의해 비난을 받은 반란적인 행위자들과 공개적으로 다시 접속하면서 스스로를 급진적인 운동으로 재설정하려고 노력했을 뿐만 아니라, 정부를 적으로 설정하는 것이 여전히 가능하다는 것을 보여주었을 뿐만 아니라, EPR과 여타 그룹들이 이제 더 따뜻한 대접을 받는다고,

적어도 몇몇 미디어를 통해, 토로했다. 급진적 그룹들과의 재설정 및 재접속이 EZLN을 개량주의적 게릴라 및 포스트모던한 반란으로 받아들이는 것을 뒤흔들기 위한 수사학적인 움직임인지, 아니면 그것이 사빠띠스따 정치학에서 하나의 전환의 시작을 알리는 것인지는 고찰할 문제로 남아 있다. 최근에 사빠띠스따는 자신들이 어떠한 정치적·군사적 조직들과도 비밀 협정을 맺지 않을 것임을 분명히 했다. 하지만 그들은 이러한 그룹들에 대한 반대 의사를 표명하지 않았으며, 오직 비의회 좌파 조직들 및 그룹들과 동맹하고 협력하겠다는 희망을 표현했다.(EZLN, 2005) 이것은 사빠띠스따의 진화에서, 이 조직을 시민사회에 대한 이전의 정치적으로 혼란스러운 접근에서 벗어나게 해서 이들의 정치에 새로운 방향성을 부여해 줄 수도 있는 새로운 전환점이다.

사빠띠스따 민족주의

2장에서 논의된 것처럼 오직 일부 비학문적인 급진적 시각들만이 사빠띠스따가 멕시코 민족을 옹호한 것에 대해 비판을 가한다. 하지만 이 비판은 대개 정교화가 떨어지고 이론적으로 빈약하다. 다른 한편, 그람시는 애국적 언사의 사용을 굉장히 표준적인 전략으로 이해하는 경향이 있다. 라클라우/무페의 영향을 받은 접근법들도 마찬가지다.(Rargones, 1998; Ortiz-Perez, 2000) 반면 자율주의적 맑스주의 학자들은 사빠띠스따의 애국심에 "급진적인" 의미를 부여함으로써 이 애국심을 정당화하려 한다.(예컨대 Neill, et all., n.d., 1990년대 후반 저작들)

이 절에서 나는 EZLN이 채택한 "민족"이라는 단어의 세 가지 다른 용법들을 나눈 데 안젤리스^{De Angelis}의 구분을 고찰, 논의할 것이다. 원주민 공동체들이 그 일부가 되어야 하는 "이상"이나 "전체"로서의 첫 번째. "전복적인 친연성"을 함축하는 두 번째. 그리고 정부가 민족을 참조하고 정당화의 수단으로 애국적 상징들을 사용하는 것에 도전하려고 시도하는 전략과 더 관련된 세 번째. 데 안젤리스의 접근법 — 이 접근법은 헤게모니적이고 반헤게모니적인 실천들이라는 맥락에서 사빠띠스따 민족주의에 접근하려는 오르띠스-페레스의 라클라우/무페식의 방법과 닮았다 — 은 EZLN이 "민족"이라는 용어를 사용하는 것이 통상적으로 이해되는 것보다 더 풍부하다고 생각하며, 그것을 정치적 전략으로 정당화한다.

"이상"으로서의 민족

데 안젤리스에 따르면, 사빠띠스따가 소속하고자 하는 "전체," "이상"은 그들이 "빠뜨리아"^{patria}라고 부르는 것이다.

우리가 배낭을 매고, 우리의 죽음과 역사를 매고 산에서 내려왔을 때, 우리는 "빠뜨리아"를 찾기 위해 도시로 온 것입니다. 이 나라의 가장 깊숙한 구석에서, 가장 외로운 구석에서, 가장 가난한 구석에서, 최악의 구석에서 잊혀졌던 그 "빠뜨리아" 말입니다. 우리는 "빠뜨리아"를 찾으러 왔습니다. 우리의 "빠뜨리아," 왜일까요? "빠뜨리아"는 왜 그곳에서 그렇게 오랜 세월 동안 우리 곁을 떠났을까요? "빠뜨리아"는 왜 그곳에서 그렇게 많은 죽음들과 함께 우리 곁을 떠났을까요? …… "빠뜨리아"는 다시 태어나야 합니다. 우리의 잔존물로부터, 우리의 썩은 몸뚱아리로부터 이 나라는 다시 떠올라야 합니다.(1994년 뒤란에서 발간된 Subcomandante Marcos, 1994, pp. 47~8에서 인용함. 번역은 지은이)

마르꼬스가 "빠뜨리아"가 이 나라의 구석에서 잊혀 졌다고 말한 점에 주목하라. 스페인어로 "빠뜨리아"(영어로는 보통 "조국"homeland으로 번역된다)라는 단어는 "나라"country라는 단어보다 감정적으로 더 무거운 느낌이 들며, 지역, 역사, 인종, 전통, 미래와 관련하여 더 풍부한 정서적 의의들을 실어 나른다. 위의 발췌에서 마르꼬스는 강렬한 애국적 정서와 멕시코 인들의 애국적 감정을 자극한다. 그리고 우리는 이 감동적 언어가 의도적인 것이라고 말할 수 있다. 혹은 최소한 부르주아지의 보수적인 부분들에서도 역시 청중을 확보하고 있다고 말할 수 있다.(Deneuve et al., 1996을 보라) 이것은 멕시코의

"노동계급"의 다양한 부문들을 통합시키려는 단순한 전략보다
더 심층적인 과정이다. 이 과정의 즉각적인 결과는 오늘날 멕
시코에 만연하고 있는 정치를 애국적으로 개념화하는 것이다.
마르꼬스의 애국심은 "조국에 대한 사랑"amor por la patria과 관련
하여 형성된 주체성들에게 호소력을 갖는다. 그가 공유하는
주체성은 다음과 같다.

> 우리의 입장에서 본다면, 글쎄, 나는 당신[대화하고 있는 상
> 대방 저널리스트를 말한대이 어떤 세대에 속하는지 알지 못
> 합니다. 그들은 우리에게 가르칩니다. 그들은 우리에게 조국
> 에 대한 사랑이라 부르는 어떤 것을 교육시킵니다. 그리고
> 우리는 그런 식으로 성장을 했습니다. 우리는 "빠뜨리아"에
> 대한 사랑을 이야기합니다. …… 우리는 많은 것들을 이야기
> 합니다. 왜냐하면 …… 이것이 그것이기 때문입니다. …… 그
> 리고 …… 이것이 우리가 모든 것 위에 놓는 그것[나라에 대
> 한 사랑]입니다. …… 물론 지식인들은 "빠뜨리아"라는 이 개
> 념화가 원주민 개인에게는 가능하지 않다고 말하지만, 이것
> 은 그들[지식인들]이 원주민이 어떤 사람인지를 모르기 때문
> 입니다.(Subcomandante Marcos, videotape, 1994a. 번역은
> 지은이)

마르꼬스는 자신이 선전하는 "빠뜨리아에 대한 사랑"이
무엇을 의미하는지, 그것이 어디에서 연원하는지에 대해서는

불명확한 태도를 유지한다. 하지만 그는 "조국에 대한 사랑"을 원주민에게도 역시 제공하려고 노력한다. 이 세대를 애국심이라는 감정으로 교육시키는 사람들은 누구인가? 그는 대중적 소비를 위해 부르주아지의 교묘한 애국심을 의심 없이 받아들이는 것인가? 아니면 새로운 종류의 애국심을 주창하는 것인가? 사빠띠스따의 애국심을 정당화하기 애쓰는 사람들은 사빠띠스따 애국심이 정말 무엇을 의미하는지에 대해서는 여전히 불명확하고 모호한 채로 있으며, 사빠띠스따 애국심에 더욱 "급진적인" 의미를 부여하기 위하여 "전복적 친연성"을 강조한다.

"전복적 친연성"으로서의 민족

이미 살펴보았듯이, 마르꼬스는 원주민들에게 "빠뜨리아"라는 개념화가 없다는 지식인들의 생각에 도전한다. 사실상 여기에서 우리는, 맬런이 주장한 바와 같이,(Mallon, 1995) 멕시코와 페루 같은 나라들에서 애국심이 정확히 지역 부르주아지의 생산물이 아니라 유럽으로부터 민족 및 민주주의 개념을 전유하여 그것을 식민주의와 제국주의에 반대하는 무기로 만든 원주민 및 비원주민 농민들 가운데에서 출현했다는 점을 인식해야 하는지도 모른다. 따라서 마르꼬스와 EZLN은, 치아빠스 원주민들을 독립, 정의, 민주주의를 위한 몇 세기에 걸친 민족투쟁 내부에 편입하려는 노력을 계속 기울인다.

> 우리는 500년간의 투쟁의 산물입니다. 처음에는 노예에 반대하는 투쟁들, 그 다음에는 반란군들이 이끈 스페인에 대항한 독립 전쟁 중의 투쟁들, 그 다음에는 북미 제국주의에 흡수되는 것을 피하기 위한 투쟁들, 그 다음에는 우리의 헌법을 공표하고 우리의 땅에서 프랑스 제국을 몰아내기 위한 투쟁들 말입니다. 그리고 그 뒤 뽀르피리오 디아스의 독재에서는 그저 개혁법을 적용해 달라는 우리의 요구를 거부해서 민중들이 반란을 일으켰고 빌라와 사빠따 같은 지도자들이 출현했던 것입니다. 그들은 우리와 똑같이 가난한 사람들이었습니다. …… 우리는 우리 민족을 세운 진정한 건설자들의 후계자들입니다. 빼앗긴 자들 …… .(EZLN, 1994a)

그러므로 사빠띠스따는 승리하는 멕시코 역사의 위대한 불길의 역사적인 연속체의 일부이다.(또한 Rajchenberg & Héau-Lambert, 1998을 보라) 원주민 및 비원주민 농민들은 근대 멕시코 역사의 모든 중요한 사건들— 가장 중요한 세 가지는 독립 전쟁과 1855년의 자유주의적 혁명, 그리고 1910년 혁명이다—에 확실하게 찬가했지만, 그들이 대중적 자유주의를 건설하는 데 연루되었는지, 또 그들이 그것에 참여했는지 하는 것은 멕시코에서 논쟁거리가 되어 왔다. 맬런은 PRI와 관계된 역사가들과 지식인들이 "토지와 사회정의를 위한 농민들의 열망들이 세 혁명들 모두에 기름을 부었으며, 혁명 이후의 멕시코 국가가 그 열망에 부응하여 그것을 실현했다"라는 점을 주장해 왔다는 주장을 펼친다.(Mallon, 1995) 이러한 역사적 개념화는 뜰라뗄롤꼬 이후 세대의 도전을 받았는데, 이들은 원주민 및 비원주민 깜뻬시노들이 멕시코 국가의 억압과 착취를 계속해서 받아왔다고 주장했다. 이것이 정확히 사빠띠스따가 위대한 민족적 사건들의 참가자들을 멕시코의 지하에서 배제되고 주변화된 채 살아가는 사람들과 연관지음으로써 보여주고자 하는 바이다. EZLN이 생산해 낸 전투적 친연성은, 고로, 멕시코 역사에서 원주민이 차지하는 중요한 역할을 단순히 인식하는 것을 넘어 민족을 전유하려는 노력 속에서 자신의 적을 규정해야 한다.

민족을 전유하기

적의 정체성을 규정하는 것은 두 가지의 상호연관된 목적들을 제공한다. 첫째, 공식적인 역사 판본들과 달리, 깜뻬시노들의 열망들이 담긴 투쟁들이 멕시코 민족 내에서 결코 실현되지 않았다는 점을 보여주는 것. 그리고 둘째, 민족의 개념과 전투적인 민족사를 멕시코 국가가 자행한 배치와 조작으로부

터 전유해 내는 것. 이것은 자유를 위한 민중의 욕망을 반대했
던 사람들과 정부 사이에 역사적 연속성을 만들어냄으로써 완
수된다.

> 그들은 히달고와 모레로스를 반대했던 똑같은 사람들입니다.
> 빈쎈떼 게레로를 배반했던 똑같은 사람들입니다. 우리나라의
> 반을 외국의 침략자들에게 팔아넘긴 똑같은 사람들입니다.
> 우리나라를 지배하라고 유럽의 군주를 끌어들인 똑같은 사람
> 들입니다. "과학적인" 뽀르피리스따 독재를 만들어 낸 똑같은
> 사람들입니다. 석유 몰수에 반대했던 똑같은 사람들입니다.
> 1958년엔 철도 노동자들을 1968년엔 학생들을 살육했던 똑
> 같은 사람들입니다. 오늘날 우리에게서 모든 것을, 정말 모든
> 것을 가져가는 똑같은 사람들입니다.(EZLN, 1994a)

사빠띠스따 전략은 분명하다. 사빠띠스따는 배제된 원주
민들을 멕시코 역사에 편입시키는 것뿐만 아니라 멕시코 국가
가 민족과 그것의 상징들을 특권적으로 사용하는 것을 전유하
는 것을 목표로 하고 있다. 하지만, 나는 우리가 분석을 이러
한 노선들에만 한정한다면 민족주의를 제거하려고 노력하기보
다는 그것을 정당화하고 변명하는 함정에 빠진다고 생각한다.
더욱이, 심지어는 이것이 서술되고 이해되어야 했음에도 불구
하고 한 가지 결정적인 물음이 남는다. 이 모든 것은 우리를

어디로 이끄는가? "빠뜨리아"에 대한 이 모든 사랑, 승리하는 멕시코 역사에서 주변화된 사람들과의 전복적 친연성, 적의 정체성을 규정하고 그것의 역사적 진화를 밝히는 것, 민족 개념의 풍부하고 단일한 사용, 멕시코 "노동계급"을 하나로 묶는 것, 간단히 말해 이 모든 애국적 히스테리 — 이것이 사빠띠스따의 정치적 담론의 축을 구성한다 — 는 미래의 관점에서 우리를 어디로 데리고 가는가?

민족해방과 민주주의

사태를 명확히 하기 위해서 우리는 사빠띠스따 민족주의의 상호연관된 두 개의 차원들을 간략히 구별할 필요가 있다. 첫 번째는 주로 민중과 국가 간의 관계를 재설정하고 역사에서 이 둘이 차지하는 위치를 재해석하는 것을 목적으로 하면서, 정치적 삶의 민주화를 자신의 주요한 목표로 갖는 내적 차원이다. 이 방향은 우리가 지금까지 논의해 온 바의 것이며, 학계에서 보통 멕시코의 역사와 관련하여 방어하면서, 그리고 지배계급의 헤게모니적 담론들에 맞서기 위한 EZLN의 전략의 차원에서 관여하는 바의 것이다. 두 번째 차원은, 라틴아메리카의 수많은 해방 부대들과 전선들을 특징짓는 민족해방 전략과 매우 잘 보조를 맞추어 나가면서, 전지구적 자본 세력들에 맞서고 멕시코 민족을 자본의 공격으로부터 보호하는 것을 목표로 하는 외적 차원이다. 사빠띠스따의 애국적 담론의 이 두 번째 차원은 대부분 간과되어 왔으며, 우리는 사빠띠스따의 애국심을 하나의 역사적 블록을 수립하기 위한, 또는 다중 계급적 전선을 형성하거나 노동계급 통일체를 수립하기 위한 시도로 이해하기도 한다. [하지만] 이 모든 것이 민족 주권의 쇠퇴를 특징으로 하는 점점 더 지구화되는 세계의 미래적 관점에서 무엇을 의미하는지에 대한 문제가 남는다.

사빠띠스따는 전지구적인 자본주의적 조건에 대해 정확한 분석을 해왔으며, 이것이 민족국가에 대해 어떤 의미를 갖는지 자신들이 이해하고 있음을 보여주었다. 3장에서 나는 하트와 네그리를 따라 이 전지구적 조건을 "제국"으로 규정했다.(Hardt & Negri, 2000) 사빠띠스따는 이와 유사한 분석을 수행했으며, 그것의 총괄적인 지역성과 그것의 경제적 과정들에 의해 그와 유사한 용어를 만들어내었다. 그것은 바로 "세계국가"라는 용어이다.(Meza Herrera, 2001, p. 96) 여기에서 마르꼬스는 이 상황에 대한 색다른 설명을 제공하고 있다.

민족국가들이 파괴됨과 동시에, 세계국가가 자신을 강화하지만, 이것은 어떠한 사회도 요구하지 않습니다. 그것은 사회 없이 유지될 수 있습니다. …… 권력이 이제 금융시장들과 초국적기업들에 양도되기 때문입니다. …… 세계국가는 정치가들을 필요로 하고 또 그들을 생산해 내지만 그것을 운영하기 위해서 그러는 것이 아닙니다. …… 이들은 "고도의" 기술관료적 교육의 중심들(옥스포드, 하버드, 예일, 코카콜라?)에서 "생산된" 비정치가들입니다. 그리고 그들은 민족국가들의 파괴를 완수하기 위해 다른 나라들로 수출됩니다. …… 경제적 전 지구화를 위해 낡은 민족국가의 합법적인 구조 역시 극복해야 할 장애물입니다.(Meza Herreara, 2001, pp. 96~7. 번역은 지은이)

사빠띠스따가 반대하는 적은 민족국가의 내부와 외부에 동시에 존재한다. 외부에는 "금융시장들과 초국적기업들"의 형태로, 내부에서는 그와 같은 금융시장들과 초국적기업들의 지령들을 실행하는 "비정치가들"의 형태로 존재한다. 이것이 이번에는 사빠띠스따 민족주의의 두 차원들이 "민주주의의 결여"라는 강력한 연결을 통해 접속된다는 점을 보여준다. 이 민주주의의 결여야말로 나쁜 정부가 민족의 역사와 상징들을 전유하도록, 민중들을 주변화하고 가난하게 만들도록, 그리고 국가의 형성 과정에서 그들이 차지하는 몫을 그들에게서 빼앗도록 해 준다. 그리고 이 민주주의의 결여야말로 그 같은 나쁜 정부가 전지구적 자본을 대신해서 민족국가의 파괴를 수행하도록 해 준다.

권력을 쥐고 있는 사람들이 가지고 있는 국가 기획은 멕시코 국가의 전면적인 파괴를 함축하는 기획입니다. 역사의 부정, 주권의 양도, 지고한 가치로서의 배신과 범죄…… 이 기획은 PRI에서 범죄의 얼굴을 발견하고 PAN에서 그 민주적인 얼굴을 발견합니다.(Meza Herrera, 2001, p. 80. 번역은 지은이)

사빠띠스따 민족주의는 멕시코의 민주화 기획과 분리할 수 없다. 하나는 다른 하나를 함축한다. 둘은 용해 불가능한 상호관계 속에서 존재한다. 민주주의가 없다면 멕시코도 없다. 멕시코 민중들이 달리 결정하지 않으면 전지구적 자본에 의해 먹힐 것이기 때문이다. 멕시코가 없다면 민주주의도 없다. 민주주의란 민족국가의 구조들에 기초를 두기 때문이다. 그러므로,

민주주의로의 이행이라는 기획은, 만물이 동일성을 계속 유지하도록 변화를 모의하는, 권력에 부합하는 이행이 아니라 나라를 재구축하는 기획으로서의 민주주의로의 이행이자, 민족적 주권의 방어입니다.(Meza Herrera, 2001, p. 80)

사빠띠스따 민주주의가 민족국가의 구조물들 위에 기초하고 있는 것이 사실이라면, 세계국가가 민족국가의 파괴를 요

구한다는 것이 사실이라면, 세계국가에서의 멕시코의 이탈, 제국에서의 멕시코의 이탈로부터 민주주의로의 이행을 위해 남겨진 것은 아무것도 없다.

우리가 자유로운 멕시코를 원한다고 말할 때, 그것은 우리가 경제적 압력으로부터 자유로운, 재정적 권고로부터 또는 민족 정책들이나 내적 정책들을 결정하는 초국가적 전략들로부터 자유로운 국가를 원한다는 것을 의미합니다. 그래서 우리는 멕시코인들에게 영향을 미치는 결정들은 멕시코인들에 의해서 이루어져야 한다고 생각합니다.(2001년 듀란에서의 연설에서. 번역은 지은이)

여기에서 우리는 물어보아야 한다. 사빠띠스따가 말하는 애국심은 다른 라틴아메리카 나라들의 민족해방 전략의 애국심과 다른가? 그것이 제국 내에서 민주주의로의 이행을 위한 효과적인 방법이 되는가? 이러한 질문들에 대한 내 대답은, 사빠띠스따가 애국적 담론을 사용하는 데에서 본질적으로 새로운 것은 존재하지 않는다는 것이다. "빠뜨리아"를 사랑하는 한에 있어서, 학계가 그것을 정당화하고 그것에 "급진적인" 의미를 부여하면 할수록 그것들은 기껏해야 진부할 뿐이며 최악의 경우에는 보수적이고 위험스러워질 수도 있다. 최근에 하트와 네그리는 "새로운" 종류의 애국심 — 민족주의와 민중주의의 요소들을 가지지 않는, "국가 없는 사람들의 애국심" ─ 을 미리 그려 보려고 시도했다. 하지만 그들의 접근법은 정교화가 부족했고, 사빠띠스따의 경우에서처럼 그것은 우리가 그것을 재발명하려고 노력해야 할 것이 아니라 단호하게 없앨 필요가 있는 낡은 민족주의의 찌꺼기이다.

사빠띠스따 민족주의를 넘어

사빠띠스따에게 애국심은 멕시코의 민주주의와 분리불가능하게 연결되어 있지만, 민주주의와 민족국가 사이의 바로 이 다리야말로 우리가 의심해 보아야 할 바의 것이다. 3장에서 살펴보았듯이 민주주의는 제헌권력과 분리불가능하게 연결되어 있으며 제헌권력은 민족국가 내에 억눌려 있다. 물론 멕시코 국가는 유럽의 대다수 민족국가들과는 다른 환경들 (예컨대 반식민주의적이고 반제국주의적인 투쟁) 아래에서 출현했지만, 그것의 억압적 이데올로기들과 구조들이 썩 다른 것은 아니며, 국가의 방어에 의존하는 어떠한 전략도 그러한 기초 위에서 거부되지 않으면 안 된다. 더욱 중요한 것은, 민주주의를 민족국가의 경계들 내부에 가두게 되면, 그리고 그 결과로 민족국가를 방어하게 되면, 새로운 전지구적 여건이 열어 놓은 잠재력들을 덮어버리고 부정하게 된다는 것이다.

유럽 외부에서 민족이 매우 다르게 기능했으며 종속적인 그룹들의 손에 의해 그것이 적어도 두 가지 의미에서 진보적인 힘이 된 것은 사실이다. 첫째, 민족은 외국의 지배에 반대하는 방어선으로, 그리고 반식민주의적이고 반제국주의적인 투쟁들을 벌이기 위한 무기로 기능했다. 둘째, 민족은 공통의 작업틀을 제공했으며, 그런 만큼 그것은 "공동체를 상상할 수 있는" 길이 되었다. 사빠띠스따 민족주의와 매우 유사한 이 서발턴 민족주의 역시 실제로 퇴행적인 측면들을 가지고 있는데, 주요한 것들로는 내적 차이들을 억압하고 헤게모니적인 정체성을 강요한다는 것이다. 하지만, 출현하는 전지구적 조건이 주어질 때, 이러한 종류의 민족주의가 여전히 기능적이고 효과적일지는 의문이다. 하트와 네그리가 주장하는 바처럼, 현재 전개되고 있는 조건, 제국, 그리고 그 결과로 나타나는 민족국가의 쇠퇴 등은 구조적이고 비가역적인 과정이다. 민족이란 오히려 단순히 문화적 형성, 공유된 유산, 소속감이라기보다는 한편으로는 사법적·경제적 구조이기도 했다. 이 구조는 오늘날 국제적인 조직들(예컨대 세계은행, GATT)의 사법적·경제적 구조로 교체되어 왔으며, 이것들의 효과는 민족적인 조직들의 효과를 대체한다.(3장을 보라) 달리 말해, 우리는 현재의 조건의 출현을 더 높은 구조, 통일된 전체 ― 마르꼬스가 정확히 "세계국가"라고 부르는 것 ― 를 향하는 민족국가의 진화로 이해할 수 있다. 민족국가의 주권이라는 낡은 시대로 돌아가고, 사빠띠스따식의 향수로 도피하고자 한다면 그것은 비현실적일 뿐만 아니라 새로운 상황이 생산해내는 해방을 위한 잠재력을 놓치는 것이다.

하트와 네그리는 1960년대에 뒤이은 다양한 좌파 부문에서 발생한 위기가 비판적 사유로 하여금, "공간 기초적인" 운동들 및 정치들을 강조하는 투쟁의 지역화나 민족을 전지구적 자본의 지배를 반대하기 위한 제1의 메커니즘으로 생각하는 투쟁의 민족주의화에 토대를 두는 저항의 장소들을 재조직하도록 이끌었다고 주장한다. 이 반동적 전략의 효과적인 추론은 "자본주의적 지배가 훨씬 더 전지구적이 된다면, 그렇다면 그것에 대한 우리의 저항들은 지역을 방어하고 자본의 가속적인 흐름들에 맞서 장벽들을 구축해야 한다"(2001, p. 44)는 것이다. 사빠띠스따는 지역적이고 민족적인 것들을 외국 자본에 맞서는 투쟁의 주체들로 이해하는 이러한 반동적인 추론 내에서 움직인다. 그리고 그들은 민족국가가 죽었다는 전지구적 자본의 선언에 저항하려고 애쓴다. 최근까지 사빠띠스따는 발전할 수 없었거나, 아니면 최소한 자본에 대항한 투쟁의 새로운 방향을 예상할 수 없었으며, 그들이 "우리의 조국 멕시코"와 "우리의 민족"(EZLN, 2005)이라고 부르는 바의 것을 계속해서 방어하고 있다. 분명, 민중들은 자신들의 영토와 자원에

대한 착취와 몰수에 맞서 스스로를 방어할 수 있는 권리를 가
지고 있다. 하지만 그렇게 하기 위해서는 우리에게 새로운 언
어 ─ 노동계급을 민족들의 토대 위에서 분할하지 않으면서 그들을
묶어 줄 언어 ─ 가 필요하다. 애국심, 이 경우에는 좌익 애국심
은 우리가 여전히 그것을 자본주의적인 착취에 맞서는 실행가
능한 전략으로 볼 수 있을 때조차도, 시대에 뒤떨어졌기 때문
에, 그리고 잠재적으로 위험스럽기 때문에 단념해야 한다.

사빠띠스따가 요구하는 것은, 세계(민족)국가에서 출발하
여 전지구적인 자본의 명령dictate으로부터 멕시코 민족국가의
자율화로 되돌아가서, 그런 뒤에 멕시코의 민족국가적 통제에
맞서는 치아빠스의 자율화로 이동하는, 제국적 지리의 서로
다른 수준들의 일련의 자율화들이다. 하지만 지역적이고 민족
적인 것들의 방어는, 하트와 네그리가 주장하는 바처럼, 지구
적인 것과 지역적인 것 사이의 잘못된 이분법 ─ 지구적인 것이
동질화와 무차별화된 정체성을 포함하는 것으로, 그리고 지역적인
것이 이질성과 차이를 보존하는 것으로 이해하는 이분법 ─ 위에 기
초하고 있다. 우리가 이해할 필요가 있는 것은, 지역성 및 지
구성의 생산이 동질화와 이질화 모두를 포함하는 사회적 기계
들을 통해 수행된다는 점이다. 지역적인 것과 지구적인 것의
생산은, 정체성들을 창조 및 재창조하는 특정한 생산 체제들
의 효과들이다. 그러므로 "어떤 경우에서건, 어떤 의미에서 외

부에 존재하며 자본과 제국의 전지구적 흐름들에 맞서 보호되는 지역적 정체성들을 우리가 (재)수립할 수 있다고 주장하는 것은 오류이다."(p. 45) 이러한 견해는, 우리가 치아빠스(지역적) 내의 원주민들의 정체성들과 문화에 대해, 또는 멕시코의 정체성과 문화(민족적)에 대해 말하건 아니건 사실이다.

민족국가를 방어하는 것은 적이 누구인지를 흐리며, 혁명적 에너지를 잘못된 길로 이끈다. 민족적 투쟁은 민족 그 자체, 민족의 연속성, 민족의 역사, 민중에게 민족이 갖는 중요성 등등을 강조하기 때문에 적에게 가면을 씌워준다. 이런 식으로 접근하면 적은 외부적이게 되며, 민족국가들이 적으로부터 자유로워지기를 원하는 한에서만, 적으로부터 해방되기를 원하는 한에서만 적이 존재하게 된다. (최근 수십 년간의 민족 해방 투쟁들의 사례에서 볼 수 있는 것처럼 말이다). 하지만 오늘날 이탈은 불가능하다. 제국의 특징을 이루는 민족국가들의 경제의 일반화된 탈분절은 제국과 관계를 끊고자 애쓰는 어떠한 민족에게도 가난과 고립을 의미하게 될 것이기 때문이다.(3장을 보라) 그리고 이것은 사빠띠스따가 원하는 "자유로운 멕시코"의 미래가 될 것이기 때문이다. 달리 말하자면, 새로이 발전하는 조건은 우리로 하여금 우리가 점점, 민족국가들이 독립적으로 행동하고 그들 스스로 자율적으로 결정할 수 있는 권력의 상당 부분을 잃어버린, 그리고 그들의 구별선들과 연결 구조물들(급진적 연속성, 신화들, 상상성들 등등)이 더욱더 구별불가능해지고 있는 세계국가에 살고 있음을 깨닫지 않을 수 없도록 만든다. 그렇다면 우리는 이제 민족국가를 방어하는 잘못된 길로 들어설 것이 아니라 그것의 파괴에 조력하고, 그것의 소멸을 향해 밀어붙이며, 새로이 발전하는 상황의 복잡성 속으로 들어가서 제국에 의해 대표되는 전지구적 관계들의 체제에 반대하는, 세계국가에 반대하는 우리의 에너지와 투쟁들을 이끌어야 한다.

사빠띠스따와 국가

네일 등은 20세기 전반에 걸친 노동계급 투쟁을 특징짓는 두 가지 전략들을 논의한다.(Neill et al., n.d., 1990년대 후반) 첫 번째는 임금과 고용 — 고임금과 완전고용을 강조하거나 노동을 거부하는 것 — 에 초점을 맞추었는데, 임금에 대한 상대적으로 보장받은 접근성에 기초하고 있는 이것은 자본을 위기로 몰아넣는 하나의 방식이었다. 두 번째는 민족해방을 위한 전쟁과 나라의 대부분을 진보적으로 장악하는 것을 강조하는데, 이것의 목표는 국가권력의 장악과 위로부터의 경제 통제이다. 후자의 작업틀 안에서 국가의 통제는 기존 사회주의의 종식과 아울러 자본주의를 공격하는 수단이다. 앞에서 논의한 바처럼,

EZLN이 민족해방 전략, 민족국가의 방어 — 국가를 강조함으로써 야기될 수도 있는 모든 문제들과 분할들에도 불구하고 — 라는 매우 중요한 특징을 유지하고 있다 하더라도, 우리는 사빠띠스따가 사회주의를 보충하는 수단으로서의 국가 권력 탈취를 거부함으로써 이 전략에서 벗어났다는 사실을 고려할 필요가 있다. 이것은 널리 환영받아온 운동의 한 요소이다.(예컨대, Petras, 1997; Holloway, 2002) 하지만 이것들이 비판적으로 고찰되거나 논의되지는 못했었다. 따라서 사빠띠스따가 실행 가능한 전략으로서의 권력 탈취를 거부한다는 사실에 강조점이 두어져 왔고, EZLN이 자본주의적 제도로서의 국가 자체와 맺는 관계는 도전받지 않았다. EZLN과 국가 간의 관계를 더 깊이 고찰해 보도록 하자.

앞 절에서 이야기한 바처럼, 민족주의는 종종 종속적인 그룹들에게는 진보적인 힘이었으며, 민족은 방어적인 무기로도 통일 및 자율의 신호로도 이용되어 왔다. 하지만 민족의 이 진보적인 측면들은 언제나 내적 지배의 강력한 구조들을 수반했다. 하트와 네그리의 주장에 따르면, 민족해방 투쟁의 모든 경우들에서 새로운 지배계급이 수립되고, "따라서 혁명은 손발이 묶인 채 새로운 부르주아지에게 헌납된다."(Hardt & Negri, p. 133) 이 계급은 국가가 되어 세계 경제 체제와 국가의 관계를 관리하는 과제를 떠맡으며, 결국 국가는 해방투쟁이 끝난 뒤 이 체제에 종속되고 만다.

> 민족국가는 수동혁명을 보존하면서, 이제 "민족"을 위해 자본
> 의 전지구적 질서 속에서 장소를 찾아 나서는 한편, 자본과
> 민중 사이의 모순을 영속적인 미결정 상태로 유지하려고 애
> 쓴다. 모든 정치는 이제 "민족을 대표하는 국가"의 압도적인
> 요구에 포섭되는 방향으로 추구된다.(Chatterjee, 1986.
> Hardt & Negri, 2000, p. 134에서 재인용)

대의의 전체 사슬은 다중을 대표하는 민중, 민중을 대표하는 민족, 민족을 대표하는 국가로 요약될 수 있다.(Hardt & Negri, 2000) 이 대의의 사슬의 첫 번째 측면은 여기에서 우리의 관심사가 아니며 두 번째도 이미 논의한 바 있다. 세 번째 측면과 관련하여 우리는 사빠띠스따가 권력을 장악하고 여하한 종류의 집권 지배계급이 되는 것을 거부함으로써 이 사슬을 깨부수어 온 것으로 보인다는 점을 인식해야 한다. 자신들의 정치적 궤적을 시작할 때부터 EZLN은 멕시코 민족과 멕시코 국가를 명확하게 분리했다. 멕시코 국가가 원주민들의 죽음, 추방, 착취에, 그리고 원주민들을 반대하는 인종주의에 대한 책임을 지고 있었던 반면, 멕시코 민족은 "나쁜 정부"에 의해 점령되고 강탈된 "이상적인 전체"로 이상화되거나 제시되었다. 하지만 실제로 사빠띠스따가 가른 구분과 분리는 민

족과 국가 사이에서가 아니라 민족과 "나쁜 정부" 사이에서 이루어진 것이다. 그것은 나쁜 정부와 국가와의 연합이며, 내가 앞에서 논의한 집권한 적의 역사적 연속성에 의해 뒷받침되는 연합이다. 이것이 바로 사빠띠스따로 하여금 국가에 반대하는 것으로 보이게끔 만든다.

그 단계에서, EZLN의 무정부·유토피아적인 요소들로 지각되는 것이 애국심이라는 말과 외견상의 갈등 없이 공존했다. 그 까닭은 이 둘 모두 나쁜 정부에 반대하는 투쟁을 위해 채택되었기 때문이다. 또한 그것들은 결코 서로 대면해서는 안 되었다. 실제로, 이러한 요소들은 시적·수사학적 장치들로 기능했으며, 이 장치들을 통해 국가 정부에 대한 비판이 수행되었다. 하지만 EZLN은 정부에 대한 비판 이상으로 더 나아간 적이 결코 없었다. 자본주의의 제도로서의 국가, 민족의 억압적 구조로서의 국가에 대한 비판에까지는 이르지 못했던 것이다. 그리고 이것이 바로 사빠띠스따 민족주의가 민족적 주권이 행사되는 주요한 구조물로서의 국가를 필요로 하는 까닭이다. 마르꼬스가 "나라의 기획"으로서 민족과 국가 사이의 관계를 재설정하고 나서야 유토피아적 요소들이 붕괴되었으며, 또는, 더욱 좋게는, 그것들의 과거의 실제 모습에 알맞은, 이름하여 일련의 국민투표들과 협의회들을 통해 국가를 운영하기 위한 모델로서의 "복종하는 명령" 원칙을 강조한 시적·수사학적 구

축물들과 자유주의적인 상투어들이 나타났으며, 이것들이 목
표로 하는 것은 급진적인 변화라기보다는 입헌적 개혁들이었
다. 그러므로 사빠띠스따 담론에서 국가는 "풍부해진," 그리고
"균형잡힌" 국가로 그려진다.

> 새로운 관계 속에서 우리는 다음과 같이 제안하고 있는 것입
> 니다. 대의 민주주의는 균형이 잡혀야 합니다. 그것은 직접
> 민주주의로 풍부해져야 합니다. 시민들의 끊임없는 참여를
> 통해서 말입니다. …… 이와 같은 식으로 여타의 정치적 세력
> 들의 정권 교체는 사회에 영향을 미치지 않을 것입니
> 다.(Marcos, Duran, 2001, pp. 50~1에서 인용함. 번역은 지
> 은이)

사실, 마르꼬스가 제안하는 것은 이루어지고 있는 몇몇 개
선사항들과 함께 이미 존재하는 것이다. 그것은 자유민주주의
의 확장이며, 일국적 수준에서 직접민주주의의 요소들을 첨가
한 것에 지나지 않는다. 국가도, 대의적인 의회민주주의도, 정
치 정당들도 민주주의로의 이행, EZLN이 꿈꾸는 바로 그 나
라로의 이행을 가로막는 장애물들이 아니라는 것이다. 무정부
·유토피아적 요소들은 완전히 사라졌으며, 개량주의적 요구
들로 대체되었다. 사빠띠스따는 1994년 첫 날들에서만 제헌권
력을 풀어놓았을 뿐 이후에는 그것을 국민투표들, 그리고 국

가의 합헌성을 통제하는 것으로 축소시키고 말았다. 사빠띠스따 담론에서, 자율 기획은 국가의 메커니즘들 내부에서 침해되고 통제된다. 사빠띠스따 담론을 좀 더 면밀히 고찰해 보면, 유토피아적 사유, 미래에 대해 급진적으로 예견하는 실천들, 처음 사빠띠스따가 완수한 것처럼 보였던 사회정치적 장場의 개방 등은 모두 개량주의적 의제 내에 봉인된다.

민족해방 전통 일반에서, 많은 정통 맑스주의자들에서도 마찬가지이지만, 국가는 하나의 제도로 이해되어 왔으며, 이들의 분석을 통해 국가와 자본가 계급과의 연결이 폭로되었으며, 자신의 계급적 이익을 증진시키기 위해 국가가 활용한 자본가 계급이 [오히려] 국가를 도구로 활용하는 것이 폭로되었다. 홀러웨이는 국가에 대해 이렇게 이해하는 것 — 이것은 종종 토대-상부구조 이원론과 토대에 의한 국가의 결과적인 결정론에 기초하고 있다 — 은 국가가 또한 비자본주의적 제도 — 노동계급의 이익을 증진시키는 제도 — 로 존재할 수 있다는 생각으로 이어졌다고 주장한다. 국가의 기능을 강조하는 이러한 작업틀 내에서, "무엇을 할 것인가"는 이러저러한 방식으로 국가를 정복하는 것이며, 그것을 노동계급의 이해관계 속에서 기능하도록 만들기 위해 사회주의적 국가로 변형시키는 것이다. 사빠띠스따는 국가가 또한 비자본주의적 제도로 존재할 수 있다고 주장하는 이러한 추론에 여전히 갇혀 있다. 그들은 국가의 변형을 완수하기 위하여 국가 권력을 쟁취하는 실천과 단절함과 동시에 한편으로는 국가의 변형을 위한 아래로부터의 전술들을 구사하고 있는 것이다.

하지만 국가의 기능에 초점을 맞추면 하나의 사회형태로서의 국가의 실존을 당연한 것으로 여기게 되는 경향이 생긴다. 국가를 사회관계들 중에서 하나의 고정되고 물신화된 형태로 이해하지 않고, 겉으로 보이는 자율과 "본질"is-ness의 견지에서 국가에 접근한다. 하지만 국가를 주어진 것으로 받아들이게 되면 그것의 생산과 상대적 고정성을 이해할 만한 여지가 없어진다. 국가가 사회와 분리된 하나의 구조로 출현하는 것은 자본주의 사회들에 특유한 것이며, 국가란 자본주의적 사회관계들 전체의 일부분으로만 이해될 수 있다. 달리 말해, 국가는 "자본주의 사회에서의 그저 한 국가가 아니라 우선 하나의 자본주의적 국가"인 것이며, "국가의 계속적인 실존은 자본주의적 사회관계 전체의 증진 및 재생산에 묶여 있다."(Holloway, 2002, p. 94) 그러므로 국가를 개혁하려는 어떠한 시도들도, 비록 그것들이 아무리 급진적이라 할지라도, 언제나 복잡한 자본주의적 생산관계들 내부에 존재할 것이다. 사빠띠스따가 이해하지 못하고 있는 것처럼 보이는 것은, 반자본주의 투쟁이 국가의 개혁이 아니라 국가의 파괴와 제거에 분리 불가능하게 연결되어 있다는 것이다.

우리가 제국에 대해 이야기한 것과 마찬가지로 홀러웨이는 사회관계들의 자본주의적 구성이 본질적으로 전지구적이라고 지적한다.(Holloway, 2002) 국가가 하는 일은 바로, 자본주의적 사회관계들이 전지구적으로 구성되고 여기에서 자본주의적 실행의 본성이 나온다는 사실을 은폐하는 것이다.

> 모든 민족적 국가들은—민족적 주권의 주장을 통해, "민족"에 대한 권고들을 통해, 깃발 의식들을 통해, 민족적 송가들의 연주를 통해, 외국인들에 반대하는 행정적 차별을 통해—전지구적 사회관계들을 파편하시키는 끊임없이 반복되는 과정 속에 빠져든다. …… 이 파편화 형태, 이 분류 및 동일시는 분명, 가장 잔인하고 야만적인 자본의 지배 표현들 중의 하나이다.(Holloway, p. 96)

홀러웨이는 자신의 통찰을 "세상을 바꾸는" 수단으로서의 권력 쟁취 전략으로 돌린다. 그는 어떤 국가도 배제의 민족주의로부터 자유로울 수 없으며, 어떤 국가도 시민들과 외국인들 사이의 구분을 피할 수 없다고 주장한다. 심지어는 시민이라는 생각조차 비非시민들, 외국인들의 규정 및 배제에 기초하고 있으며, 이 시민이라는 개념화가 만들어내는 민주주의 관념도 제한적이고 차별적인 민주주의이다. 여기에서 우리는 묻지 않을 수 없다. 홀러웨이가 비판하는 것이 정확히 사빠띠스따가 멕시코 국가의 방어를 통해, 의회 체제 및 "국가에 기초한" 정치의 수용을 통해, 그리고 또한 깃발 의식들과 민족적 송가의 연주를 통해 하고자 하는 것과 같은 것인가? 나의 대답은, 내가 이미 논의한 모든 이유들 때문에 "그렇다"이기도 하지만, 또한 사빠띠스따가 민족국가를 방어하는 한편으로 새로운 국제주의를 향한 첫 조치들을 취하려고 하는 것처럼 보이기 때문에 "아니다"이기도 하다.

사빠띠스따와 전지구적 투쟁

투쟁의 새로운 순환

그 자신의 지역적·정치적 경계들과 한계들을 넘어 확장해 온 사빠띠스따 반란은, 오늘날까지 전개되면서 반자본주의 운동ACM, 또는 "운동들 중의 운동"으로 알려지게 된 항의의 물결의 시작을 기록했을 뿐만 아니라 그 물결을 확산시켰다. 시애틀, 프라하, 제노바, 워싱턴, 거기에다 부에노스아이레스, 마닐라, 더반과 키토 들은 전지구적 투쟁의 더 잘 기록된 사안들 중의 일부이다. 이 투쟁은 신자유주의를 적으로 인정하고 IMF, G8, WTO, 세계은행 들과 그들의 다양한 신식민주의적 경제 프로그램들 — 이것들은 이 신자유주의를 대표한다 — 을 공격한다. 때때로 시애틀의 항의들이 "운동들 중의 운동"의 출발점으로 받아들여지고 있지만, 이 새로운 투쟁 순환을 특징짓는 사건은 1994년의 사빠띠스따 반란이었다.

우리는 사빠띠스따와 함께 시작하기로 선택했습니다. 우리는 1994년 1월 1일 그들이 일으킨 봉기가 저항 운동의 새로운 시대를 선도한다고 이해하기 때문입니다. 그리고 우리는 충만한 원에 도달했습니다. 그들이 2003년 1월 1일 산끄리스또발 데 라스 까사스를 다시 점령하는 것으로 막을 내리면서 우리는 충만한 원에 도달했습니다. 그것은 거의 매일, 전 세계에서 계속되고 있는 기록되지 않은 투쟁들의 온전한 규모와 수를 보여줍니다. …… 그들의 순수한 역사를 좋아하는 사람들에게 1994년은 획기적인 연대로 나타납니다. …… 그리고 멕시코 경제가 완전히 파산되었을 때, 사빠띠스따 봉기는 세계를 전율케 했습니다.(Notes from Nowhere, 2003, pp. 14~22)

이러한 말들과 함께, 『우리는 모든 곳에 존재한다』*We Are Everywhere*라는 제목의 책의 기고자들은, 하나의 정치적 사건으로서의 사빠띠스따의 의의와 자본에 반대하는 전지구적 투쟁에서 이들이 갖는 중요성을 환기하면서, "전지구적 반자본주의"의 발흥에 대략 500쪽에 이르는 경의를 표한다. 물론 자본주의적 제도에 대한 저항은 새로운 것이 아니다. 1980년대와 1990년대 초반에 걸쳐, 에콰도르에서 알제리에 이르기까지,

베를린에서 인도에 이르기까지, 폭동이 발발했고 파업들이 조직되었으며, 민중들은 자본주의적 기획들 및 정책들에 맞서 항의하기 위해 거리를 장악했다. 하지만, 나중에 설명하겠지만, 지난 십년 동안 우리는 질적으로 다른 저항 형태 — 여러 가지 점에서 선례가 없는 네트워크 저항 형태 — 의 출현을 목격해 왔다.(*Days of Dissent*, 2004; Hardt & Negri, 2004를 보라) 이 새로운 투쟁 순환의 출현에 대해 사빠띠스따가 갖는 중요성은 논쟁의 여지가 없다. 사빠띠스따 반란은 계속해서 일어나는 투쟁들을 더욱더 고취하고 추동했으며, 새로운 투쟁들의 형성을 지원하고 조장했으며, 다시 한 번 혁명적 상상성을 선동하는 급진적인 정치학을 재사고하는 과정을 개시했다.

우리는 사빠띠스따 활동의 이 확장적인 특징을 그들의 정치적인 담론 및 실천을 가지고 간략하게 설명할 수 있다. 사빠띠스따의 정치적 담론은 자유주의적 전제들에서 무정부주의적 이상들에 걸쳐 있는 수많은 이질적인 요소들로 이루어져 있으며, 아니 더 좋게 표현하자면, 전통적으로 양립 불가능한 것으로, 중개가 불가능한 것으로, 대립적인 것으로 고찰되어 온 담론들의 일종의 종합이다. 사빠띠스따 담론에 대한 정의의 이 확장성 및 결핍 — 이것은 이 담론이 문제들과 내적 모순들이 없다는 뜻이 결코 아니다 — 은 소위 좌파(꼭 그렇지만은 않은 세력 역시)의 넓은 스펙트럼을 펼칠 수 있는, 그리하여 다양한 정치그룹들 사이의 — 이 단어를 꼭 서야 한다면 — "다리"가 될 수 있는 역량을 가지고 있다. 물론 이 과정에서 엄청나게 중요한 요인은 사빠띠스따가 치아빠스의 산악과 정글에서 대안을 창조했다는 점이었다. 집단적인 의사결정과 자율을 강조하고 반위계적이고 반지도적인 방식으로 발전하려고 노력하면서, 이것이 언제나 성공적이었는지와는 상관없이, 사빠띠스따 담론의 자유주의적인 요소들을 의심의 눈초리로 바라보는 사람들조차 끌어당기려 했을 뿐만 아니라, 이게 가장 중요한 것인데, 유토피아주의적 사고를 다시 가동시키고 더 나은 세계가 가능하다는 희망을 다시 활성화시키려 했다.

사빠띠스따가 하나의 다리가 되었다고 말하는 것이 다양한 정치그룹들 및 입장들 사이의 차이들이 사라졌다거나 혹은 좌파의 모든 정치적 제안들이 동등한 의의를 갖는다는 것을 함축하지는 않는다. 몇몇 입장들과 제안들은 분명 다른 것들보다 더 나으며, 정치그룹들간에 존재하는 근본적인 차이들은 여전히 다리를 놓을 수 없을 정도로 간극이 넓다. 하지만 중요한 것은, 사빠띠스따 이후 이러한 모든 입장들이 "신자유주의에 반대하는 인류"와 "이젠 충분해!"라는 기치들 아래에서 공통의 쥰거를 발견했다는 것이다. 사빠띠스따 담론의 정의定義의 결핍, 심지어 모호함은 다양한 투쟁들이 지니고 있는 차이들과 불일치들에도 불구하고 그것들을 결합시키는 일종의 접착제로 기능해 왔다. 바로 이 사빠띠스따의 다리를 놓는 특질이야말로 시위에서 시위로 움직이고, 사회적 포럼들에 참여하며 대안들을 창조하는 군중들을 기동시키는 데 중대한 역할을 수행했던 것이다. 그리고 이러한 특질로 인해서 그들이 과연 급진적인지 그 자격이 의심스러움에도 불구하고 그러한 정치적 지형을 열어 놓아 왔던 것이다.

앞 장에서 나는 알랭 바디우의 이론, 상황주의적 이론에 의존하면서 사빠띠스따 봉기의 역사적 특수성을 설명했다. 그리고 치아빠스 사건들을 기술하기 위한 새로운 용어를 만들었다. 현재의 논의의 목적을 위해, 자본에 반대하는 전지구적 투쟁에서 사빠띠스따가 갖는 중요성을 더욱더 탐구해 보자. "신자유주의에 반대하는 인류"를 위한 두 번의 국제적인 대회가 1996년과 1997년에 치아빠스와 바르셀로나에서 열렸는데, 이것들은 각각 다양한 정치그룹들 간의 세계적인 네트워크들과 동맹들을 건설하는 과정에서 가장 중심적인 두 가지 사건들이었다. 이 과정의 세부사항들과 다양한 측면들은 잘 기록되어 왔으므로, 여기에서 그것들을 더 깊이 논의할 필요는 없을 것이다.(Cleaver, 1998a; Neill at al., n.d., 1990년대 후반; Notes from Nowhere, 2003을 보라) 그 보다도, 더욱 중요한 것은, 이 모든 것이 신자유주의에 반대하는 전지구적 투쟁에서 무엇을 의미하는지, 그리고 1994년의 사빠띠스따 반란에 의해 개시된 과정이 무언가 새로운 것의 형성을 향해 나아가는지 탐구하는 것이다.

자본에 반대하는 투쟁에 연루된 모든 사람들에게 치아빠스를 방문해 달라고 하는 사빠띠스따의 공개적인 초대, 두 번의 국제적인 대회들, 그리고 사빠띠스따가 주도권들을 펼쳐나가면서 받았던 긍정적인 반응은 무엇보다도 투쟁들 간의 소통 및 협력의 필요성을 표현한다. 처음부터 사빠띠스따는 자본에 반대하는 투쟁의 필요성이 전지구적이 되어야 한다는 점을, 그리고 투쟁은 그것이 전지구적이 될 때에만 성공할 수 있다는 것을, 전지구적이 되기 위해서는 다양한 투쟁들이 서로 소통해야 한다는 점을 인식했다. EZLN은 다음과 같은 두 가지 종류의 네트워크를 제안함으로써 이 필요성을 표현했다. 하나는 "별개의 저항들이 서로를 지지할 수 있게 해 주는 매체"로서의 저항 네트워크, 다른 하나는 "신자유주의에 반대하는 대안적인 소통"으로서의 소통 네트워크이다.(Neill et al. n. d., 1990년대 후반, section IV, p. 4)

하트와 네그리는, 반항적인 노동의 공통 욕망들의 소통에 기초한 국제적인 투쟁 순환이라는 형상이 더 이상 존재하지 않는다고 주장했다.(Hardt & Negri, 2000) 오늘날 투쟁들은 특수하며 직접적인 지역적 관심사들에 기초한다. 그것들은 소통불가능하게 되며, 봉기의 전지구적 사슬로서 연결되는 것―

공통의 적을 확인하고 소통을 촉진할 수 있는 공통의 언어를 개발함
으로써 연결되는 것 — 도 불가능하게 된다.

　이러한 사건들 중 어느 것도 투쟁들의 순환을 촉발하지 못했
다. 그들이 드러낸 욕망들과 필요들은 다른 맥락들 속으로
해석될 수 없었다. 달리 말해, 세계의 다른 지역들의 (잠재적
인) 혁명가들은 북경, 나블루스, LA, 치아빠스, 파리 혹은 서
울 등지에서 일어난 사건들에 귀를 기울이지 않았으며, 그것
들을 그들 자신의 투쟁들로 즉각 인정하지 못했다. 더욱이,
이러한 투쟁들은 다른 맥락들과 소통하는 데 실패할 뿐만 아
니라, 심지어는 지역적 소통조차 부족하다. 그리하여 종종 아
주 덧없이 불타오르다가 섬광처럼 사라져버린다.(p. 54)

　하트와 네그리는 이 소통불가능성이 실제로 강점인지 약
점인지에 대해 모호한 태도를 취한다. 그리고 그들의 주장은
두 가지 서로 다른 방향을 취하는 것으로 보인다. 하나는 소통
불가능성을 투쟁들을 외부의 도움 없이 자신들 내부에서 즉각
적으로 전복적으로 만드는 강점으로 이해한다. 다른 하나는
소통의 결핍을 약점이라는 관점에서 접근하고, 공통의 적을
확인하고 소통을 촉진시킬 수 있는 공통의 언어를 개발하는
정치적 과제를 위해 극복되어야 할 장애물로 간주한다. 하트
와 네그리는 치아빠스 봉기를 첫 번째 방향에 입각해서 독해

하는 것으로 보이며, 그것을 지역적 관심사들— 즉, NAFTA가 강제한 체제, 인종적 배제와 관련된 지역적 문제들, 멕시코 국가에 특유한 대의의 부족 등— 에 응답한 또 다른 투쟁으로 이해한다.

사빠띠스따가 멕시코와 치아빠스에 특수한 지역적 요구들과 정말로 소통한다 하더라도, 이 운동은 적어도 다음과 같은 두 가지 방식으로 하트와 네그리의 주장에 도전하는 것으로 보인다. 첫째, 이 운동의 주요한 관심사들 중의 하나는 그 지역적 관심사를 넘어 투쟁들 사이에서 소통의 네트워크들을 건설하는 것이다. "우리가 추구하는 것, 우리가 필요로 하는 것, 우리가 원하는 것은 정당도 조직도 갖지 않은 이 모든 사람들이 그들이 원하는 것이 무엇이고 원하지 않는 것이 무엇인지에 대해 합의를 해서 그것을 달성하기 위하여 조직되는 것입니다."(EZLN, 1996a, n.p) EZLN이 신자유주의를 "인류에 대한 범죄"로 강조하는 것은, 수많은 다른 투쟁들에서 공통적인 지반을 발견하고 그리하여 공통의 적을 확인하는 데 기여하는 것으로 보인다. 예를 들어, 그것은 치아빠스에서 열린 신자유주의에 반대하고 인류를 옹호하기 위한 제1차 대륙간 회의 동안 실질적으로 많은 시간이 신자유주의를 기술하고 정의하는 데 바쳐졌다는 점을, 그리고 무수한 최근의 항의들이 자본과 신자유주의와 관련된 조직들을 향하고 있었다는 점을 나타낸다. 사빠띠스따 담론은 지역적 요구들과 소통할 뿐만 아니라,

보편적 차원 또한 가지고 있다. 그것은 EZLN의 지리적 특수성을 넘어 확장된다. 그리고 정확히 이 보편적 차원이 더 광범한 좌파의 폭넓은 스펙트럼에 도달하게 되었던 것이며, 그런 만큼 공통 언어의 개발에 기여한다. 물론 공통 언어의 개발은 아직 갈 길이 멀다. 하지만, "존엄," "희망," "신자유주의에 반대하는 인류" 등등 사빠띠스따의 기치들은 새로운 언어의 개발을 시작하기 위한 기초, 공통의 기반을 제공해 왔다. 둘째, 치아빠스에서 창조된 대안은 "불타오르다 섬광처럼 사라져 버린 것"이 아니라 이 운동에 지속과 상대적 안정성을 부여하고, 공통의 적의 확인 과정과 공통 언어의 개발을 드높인다. 사빠띠스따 투쟁은 일시적이지 않으며, 지배적인 자본주의적 관계들에 대한 대안을 생산하기 위한 의식적인 시도이다.

새로운 국제주의?

치아빠스 봉기는 이러한 특징들로 인해 다른 투쟁들과 구분되며, 새로운 종류의 전지구적 투쟁의 발전을 추동하는 힘이 된다. 소통불가능성, 하트와 네그리의 주장의 두 번째 방향과 일치하는 이것은 극복되어야 할 문제로서, 이것은 터널을 뚫고 다양한 성격을 갖는 여타의 투쟁들과 소통의 다리들을 세우려고, 반복적으로, 그리고 매우 성공적으로, 노력해 왔던 사빠띠스따의 주된 관심사였다. 우리는 데 안젤리스를 따라서, 사빠띠스따가 하나의 과정을 개시해서 새로운 국제주의의 형성을 추동해왔다고 말함으로써 이 주장을 더욱 심화시킬 수 있다. 데 안젤리스는, 낡은 국제주의에서는 국제적 차원이 민족적 차원의 투쟁들의 도구가 되었으며, 다양한 운동들이 통일을 이루기 위한 시도 속에서 노동운동에 종속되었다고 주장한다. 낡은 국제주의와 달리 새로운 국제주의는 민족적 투쟁들의 도구가 아니며, 편협한 국제적 구분은 붕괴된다. 더욱이, 다양한 운동들과 (여성, 원주민, 동성애 등등의) 투쟁들은 노동운동에 종속되지 않으며, 각각의 투쟁의 자율성은 인정받고, 다리들과 동맹들을 수립하려는 노력들이 존재한다.

> 이 새로운 국제주의의 실천은—반복해서 말하지만 이것은 스스로를 형성하는 과정인 것이지 결코 기존의 결과가 아니다—통일 (종종 자율을 희생한 대가로 요청되는 주장)이 모든 자율성들을 희생하여 통일된 행동의 특징들과 변수들을 규정하고 있는 연속적인 실천으로 교체되고 있다는 것을 보여주는 것 같다.(p. 7)

이러한 작업틀 안에서 보면, 사빠띠스따는 지금까지 다양한 핵심세력들 및 투쟁들 사이에서 공통적인 것이 무엇인지를 규정함으로써 "이 새로운 국제주의를 표현하는 더욱 정교한 목소리"(p. 7)이다. 그리고 데 안젤리스에 따르면, 이러한 투쟁들에 공통적인 것은 존엄, 희망, 삶— 사물들을 인간의 지배자들로서가 아니라 인간의 생산물들로서 취급하는 것에 토대를 둔 존엄, 복종과 좌절의 거부로서의 희망, 자기를 통치할 권리로서의 삶— 이다. 데 안젤리스의 주장은 그가 사빠띠스따 국제주의의 가장 중요한 측면들 중의 하나가 "지구 전역의 사람들이 사빠띠스따의 투쟁— 그리고 이야기들, 전망들, 정치적 방법론, 그들의 투쟁에 수반되는 인간적인 상호작용들— 이 또한 그 단어의 진정한 의미에서 자신들의 투쟁이었다는 점을 즉각적으로 깨달은 것"(p. 17)이라고 주장할 때, 하트와 네그리의 반대편에 서게 된다.

하지만, 데 안젤리스는 자신의 주장의 문제점들을 인식하고 있으면서도, 대부분의 학계의 이상화된 유형을 따라 사빠띠스따 국제주의가 "완전히 새로운 종류"의 것이라고 주장하며, 앞 절에서 봤던 것처럼 다소 성공적이지 못하게, 그 운동의 민족주의에 대한 비판들에 대항하고자 한다. 존엄, 희망, 자기통치와 같은 개념들은 의심할 바 없이 전지구적인 반자본주의 투쟁의 다양한 부문들과의 대화를 열어젖히기 위한, 소통 및 공통 언어 개발의 공통적 지반을 규정하기 위한 중요한 출발점이 된다. 하지만 이 모든 것은 첫 단계에 지나지 않으며, 사빠띠스따 국제주의는 "완전히 새로운 종류"의 것이라기보다 새로운 국제주의의 요소들뿐만 아니라 낡은 국제주의의 요소들을 포함하고 있다. 사빠띠스따는 어느 경우에도, 그들이 낡은 것과 단절하는 데 엄청난 에너지를 쏟아부었다는 사실에도 불구하고, 새로운 것을 대표하지 않는다. 이러한 사실로 인해 그들은 낡은 것과 "도래할 새로운 것" 사이에서 진동하는 조건에 맞닥뜨리게 되었다. 그들이 전 세계의 다른 투쟁들과 동맹을 맺을 경우, 우리는 예를 들어 사빠띠스따 국제주의가 적어도 두 가지 의미에서 여전히 억제되고 제한되어 있다는 사실을 배제할 수는 없다. 첫째, 이 운동은 민족을 국제적인 자본주의의 공격들에 대한 저항의 주체로 간주하는 전략을 따른다. 그리고 이것이 새로운 국제주의의 발전에 중요한 장벽을 설치한다. 둘째, 적어도 어느 정도로는, EZLN의 국제주의는 그 운동의 민족적·지역적 대의에 적합한 유효한 수단이었으며, 원주민 공동체들을 멕시코 군대 및 준군사 부대들의 공격으로부터 보호하기 위한, 동시에 자율적 공동체들에 경제 원조와 인적 노동을 제공하기 위한 가치 있는 전술이었음이 판명되었다. 수많은 문화적, 교육적, 농업적, 그리고 여타의 기획들— 이것의 존재는 다양한 이유로 사빠띠스따 자율의 불가결한 기둥이다— 이 전적으로 국제적인 연대 네트워크들에 의해서 수립되고 재정 지원을 받았다는 점을 잊지 말자. 도움은 EZLN 국제주의의 중요한 변수를 구성하며, 감히 주장컨대,

이 국제주의의 근저를 이룬다. 하지만 의심할 바 없이, 사빠띠스따는 새로운 종류의 전지구적 소통의 발전과 그것의 성격, 전제들, 언어가 여전히 만들어지고 있는 투쟁들의 다리를 놓는 것에 중대한 기여를 해왔다.

자율의 블랙홀들

지금까지 비판적 고찰들이 사빠띠스따에 대해 거의 다루지 않은 측면이 있다면 그것은 원주민 공동체들의 내부에서 일어난 일들이다. 원주민의 현실을 자세히 관찰하고 사빠띠스따 자율의 일상적인 과정들에 대한 비판을 생산해 내는 것을 전반적으로 꺼리는 것처럼 보인다. 이러한 비판을 통해 EZLN의 공적인 민주주의적 담론과 공동체들 내부에서 이루어지는 실천들 사이의 중요한 모순들과 어긋남들이 드러날 것이며, 이 운동에 대한 좀 더 면밀한 고찰이 필요하다는 것이 분명해질 것인데도 말이다. 우리가 만나는 아주 극소수의 비판적 접근법들은, 저널리즘적 연구의 형태로,(예컨대, De La Grange and Rico, 1997) 아니면 어떤 종류의 무정부주의의 영향을 받은 정치적 비판의 형태로, 보통 이 운동에 대한 적대감과 공공연한 반사빠띠스따 및 반마르꼬스 정서에 물들어 있다. 특히 후자의 경우에, 그리고 심지어는 아무런 반사빠띠스따 정서가 보이지 않을 때조차도,(예컨대, *Wildcat*, 1996) 명백하게 치아빠스로부터의 직접적인 정보가 결핍되어 있다. 그리고 저자들은 다른 역사적 사례들로부터 추정하고 일반화하는 경향이 있으며, 그리하여 그 맥락의 특수성을 보지 못하게 된다. 학계의 이론들이 관계되는 한, 이것들은 그저 자율의 실천에 대한 어떠한 비판적 평가의 완전한 결여에 의해 특징지어지는 것만이 아니라, 그와 동시에 사빠띠스따 자율의 내적 측면들은 과도하게 이상화되고 자기조직화, 직접민주주의, "복종하는 명령"이 실행되는 원리의 표명, 자율적인 교육과 건강, 여성 투쟁, 군대의 민주주의적 조직 등등의 사례로 제시된다. 그람시적 독해에서 라클라우/무페의 독해에 이르기까지, 그리고 자율주의적 맑스주의자들에서 뜨로츠키주의자들에 이르기까지, 그들에게 공통적인 요소는 하나다. 즉 공동체들 내부에서 일어나는 일들에 대한 비판적 접근이 완전히 결여되어 있다는 것이다. 정치 이론에서 인류학으로 방향을 돌려 보면, 우리는 훨씬 더 실망스러운 장면을 보게 된다. 예를 들어, 또호라발 언어에는 목적어들이 없고 오로지 주어들만 있으며 바로 이 "상호주체성"이야 말로 원주민이 왜 그렇게 평등과 집단적인 의사결정에 익숙한지를 설명해준다고들 말한다.(Lenkersdorf, 1999a) 더욱이, 원주민 공동체들 내에서 여성들의 지위는, 가끔 주장되는 바이지만, 남성들의 지위에 비교해서 불평등한 것이 아니라, 여성들은 단지 공동체들 내에서 상이한 역할을 맡고 있으며, 가정이 그들이 행동하는 주요한 영역으로 규정된다는 것이다.(Paoli, 사적 대화에서 인용함) 물론 이 모든 것은 일련의 천진난만한 이상화들이다. 의사결정에 평등이란 없으며, 여성들은 사빠띠스따 반란 이후에서조차 공동체들 내부에서 차지하는 자신들의 지위에 만족하고 있지 않기 때문이다. 여성들은 의사결정 과정에서 계속해서 배제되기 때문이다. 치아빠스의 사빠띠스따 공동체들 어디를 잠깐만 방문해도 모든 결정들이 이루어진다는 집회들이 남성들에 의해 좌우되며, 종종 전적으로 남성들로만 구성된다는 것을 충분히 확인할 수 있다.(원주민 사빠띠스따 공동체들 내부에서 일어나는 일들에 대한 좀더 세부적인 설명에 대해서는 Barmeyer, 2004를 보라)

좌파 학자들, 좌익 저널리스트들과 (주로 학계와 관계된) 많은 활동가들은 모두 사빠띠스따의 시적 담론에 과도하게 중독된 것으로 보이며, 사빠띠스따 자율에 대한 무조건적이고 무비판적인 지지에 굴복한 것으로 보인다. 대체로, "자율" 개념 — 다소 물신화되고 그 자체로 좋은 것처럼 보이는 — 에 대해 다소 단순하고, 때로는 혼란스러운 접근이 존재하는 같다. 이 용어는 정치 정당들과 여타의 '국가와 관련된' 조직들로부터 독립적인 사빠띠스타의 자율적인 조직화 및 행동을 묘사하기 위해 사용되거나, 원주민 공동체들의 자기통치와 자기구성, 혹은 둘의 혼합을 위한 사빠띠스따의 요구를 설명하기 위해 채택된다. 이 용어는 좋고 바람직한 어떤 것을 함축하는 것 같다. 하지만 우리가 보기에 자율적인 조직과 "노동계급"의 행동과 같은 개념, 즉 공동체의 자기구성을 위한 요구가, 그것이 자율을 "무엇이 존재하는가"와 같은 연속적인 질문 던지기로서 개념화하는 것이 수반되지 않는다면, 반드시 무언가 좋은 것으로 귀결되는 것은 아니다. 그리고 고정된 질서에 대한 이러한 연속적이고 의식적인 뒤흔들기가 자율을 민주주의적으로 만드는 것이라는 점을 깨닫지 않는다면 말이다. 좀 더 분명히 말하자면, 자율이 반드시 민주주의적인 것은 아니며, 그것의 자유주의적인 수사학은 종종 반민주주의적이고 반동적인 실천들을 위장하는 데 기여할 수도 있으며, 억압적인 전통들과 지역 엘리트들로써 국가 장치를 대신할 수도 있다. 사빠띠스따의 경우에, 전통, 공동체 관습들, 권위주의적으로 군사화된 구조들은 매우 빈번하게 사빠띠스따 공동체들에서 지배적인 역할을 맡으며, 어떤 경우에는, 곧 설명하겠지만, 공동체들을 자율적이고, 억압적이며 권위주의적인 구조들로 변형시키며, 집단적인 의사결정과 "복종하는 명령"의 원칙을 학문적 소비를 위한 단순한 신화들로 축소한다.

이 지점에서 우리는 비판적 접근의 결여가 또한, 어느 정도로는, 원주민 공동체들과 그들을 방문하는 외국 활동가들,

저널리스트들, 연구자들 및 여행가들 사이에서 이루어진 관계의 결과였다는 점을 고려할 필요가 있다. 공동체들 내에서 원주민과 외국인들 사이의 접촉은 공식적인 수준에서 이루어진다. 그것은 부분적으로 방문객들이 머무는 짧은 기간과 언어적 장벽들 때문이지만 한편으로는 역시 원주민의 비밀주의 때문이기도 하다. 원주민들이 정부와 준군사그룹들에 의한 인권침해에 관한 대화들에 참여해서 사빠띠스따의 이야기들을 서술하고, 사빠띠스따 자율과 관련해서 일어나는 일들에 관한 전반적인 물음에 답하고자 할지라도, 그들은 언제나, 외부는 결코 공동체에서 일어나는 일들— 일정 기간 공동체들에 살고 일하며 원주민과 방문객들 사이를 중개하는 역할을 맡는 비원주민 "문지기들"에 의해 종종 수행되는 과정 — 에 결코 근접하지 못한다는 점을 분명히 한다. 외국 방문객들은 사빠띠스따와 "문지기들"이 보고 체험하라고 허락한 것만 보고 체험할 수 있으며, 그들이 보도록 허락된 것은 정말이지 극히 적다. 그래서 좌익 연구자들 및 활동가들을 포함하는 수많은 방문객들은 자신들이 본 것이 완전히 옳다고 생각하면서 치아빠스를 떠나며, 마르꼬스의 우아한 산문의 유혹적인 효과들로 인해, 그들은 자신들이 본 것이 본질적으로 선善이라고 결론내리기 쉽다. 어떤 경우 불만족이 정말 방문객들과 원주민들 사이에서의 상호작용의 결과로서 나타날 때, 그리고 방문객들이 사태가 기술된 것처럼 이상적이지 않을 수 있다는 사실을 흘끗 보게 될 때, 이것들은 보통 근거가 충분하지 않은데, 그 이유는 원주민들과 외국인들 사이에 유지되는 거리가, 여타의 것들 중에서, 비판할 수 있는 정보가 원주민들로부터 상당히 떨어져 있다는 것을 보증하기 때문이다. 하지만 우리는 공동체들을 돌아보는 평화 감시단이 산끄리스또발을 근거지로 하는 평화 조직들에 가져다 준 몇몇 보고서들에서 이러한 불만족의 본성에 관한 생각을 얻을 수 있다. 이러한 보고서들은, 그 수가 극히 적지만, 여성들에 대한 억압과 배제, 비상 사태의 경우 외국인들이 이용가능한 정보의 부족, 그리고 억압적이고 권위주의적인 실천들이라는 쟁점들을 언급한다.

이 장의 목적에 맞춰 나는 하나의 특별한 사빠띠스따 구조에 초점을 맞춰 사빠띠스따 자율의 지금까지 알려지지 않은 측면들을 조명하면서 그 안에서 일어난 일들을 논의할 것이다. 내 목적은 그들이 누구인가에 맞춰, 즉 사빠띠스따를 변화의 과정에 있는 원주민 공동체들로 보는 것이며, 누구에게도 도움이 되지 않는 조야한 이상화를 피하는 것이다. 나는 사빠띠스따의 다른 측면들은 고려하지 않을 것인데, 그 이유는 비판의 한 영역이 이 운동을 성찰하기에 충분하며, 그와 동시에, 사빠띠스따 기획에 반대하는 사람들이 사용할 수 있는 너무 많은 정보를 드러내지 않으면서 신화들 및 오류들과 단절하기에 충분하다고 생각하기 때문이다. 결국, 공동체들이 외국인들에게 "폐쇄적"이었다면 그것은 그들의 비밀이 정의와 자유를 위한 그들의 투쟁에서 가치 있는 무기로 판명되었기 때문이다. 그럼에도 불구하고, 3장에서 설명된 바와 같이, 나는 사빠띠스따가 자유를 향한, 그리고 삶의 명시적인 자기 제도화를 향한 자율 기획—그것의 실존이 제도화된 질서에 대한 질문과 비판에 기초하고 있고, 오늘날 사빠띠스따 자율의 10년에 대한 어떤 비판적인 평가를 요구하는 기획—의 역사적 노선에 속하며, 그리고 그 노선 위에서 작동하는 것으로 이해한다.

자율적인 교육

[오늘날] 치아빠스에는 몇몇 교육적 기획들이 존재하지만, 2002년까지는 오직 하나의 중등교육만이 제공되었으며, EZLN의 사령부CCRI-CG는 이것을 공식적인 사빠띠스따 학교로 인정했다. ESRAZ(사빠띠스따 자율 반란 중등학교)는, 알려진 바에 따르면, 이전에 치아빠스 고지에 있는 오벤띡의 아과스깔리엔떼스라고 불려진 곳에 위치했다. 2001년 현재 학교에는 80명의 학생이 있었다. 그들은 14~19세의 소년들로서 3년간의 공부를 마친 뒤에는 치아빠스 전역의 자율적인 공동체들로 이동해서 "교육의 장려자"로서 일해야 했다. 학교는

CCRI-CG로 구성되어 있는 매우 명확한 위계적 구조 — 학교에 관한 모든 중요한 결정들을 내리는 책임을 맡고 있던 (세 명의 원주민으로 구성되는 위원회인) 엘 꼬미떼, (커리큘럼 개발과 쁘로모또레스[비원주민 교사—옮긴이] 지도를 책임지고 있는 약 8명의 비원주민그룹인) 로스 아세소레스, (교사로 활동하는 약 14명의 비원주민그룹인) 로스 쁘로모또레스, 그리고 알룸노스(학생들) — 를 가지고 있었다. 건물과 장비의 구축을 위한 자금 조달은 에스꾸엘라스 빠라 치아빠스("치아빠스를 위한 학교")라 불리는 미국을 기반으로 한 NGO에서 이루어진다. 매년 이 NGO는 원주민 공동체 안에서 일주일 간 스페인어를 배우기 위해 (때때로 노동하기도 하면서) 상당한 돈을 지불하는 젊은 미국 학생들과 활동가들의 치아빠스 여행을 조직한다. 자율적인 학교는 경제적으로 비자율적이며, 그것의 생존은 거의 전적으로 미국으로부터의 원조에 의존한다.

이 학교의 건축설계에는 대안적인 것이란 하나도 존재하지 않는데, 이것은 "존재하는 것," 즉 정부의 학교들의 단순한 재생산 때문에, 또는 NGO와 아세소레스의 보수적인 영향 때문에, 교실로 이용되는 정방형의 방들로 이루어지는 전통적인 방식으로 세워져 있다. 건물, 그리고 그것의 내부와 주변 환경의 전반적인 조직은 지배적인 권력관계들을 단순히 재생산하고, 학교의 다양한 계층들 사이의 기존의 위계들을 영속시킨다.

하지만 그것의 건축설계 외에도, 학교는 우리가 자율적인 사빠띠스따 교육 프로그램에서 볼 수 있을 것으로 기대할 만한 개방성, 창의성, 반란성을 결여하고 있는 것 같다. 다음은 치아빠스를 위한 학교들의 공식적인 인터넷 사이트가 ESRAZ와 정부 학교들 사이의 차이를 어떻게 기술하는지를 보여준다.

아마도 가장 큰 차이는 사빠띠스따의 자율적인 학교들이 공동체들 내부에 직접적으로 존재하며 마야 공동체들 자신의 창조물이라는 점이다. 정부 학교들과는 달리 자율적인 학교들은 공동체 대표들에 의해 운영되고 지도된다. 자율적인 학교들의 커리큘럼은 공동체의 영감들을 반영하며, 교사들은 지역 공동체들의 구성원들이다.(http://www.schoolsforchiapas. org/school_FAQ.htm. 2004년 3월 26일에 접속함)

물론 우리는 이 모든 게 정말 그렇게 큰 차이인지 의아해하지 않을 수 없다. 그리고 우리는 이 "큰 차이"가 어떻게, 텍스트 속에서, "자율"이라는 맥락 속에서 개념화되는지 알 수 있다. 달리 말해, ESRAZ를 정부 학교들과 구별하게 해주는 이 중요한 차이는, 이것이 원주민에 의해 운영되고 공동체 내에 위치하고 있다는 점이다. 그런 점에서 이것은 우리를 내가 앞에서 자율 개념의 물신화에 대해 언급했던 것으로 데려간다. 학교 교육과 관련된 다른 모든 측면들은 부차적이거나 언급할 가치가 없는 것으로 그려진다. 학교가 운영되거나 작동하는 방식, 실제적인 커리큘럼, 이것이 가르쳐지는 방식 등등, 이 모든 것은 학교가 공동체 내부에 있고 원주민 소수자들에 의해 운영된다는 사실과 비교해 덜 중요하다는 것이다. 물론 이 것은 그저 특수한 형식화의 문제가 아니다. 그와 반대로, 그것은 학교의 현실적인 작동을 반영하며, 이것이 가장 중요한 것인데, 치아빠스를 위한 학교들이 자율적인 교육에 대해 취하는 특별한 접근법을 반영한다. 이 쟁점은 이 특수한 NGO가 학교 위원회와 공동체에 대해 미치는 영향을 고려해 본다면 그 중요성이 덜하지 않다. 학교에 좀더 다가가서 치아빠스를 위한 학교들의 주장뿐만 아니라 많은 학자들이 사빠띠스따 자율에 대해 가지고 있는 생각들을 고찰해 보자.

커리큘럼, 그리고 그것이 가르쳐지는 방식은 원주민들의 영감들을 반영하기보다는 비원주민 아세소레스의 중간계급적인 기원과 교육을 반영하는 경향이 있으며, 그리하여 교육에 대한 지배적인 방법들 및 접근법들뿐만 아니라 역사에 대한 서구의 자본주의적 시각들, 과학들을 가르는 주류적인 구분, 삶의 생물화 등등, 원주민의 현실로부터 추상된, 그리고 교사들과 학생들—이들은 자신들이 가르치고 배우는 것에 대하여 전혀 아무런 말도 하지 못하며 아무런 통제권도 행사하지 못한다—에 부과된 모든 것들을 영속화시킨다. 일반적으로, 사물들이

학교에서 가르쳐지는 방식은 원주민의 현실을 무시하는 경향
이 있으며, 원주민의 폭력적인 "멕시코인 만들기"와 동시에 혼
동을 생산한다. 원주민들은 대량의 완전히 새로운 지식에 적
응해야 한다. 이러한 지식은 그들의 지역적 신념들과 매우 자
주 모순을 일으키며 주류적인 방식의 시험을 치르는 동안에
그것을 재생산한다. 새로운 몸체의 지식이 유발하는 혼동, 고
통, 폭력의 특징 — 이것은 원주민들을 주류적인 문화에 동화시키
려는 국가의 교육체제의 시도가 낳는 결과와 그렇게 다르지 않은 결
과를 가져온다(Arias, 1975를 보라) — 은 내가 한 학생과 나눈 대
화들 중의 하나에서 뽑은 다음의 글에서 확인할 수 있다.

내가 사는 공동체에서는 해와 달이 신이라고 말하고, 그곳
에 가 본 적이 있었고 살았던 사람들이 존재한다고 가르치
는데, 여기에서는 해와 달이 행성이라고 가르친다. 그리고
내 공동체에서는 또한 월식이 일어나면 많은 여성들이 죽고
일식이 일어나면 많은 남성들이 죽을 거라고 말하는데, 무
엇을 믿어야 할지 모르겠다. 나는 [교육의] 장려자에게 어떻
게 생각하느냐고 물어본 적이 있는데, 그는 모르겠다고, 둘
다 옳다고 생각한다고 말했다.(2001년 5월, 취재수첩에서.
번역은 지은이)

아마도 자율적인 학교와 정부의 학교들을 구분하는 것은

학생들이 사빠띠스따의 역사, 그리고 정부와 맺은 관계들, 가장 중요하게는 마르꼬스의 저작들을 읽고 분석하는 정치를 가르치느냐의 여부이다. 마르꼬스는 사빠띠스따 청년의 주요한 이데올로그로 등장하며, 그 이데올로기화 과정은 불가결하게 된다. 일반적으로 학교는 완전히 자율적인 민주적 배움의 공간으로 발전하게 될 기회를 놓친 것처럼 보인다. 정부가 ESRAZ를 인정하지 않고, 그것의 기능이 전적으로 원주민 반란 공동체들과 사빠띠스따 운동의 교육적·정치적 필요들을 만족시키는 것이기 때뮤에 민족적 커리큘럼의 완성이라는 면에서 아무런 외적 압력들이 존재하지 않는다는 사실에도 불구하고 말이다. 그 대신에 학교는 사빠띠스따 자율보다는 자본주의적 필요들과 기획들을 충족시키는 서구식 교육을 주로 제공하는 엄격한 위계적이고 군사화된 공간이다. 사실상, 우리는 여기에서 사빠띠스따 학교의 구조가 뿌에블라빠나마 계획PPP의 이행이 시작되는 때에 치아빠스의 자본주의적 발전을 위해 예비 프롤레타리아트로 이용될 신체들과 정신들을 교육한다는 생각을 하지 않을 수 없다.

우리는 앞의 모든 것을 변화의 과정에서 주변화되고 가난에 내몰리는 주민이 불가피한 악으로 고려할 수 있을 것이며, 어쩌면 사태가 그러할지 모른다. 하지만 사태를 더욱 복잡하게 만드는 것은 그 변화가 일반적으로 단지 반‒자본주의 지향적 커리큘럼을 통해서뿐만 아니라 엄격하고 군사화된 위계제, 그리고 학교의 다양한, 분명하게 규정된 계층들을 "선배"에 대한 두려움으로 물들이는 의사결정 과정을 통해서도 저지된다는 것이다. 학교는 강제된 훈육들의 무비판적 수용과 수동성을 생산하고, 사빠띠스따 자율의 열광자들과 "응원단장들"로 하여금 자신의 주장들에 대해 순진한 목소리를 내도록 만드는 위계적인 조직인 것이다. 학교는 단 하나의 민주적인 조정도 거치지 않고 위로부터 관리된다. CCRI-CG가 이 학교의 작동들에 대해 정확히 연루된 것이 무엇인지 말하는 것은 불가능하지만, 교육위원회(엘 꼬미떼)가 관계되는 한, 이것은 학교의 기능과 학생들과 관련한 일련의 결정들에 대해서는 책임이 있다. 그리고 외국인들이 제안한 모든 혁신들이나 기획들뿐만 아니라 아세소레스가 제안한 변화들은 반드시 학교의 반민주주의적인 관료제적 그물망을 통과해야 한다. 세 명의 사람들이 약 100명의 학생들과 관련된 사안들을 결정한다. 학생들은 단지 꼭두각시로 전락하고 그들의 견해는 아주 하잘것없으며, 아니 더 정확히 말하자면, 전혀 고려의 대상이 되지 않는다. 물론 이것은 자유와 민주주의에 대한 전체 사빠띠스따의 담론에 위배되는 것만이 아니라, 학계에서 그렇게 찬양하는 "복종하는 명령"이라는 전체 원리에도 위배되는 것이다.

(14살에서 19살의) ESRAZ의 사빠띠스따 학생들은 목소

리를 전혀 낼 수 없으며, 학교들의 반민주주의적인 성격은 처벌이 어디에든 잠재해 있는 권위주의적이고 억압적인 구조의 형태를 띤다. 실제로 학교는 군사적 원리들에 따라 조직되어 있으며, 통학은 두려움과 수동성을 야기하는 훈육을 필요로 한다. 다음날 수업을 위해 숙제를 하지 않고, (종종 학생들과 같은 나이의) 쁘로모또레스에게 말대꾸하거나 대드는 것처럼, 학교의 엄격한 규칙들을 따르지 않으면, 두 시간 동안 야간 교대 불침번을 서는 것과 같은 군대식의 처벌을 당하거나 점심과 저녁 식사 후 모든 사람의 접시를 닦는 등등의 벌을 받는다. 꼬미떼의 구성원들에게 말대꾸하거나 그들의 결정사항들을 문제 삼는 것과 같은 좀 더 "심각한" 성격의 행동들은 감금형에 처해진다. 학교에는 훈육을 따르지 않는 사빠띠스따 학생들을 "깨우치기" 위한 자체의 격리된 감금실이 있으며, 필요한 경우 그곳을 사용한다. 동일한 "비행"非行을 한 번 혹은 두 번 이상 반복하면, 그 비행의 성격에 따라, 퇴학 처분을 받는다. 민주주의, 자유, 정의는 사빠띠스따의 기본적인 3대 요구사항들이지만, 자율적인 학교의 학생들은 그들의 일상생활 속에서 그것들을 누릴 어떠한 권리도 갖고 있지 못한 것 같다.

민주주의, 자유, 정의를 향해 가는 사빠띠스따 자율의 길은 기나긴 길인 것처럼 보이며, 사빠띠스따가 싸워야만 하는 적은 꼭 "나쁜 정부"만이 아니라 EZLN을 통해 공동체들에 도입된 군사적 논리와 같은 어떤 원주민 전통들과 관습들이기도 하다. 여기에서 이러한 극단적인 훈육적 방법들이 사빠띠스따 공동체들이 토대하고 있는 전쟁 여건들의 직접적인 결과라고 주장할 수도 있을 것이다. 아마도 이러한 주장에 진실의 요소가 있겠지만 문제에 대한 명쾌한 시각을 제공해 주지는 못한다. 사빠띠스따 지역에는 엄격성 면에서 서로 닮지 않고 공식적인 사빠띠스따 학교를 폐쇄하는 교육적 프로그램들이 많이 있으며, 또 어떤 지역들은 군사화가 고도로 진척되어 있다. 더 나은 설명을 하려면 이 문제를 원주민 전통 내부에 위치시켜야 할 것이다. 그리고 특정한 신념들, 특히 초칠인들(ESRAZ은 실제로 초칠 인디언들이 거주하는 지역에 있으며, 학생들과 직원 모두 초칠 출신이다)에게서 발견되는 신념들의 현존은 특정한 문제들을 다루기 위한 처벌의 중요성 및 필요성과 관련된다.

하지만 학교와 사빠띠스모 전체의 미래에 결정적인 것은, 그리고 그와 동시에 원주민 공동체들의 변화를 위한 역동성을 보여주는 것은, 자율, 정의, 자유, 민주주의와 같은 담론이 일부 원주민들에 의해 전유되고 있으며, 억압적이고 권위주의적인 공동체 실천들에 도전하기 위해 전술적으로 활용되고 있다는 점이다. 이것은 일부 학생들이 민주주의와 자유가 결핍된 상황에서 자신들의 불만족을 분명하게 제시하는 사빠띠스따 학교뿐만 아니라, 사빠띠스따 실천이 이루어지고 특히 여성들의 투쟁이 존재하는 다른 지역들 역시 특징짓는다. 학교의 경우, 그것은 예를 들어 정치적·사회적 관계들을 성찰할 수 있는 공간을 제공하고, 특정한 실천들에 도전할 수 있는 도구들을 제공하는 계급의 정치학이 되는 것 같다. 달리 말해, 학교는 그것의 위계적이고 권위주의적인 구조 속에 그것을 부정하는 바로 그 목소리를 가지고 있으며, 원주민 공동체들의 자유와 민주주의에 이르는 길이 어려운 길이 될지라도, 이미 시작은 이루어졌고 그것은 돌이킬 수 없다.

6장

원주민의 사회적 상상성과 사빠띠스따 가면들

원주민의 형이상학

언어와 현실

마야의 인식론

사빠띠스따 가면들

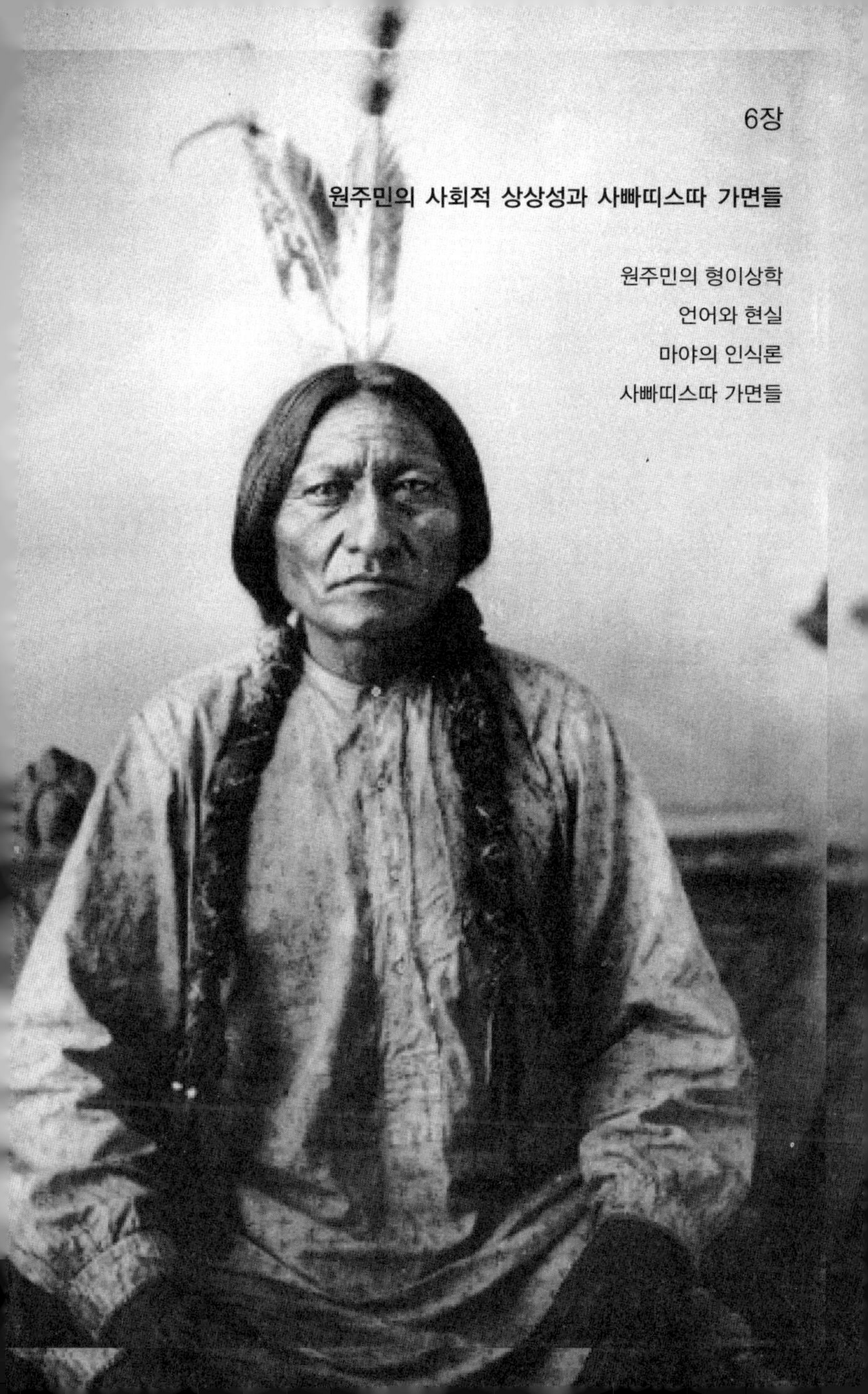

원주민의 사회적 상상성과 사빠띠스따 가면들

지배자는 자율적이고 통제받지 않는 변형과 계속 전쟁을 벌인다. 그가 이 전투에서 사용하는 무기는 가면 벗기기 과정이며, 그것은 변형의 정반대이다. …… 그것이 자주 실행되면, 전체 세계는 오그라든다.
— 엘리아스 카네티, 2000[1960]

앞 장들에서 나는 사빠띠스따의 외적이고 공식적인 특징들을 탐구했고, 그들의 반란을 하나의 사건적 상황으로 기술했으며, 그것이 급진적 정치에 대해 갖는 함축들과 충실성 주체의 출현을 논의했고, 충실성 주체로서의 사빠띠스따에 대한 비판을 개진했다. 이 장에서 나는 사빠띠스따를 원주민의 세계관의 시각에서 바라보는 이해방식을 제공할 것이다. 이러한 시각은 내가 2장에서 살펴본 모든 독해들에서는 대부분 간과

되어 왔던 것이다. 더 자세히 말하자면, 이 운동의 성격을 결정하는 데에서 의의를 가지는 그러한 지역적 요소들을 살펴볼 것이다. 그리고 사빠띠스따의 정치적 활동의 결과로서 일어난 원주민 세계관의 변화 및 파열의 내적 과정들을 논의할 것이다. 이것을 하기 위하여 나는 까스또리아디스를 따라 치아빠스 원주민의 사회적 상상성이라고 불릴 수 있는 것을 설명할 것이다.(Castoriadis, 1975) 3장에서 자세히 설명한 것처럼, 사회적 상상성은 급진적 상상성의 집단적 표명으로서, 사회적인 상상적 의의들의 창조, 구축, 생산에서 그 자신을 표현한다. 이것들은 집단적으로 공유되고 어떠한 "합리적이거나" "실제적인" 요소들 — 동시에 이러한 함축들의 대의화, 제도들(규범들, 가치들, 언어들, 개인들 등등)과도 부합하지 않는다. 원주민의 사회적 상상성에 접근하기 위해 나는 세 가지 상호 연관된 주제들, 즉 사회적인 상상적 의의들의 복합체들 — 원주민들의 "자아의 형이상학"과 자기의 사회를 벗어난 측면들에서 나타나는 그들의 신념들, 일정한 세계관을 구현하고 재생산하는 원주민 언어들의 구조, 내가 고슨(Gossen, 1996)을 따라 "마야의 인식론"이라는 말로 나타내고자 하는 현실의 본성에 관한 원주민의 생각 — 을 논의할 것이다. 치아빠스의 원주민 문화들에 대한 자세한 인류학적 설명을 내놓는 것이 내 의도가 아니다. 그 대신, 나는 사빠띠스따 반란의 특정 측면들을 해명하기 위하여 — 다시 말해 원주민의 사회적 상상성이 어떻게 그 운동에 침투하여 혁명적 활동 및 자율 기획과 접촉하면서 스스로를 변형시키며, 사빠띠스따의 사회적 상상성이 되는지 이해하기 위하여— 상상적 의의들의 토착적인 세계를 일별하도록 해주는 요소들에 흥미가 있다. 이 장의 후반부에서 나는 미래를 향한 원주민의 사회적 상상성의 운동— 그것을 급진적으로 변형시킴으로써, 그리고 그와 동시에 새롭고 해방적이며 사회적인 상상적 의의들을 생산함으로써 그것이 어떻게 전통과 단절하는지— 을 더 자세히 논의할 것이다. 더욱이, 원주민의 사회적 상상성의 운동은 원주민의 주체성들의 급진적인 변형과 새로운 사빠띠스따 주체성의 출현을 밝혀줄 것이다. 나는 원주민의 사회적 상상성의 운동과 급진적인 집단적 주체성의 출현 모두 사빠띠스따 운동의 구성원들이 사용하는 빠사몬따냐스(스키마스크/발라끌라바) 속에 표명되고, 표현되고, 대의되며, 또 그것에 의해 가능하게 되었다고 주장할 것이다.

원주민의 형이상학

자아와 현실 전체의 본성을 둘러싼 신념들은 사빠띠스따 운동을 구성하는 여섯 부족그룹들(예컨대, 초칠, 첼딸, 또호라발, 소께, 촐, 마암)이 서로 다르다. 또한 같은 부족그룹의 지역들과 공동체들 내에서도 역시 서로 다르다. 그리고 어떤 경우들에서는, 같은 공동체의 구성원들 간에도 서로 다르다. 하지만 이러한 차이들을 넘어, 민족지학적 연구들은 여섯 부족 그룹들 모두 매우 강한 공통 지반을 공유하고 있다고, 지구 위의 인간의 삶과 운명은 단지 다른 인간 존재뿐만 아니라 현실의 비가시적 층에 깃들어있는 실체들(신들, 숲과 호수의 조물주들과 주인들, 무지개들, 바람들, 죽은 조상들, 영웅들 등등)과의 상호 관계 속에 연루되며 그들의 성격과 상황에 따라 좋거나 나빠질 수 있다는 생각을 공유하고 있다고 제시하는 것 같다.(Moscoso Pastrana, 1991; Guiteras, 1996; Gossen, 1999) 모든 종류의 개인적이고 집단적인 호의들을 요청할 목적으로 인간들과 "비가시적인 존재들"을 접촉할 수 있도록 해주는 수많은 제식祭式들과 의식들이 고안되어 왔다. 하지만, 가시적인 것과 비가시적인 것 사이의 접촉이 이루어지게 될 때의 마지막 말[주문]은 실재의 비가시적인 층으로 들어갈 수단을 소유하고 그곳에 사는 존재들과 소통하는 사람들인 샤먼들의 것이다.(Arias, 1975) 이 장의 뒷부분에서 나는 세계에 대한 이 물활론[모든 물질은 생명이나 혼, 마음을 가지고 있다고 믿는 자연관─옮긴이]적인 생각으로 돌아와 그것이 원주민의 언어들에서 구현되는 방식을, 동시에 샤먼들의 중요한 역할을 논의할 것이다. 잠시 이 장에서 내 주장을 펼칠 실마리가 되는 토착적인 자아관의 주요 구성요소의 윤곽을 그려 보자.

원주민의 사회적 자아로 불릴 수 있는 중심적인 범주는 나구알(혹은 나우알)이다. 나구알은 인간과 공통의 정신을 공유하는 동물적인 공통 본질들이다. 동물적인 공통 본질들의 실존에 대한 이 믿음은 인간이 되기 위해 필요한 것에 대한 원주민의 이해방식 속에 너무나 깊게 각인되어 있어서, 개성, 그 자신의 성격, 특이한 성격, "힘들," 재능들, 약점들 등등은 그 자신의 특별한 나굴알에 달려 있다고들 한다. 한 인간이 태어나면 하나의 (때로는 하나 이상의) 나구알이 함께 태어나고, 이후 그들의 삶들은 분리불가능하게 연결된다.(Arias, 1975; Moscoso, 1991; Gossen, 1999를 보라) 나구알은 인간 신체 외부에 존재한다. 그것은 자신의 자연적 환경 속에서 살아간다. 이 환경이 보통 현실의 비가시적인 층으로 여겨진다. 하지만 적어도 나구알리스모에 대한 가장 대중적인 판본들에 따르면, 동물적 정신은 외부세계뿐만 아니라 인간 신체에도 동시에 존재한다. "그것은 인간의 심장에 존재한다. 인간과 동물은 묶여 있다. 그들은 하나의 정신이다. 그들은 다른 것 속에 하나로 존재한다."

나구알의 실존에 대한 믿음은 치아빠스에서는 꽤 다양하다. 예를 들어, 모든 인간이 동물적인 공통 본질을 소유하는지 아니면 단지 소수만이 그러한지, 나구알을 가지고 있는 모든 사람들이 그것과 접촉해서 그것의 힘들을 사용할 수 있는지, 모든 동물들이 아니면 오직 특정한 동물들만이 나구알인지 등등에 대해 합의된 바가 없다.(Moscoso, 1991) 하지만 이러한 차이에도 불구하고, 호랑이, 코요테, 독수리, 뱀, 토끼와 같은 특정 동물들이 나구알이라는 일반적인 합의가 존재한다. 어떤 사람이, 보통 꿈을 통해, 나구알과의 통일을 성취했을 때, 그는 그 모든 "힘들"을 사용할 수 있고 심지어는 나구알의 모습을 취해 그 자신이 호랑이, 코요테, 아니면 그가 묶여 있는 어떠한 나구알로도 변형될 수 있다. 간단히 말해, 어떤 사람의 나구알은 행동할 수 있는 그 사람의 역능이자 사물을 획득하고 그 자신을 그 밖의 다른 것으로 변형시킬 수 있는 그의 잠재적 역량이다. 나구알의 종류와 수에 따라 그 사람의 역능들은 다른 사람의 역능보다 많거나 적을 수 있다. 그러므로 예를 들어 자신의 나구알이 호랑이인 사람은 자신의 나구알이 토끼인 사람보다 더 강력하다. 체력, 미, 지성, 사회적 권력, 성취는 보통 사자, 퓨마, 호랑이와 같은 강한 동물들과 연관된다.

담론과 관련된 나구알 외부에 놓인 사람들에게, 인간과 동물이 맺은 관계의 본성은 불명확한 채로 남아 있으며, 종종 형이상학적 용어로 이해된다.(Taussig, 1999) 하지만, 사태는 이것과는 완전히 다른 것 같다. 1960년대 초반 민족지학자인 에스더 허미트의 치아빠스 보고서는 다음과 같이 말하고 있다.

이 노선들을 따라 질문을 하고 나서 인디언 피조사자는 당황한 듯 보였다. 그리고 가끔 씽긋 웃으면서, [사람과 나우알 사이에서] 어떠한 명령의 필요도 없다고, 사람과 그의 동물적 공통 본질 사이에 소통이 없다고, 육체적 친연성이 존재한다고, 사람은 동물이라고 분명하게 진술하곤 했다.(Taussig, 1999, p. 243에서 인용함)

타우시그의 주장에 따르면, 국가는 변형을 통제하기 위하여, 되기들becomings을 전유하여 그것들을 토템적이거나 상징적인 일치들로 휜원시키기 위하여, 나구알과 마법의 역능을 전유하려고 항상 노력해 왔다. "그러므로 모방적인 현실에서 은유적 현실로 가는 움직임이 일어난다. 웃고 있는 인간이 동물인 모방적인 현실로부터, 인간이 동물을 닮은, 그리고 특히 인간이 동물을 가지고 있는 시적 현실로의 움직임 말이다."(p. 248) 하지만, 원주민은 이런 식으로 표현할 것 같지는 않다. "나구알과 인간은 동일한 정신을 공유한다. 하나는 다른 것[앤에 존재한다. 그들의 운명은 동일한 것이다. 인간과 나구알은 분리될 수 없다. 인간은 나구알을 가지고 있지 않다. 인간은 나구알이다. 인간은 자신과 자신의 세계를 변형시킬 수 있는 존재이다."

라스 까나다스 지역인 프란씨스꼬 고메스의 아과스깔리엔떼스의 "교육의 장려자"인 사빠띠스따 첼딸족 소년인 15세의 후안이 쓴 다음의 시에서 우리는 사회적인 상상적 의의들이라는 원주민 복합체의 두 가지 중심적인 측면들을 볼 수 있다. 한편으로는 만물의 살아 있는 본성에 대한 신념, 다른 한편으로는 인간에 대한 나구알적인 개념화. 어린 첼딸인은 사빠띠스따 반란을 지지해주고 협력을 베풀어 준 것에 대해 산들과 나무들에 감사한다. 많은 원주민 문화들의 특징으로 보이는 이러한 감사 표시는 단순한 시적 상상력을 벗어나 자연이 정말 사빠띠스따 투쟁의 협력자일 수 있는 세계를 가리킨다. 산들과 숲들은 살아 있고, 그들에겐 자신들의 아호(첼딸어로 "산의 보호자")가 있으며, 그들 각각은 특수한 능력들과 자신들의 뚜렷한 특징을 가지고 있다. 사빠띠스따 운동의 성공적인 준비와 조직은, EZLN 군대의 막사들이 있는 정글의 나무들과 숲들에 존재하는 신들이 원조, 지지하고 있으며, 원주민 투쟁과 협력하고 있으며, 그래서 감사해야만 한다는 것을 의미한다.[1]

숲들에게 감사를 드려요
저 산의 언덕들에게도요
그들은 언제나 모든 동물들의 거대한 안식처였지요
여기저기를 날아다니는,
그리고 우리가 아는 저 산들 아래로
호랑이들이 준비를 하고 있지요

착취자들을 먹어치울 준비를요

(2000년 11월, 취재노트에서. 번역은 지은이)

여기에서 단어 "호랑이"는 EZLN이라는 반란자들을 묘사하기 위해 사용되었지만, 이 단어를 사용한 것이 단순한 시적 은유로만 이해되어서는 안 된다. 게릴라들은 호랑이들이며, 나구알들이다. 나구알은, 이 경우 호랑이는 착취와 싸울 수 있는 그들의 역능이며, 자신들을 변형시킬 수 있는 그들의 역량이나. 그것은 반도叛徒들로서의 그들의 변신, 그들의 화신이다. 여기에서, 원주민의 사회적 상상성이 작동하고 있는 것을, 나구알에 대한 엄밀히 개인주의적인 생각에서 벗어나 나구알리즘에 대한 새로운 집단적인 사빠띠스따의 사회적인 상상적 의의들로 이행하고 있는 것을 주목하라. 전에는 역능을 가진 특정한 개인들에 관련된 나구알, 호랑이는 이제 집단적인 힘 개념으로 변형되고, 모든 EZLN 게릴라들은 마찬가지로 (투쟁 능력들 면에서) 강력한 동물적 공통 본질을 갖는 것으로 언급된다. 이와 동일한 주제가 부사령관 마르꼬스의 선집 『안또니오 할아버지의 이야기들』*Stories of old Antonio*에 등장한다. 이 장의 뒷부분에서 설명하겠지만, 여기에서 강력한 나구알들이 모든 사빠띠스따와 관련된다.

언어와 현실

　원주민의 언어들이 스페인의 식민지화 기간에 — 책들의 훼손, 라틴 알파벳의 강제, 원주민 문서들의 은폐 등등과 더불어 — 폭력적인 억압과 강제된 변화 과정에 종속되었음에도 불구하고, 언어들은 시간을 관통해 살아남았으며 대부분 자기의 독특한 성격을 보존해 왔다. 원주민 언어들의 통사 구조와 문법은 현실과 세계를 바라보고 이해하는 서로 다른 방식을 구축하고 반영한다. 그것들은 우주에 대한 구분되는 시각에, 그리하여 결국 인간이 되는 상이한 방식, 삶과 주변의 만물과 관계를 맺는 상이한 방식에 상응한다. 치아빠스의 부족그룹들 속으로의 스페인어의 유입뿐만 아니라 마야 민중의 점진적인 기독교도화는 의심할 바 없이 지역 문화들에 영향을 끼친 중대한 원천들이었으며, 중요한 변화들이 지역 언어들의 내용에서 일어났다. 하지만 스페인어는 자신의 논리를 강제하려 했다기보다는, 원주민 그들 자신의 언어들 및 문화들의 규칙들에 따라 원주민에 의해 전유되어 왔다. 그 결과 외국의 언어적 요소들이 원주민의 현실 속으로 들어왔다. 마야를 파괴하지 않고 마야의 존재론 속에서 자신의 위치를 점하는 것과 같은 방식으로 말이다. 그러므로 원주민 언어들의 전반적인 구조, 아울러 스페인어의 전유 스타일은 오늘날의 마야의 현실에 접근하기 위한 중요한 원천들이다. 원주민 언어들과 관련하여 부사령관 마르꼬스는 한 인터뷰에서 다음과 같이 주장했다.

그들[원주민들]이 현실을 기술하고, 그들의 현실을 만들어내고, 그들의 세상을 만들어내는 언어 사용 방식은 많은 시적 요소들을 가지고 있습니다. 우리[비원주민 전사들]는 단지 원주민 언어들과 접촉한 것만이 아니라, 또한 그것의 사용 방식, 그리고 스페인어를 전유하는 형태와도 접촉했습니다. 원주민들은 개념을 전유하는 것이 아니라 단어들을 전유합니다. 그리고 그들은 사물들을 바라보는 방식을 매우 풍부한 언어를 사용하여, 예를 들어 "나는 기분이 나쁘다" 대신에 "나의 마음이 아프다," 또는 "나의 마음이 고통스럽다"라고 말하는 것처럼, 번역합니다. 그리고 가까이 있는 풀을 가리킵니다. …… 우리는 원주민이 사물의 의미에다가 그리고 이미지들의 활용에다가도 역시 훨씬 많은 것들을 덧붙여서 사용한다는 것을 알았습니다.(1996, pp. 69~70. 번역은 지은이)

원주민 언어들의 뚜렷한 특징들, 치아빠스의 마야인들에 의한 언어의 시적 사용, 동시에 자신들의 언어들에 구현되어 있는 현실을 이해하는 방식 등은 사빠띠스따의 정치적 담론의 두 가지 중요한 구성요소들 중의 하나이다. 다른 하나는 1970년대에 라깐도나 정글에 정착한 전사들의 도회풍의 담론이다. 그것은 정확히 이 두 "언어들" — 한편으로는 원주민들의 시적이

고 주술적이며 신비스러운 언어, 다른 한편으로는 사빠띠스따 운동
의 메스띠소 구성원들의 정치화되고 도시적이며 "포스트모던한" 언
어— 의 복합체이다. 이것은 EZLN의 저작들과 성명서들에서
알려진 준™신비적인 정치적 문헌에 내용과 형식을 제공하고
사빠띠스따 운동 전체의 성격을 규정한다.

바로 이것[원주민 담론과 도회풍 담론의 만남]이 1994년의
성명서들에 나타난 이 혼합체를 생산하기 시작했다. 그것은
운동의 원주민적 뿌리들과 도시적 요소 사이에서 분열되어
있는 것 같았다.(Subcomandante Marcos, 1996, p. 69)

예를 들어, 사빠띠스따민족해방군의 혁명적 원주민 비밀
위원회 총사령부CCRI-CG 명의로 발표된 1994년 2월 2일자의
성명서에서 발췌한 아래의 글에서 우리는 두 담론들과 세계관
들의 이 종합— 현대 마야의 수사적인 문체와 그것이 담고 있는 상
상성, 그리고 전사들의 낭만적이고 도회풍의 정치적 담론— 을 보
게 된다. 후자는 우리가 문서에 나타나는 "자유," "민주주의"와
같은 단어들이 원주민 언어들에는 존재하지 않고 치아빠스의
원주민들 가운데에서 정치적 의식을 고양하기 위한 시도들에
의해 상대적으로 최근에 원주민 현실에 소개되었다는 점을 염
두에 둔다면 쉽게 간파할 수 있다.

EZLN이 오직 정글 속의 안개와 어둠을 헤치면서 포복하는 그림자였을 때, "정의," "자유," "민주주의"라는 단어들이 오직 그런 단어들에 지나지 않았을 때, 우리 공동체들의 연장자들, 우리 죽은 선조들의 단어들의 진정한 안내자들은 낮이 밤에 자리를 물려주는 순간에 우리에게 들려주었던 꿈조차 거의 사라질 때, 증오와 두려움이 우리의 마음속에서 자라나기 시작할 때, 진정한 사람들이, 얼굴 없는 사람들이 …… 이야기했습니다. "그것은 통치하고 통치되는 가장 좋은 길을 추구하고 발견하고자 하는 선한 남자들과 여자들의 의도이자 의지입니다. 다수에게 좋은 것은 모두에게도 좋은 것입니다. 그러나 소수의 목소리들을 침묵하게 내버려 두지 마세요." …… 그러므로 우리의 힘은 정글 속에서 태어난 것입니다. 이끄는 사람은 그가 참되다면 복종합니다. 그리고 복종하는 사람은 진실한 남자와 여자의 공통된 마음을 통해 이끕니다.(Gossen, 1996, p. 112에서 재인용)

언어 속의 상호주체성

"진실한 남자와 여자"는 적어도 일부 원주민 부족그룹들이 자신들을 라디노(백인과 인디언 사이의 혼혈인종)들과 구별하기 위해 치아빠스에 거주하는 자신들을 부르는 이름이다.(Arias, 1975) 그리고 부사령관 미르꼬스의 문서들에서 이것은 더 나은 세상을 위한 사빠띠스따 투쟁에 참여하는 원주민과 동의어가 되었다. 또호발(이 이름이 사실상 "진실한 남자"를 의미한다)은 과테말라 국경에 인접한 지역에, 라스 마르가리따스의 자치체들뿐만 아니라 사빠띠스따 저항의 일부로서 형성된 새로운 자치체들에 사는 이러한 부족그룹들 중의 하나이다. 나는 이제 원주민 세계의 두 가지 중요한 특징들— 애니미즘animism과 상호주체성 — 을 일별하기 위해 또호발 언어의 구조의 윤곽을 그려보는 것으로 옮겨가고자 한다. 간단히 설명하자면, 원주민 언어들에서 발견되는 상호주체성은 원주민 공동체들의 민주화를 위한 중요한 요인이었다. 치아빠스의 원주민 공동체들에서 일어났던 정치적 과정들을 이해하기 위해서는 단지 전투그룹들에 의한 혁명적인 민주적 담론의 도입뿐만 아니라 민주주의의 담론이 원주민 공동체들에 스며들도록 해주었던 원주민 문화, 언어적 요소들, 그리고 실천들과 같은 요인들을 고찰할 필요가 있다.

자연에 존재하는 비가시적인 실체들에 대한 내 간략한 논의에 뒤이어, 렌케르스도프는 세계에 대한 또호발의 생각에는 얄뜨실*yaltzil*("마음," "영혼," 또는 "삶의 원리"로 번역될 수 있는 또호발 단어)을 가지지 않은 것은 아무것도 없다고 주장한다. 사람들, 동물들, 산들, 구름들, 길들, 강들, 지하세계, 지상세계 등은 모두 "영혼"이 있으며, 모두 상호 공존의 관계 속에서 살아 있다. 또호발 민중에 대한 렌케르스도프의 조사는 원주민 애니미즘의 흥미로운 측면— 그것이 사람들이 이야기하는 실제 언어에 구현되는 것, 그와 동시에 이 언어를 통해 그것이 구축되는 것— 에 대한 매우 자세한 설명으로 귀결되었다. 나는 다음 절에서 원주민 애니미즘으로 돌아가 그것을 데뽀르시de por si와 관련하여 논의할 것이다. 잠시 또호발 언어에서, 그리고 많게 건 적게건 그 지역의 모든 원주민 언어들에서 발견되는 상호주체성을 간략하게 기술하고, 그것을 원주민 공동체들의 민주화 과정에 연결시킬 것이다.

인도유럽 언어들에서 단순한 행동이나 사건에 대한 기술은 단 한 개의 동사의 사용에 기초하는 반면, 또호발 언어에서는 하나의 사건을 설명하기 위해 두 개의 동사들이 쓰인다. 인도유럽 언어들에서는 주어-행위자가 주어진 상황을 지배하고, 간접목적어와 유사한 것들은 주어-행위자와 관계 맺는 복종 및 의존의 상황 속에서 발견된다. 그와 반대로, 또호발 언어에서는 그와 같은 복종 및 의존의 관계가 없고 오히려 상호보충성, 동등한 행위자들 사이의 상호작용, 달리 말해 언어적 상호주체성이 존재한다. 다음과 같은 사례는 사태를 분명하게 해준다. 영어에서 "내가 너에게 말했다"라는 구문은 인칭대명사 "나"(즉 다른 언어들에서는 그에 상응하는 동사 형태)의 쓰임에 실현된 능동적인 주어-행위자, 그 주어-행위자가 수행한 행동의 본성을 진술하는 동사(말했다), 그리고 (다른 사람에게 이야기된 바의 것인) 행동의 수동적이고 비활동적인 수용자를 규정하는 간접 목적어 "너"에 의해서 분석될 수 있다. 이 경우 소통은 수직적이고, 종속적이며, 에두름이 없다. 다른 한편 또 호발 언어에서는 각각의 구문이 간접목적어를 포함하고 있지 않으며 능동적이고 동등하게 소통 과정에 참여하는 두 명의 주어들-행위자들이 있다. 그리고 수행된 행동의 본성을 진술하기 위해 두 개의 동사들이 쓰인다. 따라서 "칼라 아와바이"kala awab'I는 "내가 너에게 말한다"가 아니라 "나는 이야기하고 너는 듣는다"로 더 잘 해석될 수 있다. 달리 말해, 소통은 수평적이고, 보충적이며, 두 명의 동등한 행위자들 사이에서 양방향적이다.[2]

언어에 표현되어 있는 주어들의 이러한 "평등성"은 집단적인 의사결정 등등과 같은 사회적 실천들 속에서 그 자신의 표현을 얻고, 원주민 공동체들의 특징을 이룬다. 하지만 이러한 실천들은 사빠띠스따 성명서 속에서, 그리고 사빠띠스따 후원자들에 의해 광범하게 이상화되어 왔다. 그들은 장로제적gerontocracy이고 남성적이며 주술적인 위계들의 실존을, 더욱이 전통적으로 이러한 공동체들을 지배해 온 수많은 억압적 구조들을 얼버무리거나 무시하는 경향이 있다. 1장에서 설명한 바와 같이 점차 변화가 나타나기 시작했다. 원주민 공동체들에 급진적인 정치적 담론, 즉 내가 3장에서 자율 기획의 사회적인 상상적 의의라 불렀던 바의 것을 소개했던 전사들의 작업을 통해 1970년대부터 변화가 시작되었다. 하지만 이 새로운 언어의 소개와 수용은 이 언어가 원주민의 언어들(과 실천들) 속에 스며드는 정도만큼 가능해질 수 있었다. 일정한 집단적 실천들뿐만 아니라, 인간들을 평등한 주체로 바라보는 생각은 공동체들 안에 민주적인 담론을 공고히 하기 위한 기초를 제공해 주었다. 그와 동시에, 자율 기획의 담론과 접촉하면서, 공동체들의 담론과 실천들에, 이전에 그것들의 잠재력을 한계 지우던 전통적인 위계들 및 구조들로부터 그것들을 뽑아내 더욱 급진적인 방향으로 밀어붙였던 외부 요인들이 불어넣어졌다. "이끄는 사람은 그가 참되다면 복종하고, 복종하는 사람은 진실한 남자와 여자의 공통된 마음을 통해 이끕니다"(Gossen, 1996, p. 112에서 재인용)라는 격률로 끝을 맺는 이 절 앞부분에서 인용된 성명서 내용, 즉 사빠띠스따가 종종 "복종하는 명령"의 원칙이라고 부르는 것은 정확히 이런 융합의 생산물, 즉 혁명적 담론 형태로 받아들여진 자율 기획과, 지역적인 언어들 및 실천들에서 발견되는, 인간을 동등한 행위자들로 보는 생각이 융합된 생산물이다.

데뽀르시

앞에서 말한 바와 같이 마르꼬스는 치아빠스의 원주민들

이 스페인 언어로부터 개념들이 아니라 단어들을 전유한다고 주장한다. 그들은 이 단어들을 종종 독특한 방법으로 사용하고, 현실을 바라보는 자신들의 독특한 방식으로 해석한다. 데뽀르시는 스페인어에 기원을 둔 이러한 전유들 중의 하나로서, 원주민의 맥락에서 그것들은 그들이 이전에 의미했던 것들과는 다른 사물들을 의미하고, 내포하고, 지시하는 방식으로 쓰이게 된다. 데뽀르시는 치아빠스의 다른 지역들에서, 특히 오꼬싱고와 꼼비딴의 자치체들과 밀접한 지역들에서는 스페인어 아시 에스("이것이 그 사물의 본질이다")asi es, 가 와전된 "안시나 에스"ansina es에 상응하는데, 이것은 "데 팍또,"de facto "천성적으로" 또는 간단히 "이것이 사물의 본질이다"로 해석될 수 있다. 치아빠스의 원주민 공동체들에서 이러한 표현을 사용하는 것은 다른 스페인 언어권 나라들에서 이것을 사용하는 것과 일치하지 않으며, 이것은 일상의 언어들로 종종 말해지는 것이기 때문에, 치아빠스, 특히 로스 알또스 지역의 원주민 공동체들을 방문하는 사람은 누구나 이내 세계가 수많은 데뽀르시들로 구성되어 있다는 것을 인식한다.

"사빠띠스따 투쟁의 데뽀르시는 민주주의를 위한 투쟁이다," "그 날씨의 데뽀르시는 지금 여기에서는 우기이다," "옥수수의 데뽀르시는 우리의 주요한 식량이다," "세상에는 색깔의 데뽀르시가 존재한다"라고 부사령관 마르꼬스는 「색깔들의 이야기」(2002)에서 말하고 있다. 이와 같은, 그리고 여타의 자연적이고 사회적인 데뽀르시 문장들은 로스 알또스의 초칠인에게 던져질 수 있는 수많은 물음들에 대한 대답들로 주어진 것들이다. 사물들이 계속해서 문제시될 수 있는 사회에서 교육을 받은 사람들에게, 데뽀르시는 사람들로 하여금 하나의 쟁점, 상황, 사물에 대한 심도 깊은 분석에 이르지 못하도록 막는 것으로 보인다. 그것은 물음을 봉쇄하는 것으로서의 본질론, 종종 운명론의 형태로 보인다. 하지만 마야인들에게 데뽀르시는 사물들이 살아 있는 세계에서의 도덕적 규약이다. 이 세계에서 사물들은 "영혼"을 지니고 있으며, 자신들의 "살아가는 원칙," 그리하여 그들만의 비밀들을 가지고 있다. 데뽀르시는 한계지어진 질문하기가 야기할 수 있는 어떤 사람의 자아의 비밀스러운 부분의 폭력적 폐쇄를 방지한다. 존재의 비밀을 밝히려는 시도는 그 존재의 분노, 또는 신들의 분노를, 아울러 그 위반자[무례한 재에 대한 재앙적인 결과들을 불러올 수 있다. 치아빠스 출신의 어느 첼딸족 인디언의 다음과 같은 구절은 시사하는 바가 있다.

"영혼"에 대해 많이 알려고 하는 것은 좋지 않다고들 한다. 더 많이 이해하길 바라면 병에 걸리고 멀미와 두통이 생기며, 때때로 시야가 흐려진다. 생각을 많이 하면 머리가 나빠진다.

생각을 많이 하는 것은 평범하지 않으므로 오직 일에 대해서, 내일, 모레는 어떻게 씨를 뿌릴 것인가에 대해서 생각할 수 있을 뿐이다. 스페인에서는 상황이 다른 것 같다. 그곳에서는 사물들을 설명하는 책들을 찾을 수 있기 때문이다. …… 사태는 이와 같다. 살기 위해서는 "영혼들"에 대해 질문을 많이 하지 않는 게 더 좋다.(Pitarch, 1996, pp. 20~1에서 재인용. 번역은 지은이)

여기에서 다음과 같은 점을 명확히 말할 수 있을 것이며, 또 어쩌면 이러한 주장을 뒷받침하기 위한 수많은 사례들을 발견할 수도 있을 것이다. 인간들에 대한 나구알적인 생각, 주술적인 힘들, 자아의 초월에 관한 신념들뿐만 아니라 데뽀르시도 오랫동안 사회통제의 수단들로 기능해 왔다는 점을 말이다. 실제로, 자연과 문화의 특정 측면들을 문제 삼는 것과 관련된 공포와 불안은, 아울러 개인의 나구알과 연관된 특색들에 기초한 사회적 위계화는, 그리고 그와 연관된 수많은 과정들은 주민을 통제하고 특정한 사회적·정치적 배치들을 유지하기 위한 수단들로 기능해 왔다. 예를 들어, 위에서 인용한 구절에서 우리는 병에 걸릴지도 모른다는 두려움에도 불구하고 영혼들의 데뽀르시가 어떻게 영속되는지, 그리고 지적인 활동을 멈추게 하고 특정한 개인들의 사회적·정치적 힘을 공고하게 하는지 "생각을 많이 하는 것은 일반적이지 않다"와 같은 일반화된 관념에 어떻게 자리를 내주는지 알 수 있다. 그럼에도 불구하고, 데뽀르시가 세계를 폐쇄하고 억압적인 구조들을 정당화하며 위계들을 영속화하는 것이 종종 사실이라 할지라도, 그와 동시에 그것은 모든 것에는 인간들이 알아낼 수 없는 부분, "알려질 수 없는 부분"이 존재한다는 깨달음을 포함하고 있다. 그리고 모든 것을 다 알 수는 없다는 것을 깨닫게 되면 질문하기의 번민에서 헤어날 수 있다. 더욱이, 데뽀르시는 인과 논리를 사용하여 만물을 설명하는 것이 불가능하다는 것을 표현한다. 어떤 일들은 아무런 설명 없이 발생한다. "설명될 수 없고" 오로지 밝혀지기만 하는 사물이 존재한다.(Efrain, 2001, 사적인 대화에서 인용함) 사회적이고 자연적인 데뽀르시(이러한 구분이 허용된다면, 특히 원주민의 맥락 속에서)가 존재한다. 그것들은 그것에 대한 대상, 실험, 지식의 사용을 허용하지만, 그것들은 언제나 다음과 같은 하나의 내용— 그것의 일부가 인간이 닿을 수 없는 곳에, 논리적인 설명 외부에 존재한다는 점 — 을 함축한다. 첼딸 어로 'laj yich' oj ta yo(나는 나무를 탐구했네)"라는 이름이 붙어 있는 다음의 글은 데뽀르시의 본성을 성공적으로 포착하고 있다.

우리는 수많은 다양한 방식들로, 서로 다른 각도에서 더 가까이 접근할 수 있으며, 사물들을 실험하고, 사물들을, 그것

의 가정들을, 그것의 환경들을, 그것의 존재방식을, 변화방식
을, 과거의 존재방식을 바꿀 수 있다. 그러나 내가 계속해서
접근한다 해도 낯선 것은 여전히 남아 있다. 그것은 그곳 외
부에, 이러저러한 시간 속에, 이러저러한 공간 속에 존재하는
사물이다.(Paoli, 1999a, p. 22에서 인용함. 번역은 지은이)

만물에 대해 묻고 질문하는 것은 만물이 잠재적으로 알려
질 수 있는 세계에 딸려 있으며, 그것은 결과적으로 세계를 객
관화한다. 하지만 이러한 객관화는, 언어 속에서 주체화되고
오직 살아 있는 존재들로만 이루어져 있는 것으로 보이는 세
계관에는 부조리한 것으로 보이는 측면이 있다. 바람들과 무
지개들이 인간의 친척이 될 수 있고, 동물들이 그의 공통 본질
이 될 수 있는 세계에서, 그리고 인과성이 사물들을 연결시키
는 유일한 유형이 아닌 세계에서는 말이다. 사실상, 데뽀르시
는 세계에 대한 특정한 생각들을 반영하고, 인간 존재들의 실
재에 접근할 수 있는 제한된 역량에 대한 특수한 신념들에 뿌
리를 두고 있는 것 같다. 이제 이 쟁점을 더욱 깊이 탐구하는
데로 나아가 보자.

마야의 인식론

현실과 인간

태초에 옥수수로 만들어진 네 명의 사람들만 존재했었다. 하과르 쎄다르Jaguar Cedar, 하과르 니그뜨Jaguar Night, 노뜨 리그뜨 노우Not Right Now, 다르크 하과르Dark Jaguar, 이렇게 넷이었다. 이들 넷 각각은 한 단어로 말해지는 "어머니아버지"로 불렸다. 이것이 과테말라의 꿔체 마야인들의 신성한 책인 『뽀뽈 부』Popol Vuj에 기록되어 있는 인간의 기원이다. 테드록은 『뽀뽈 부』를 논평하면서, 인간 존재들이 현신의 다른 층들에 다다를 수 있는 접근과 관련된 마야의 인식론에 있는 중심적인 사상— 우리의 최초의 선조들의 몰락과 근대의 인간 존재들의 등장이 시력의 상실을 포함한다는 사상—을 논의한다.(Gossen, 1996) 『뽀뽈 부』에는 다음과 같이 쓰여 있다. 태초에 첫 인류들의 시력은,

갑자기 주어졌다. 그들은 완벽하게 보았으며, 그들은 하늘 아래, 땅 위의 모든 것을 완벽하게 알았다. 모든 것은 아무런 방해 없이 이해되었다. 그들은 하늘 아래 무엇이 있는지 볼 수 있기 전까지 여기저기 걸어다닐 필요가 없었다. 그들은 자신들이 있는 곳에 그저 머물러 있었다. …… 그들의 시야는 나무들을, 바위들을, 호수들을, 바다들을, 산들을, 평야들을

꿰뚫었다. …… 그들은 땅 위의 하늘의 네 면들을, 네 모서리를 보았다.(Tedlock, 1993, p. 3에서 재인용)

사람들이 여전히 완벽한 시력을 가지고 있었다면, 그것은 신들과 나눌 단순한 대화의 문제였지만, 사태는 이내 바뀌었다.

신들은 자신들이 새로 창조한 존재들이 신들이 할 수 있는 것과 똑같이 모든 것을 볼 수 있다는 사실에 불쾌했다. 그들의 시력은 산들과 천공들을 관통해 우주의 모든 부분들을 꿰뚫었던 것이다. 신들은 인간들이 자신들과 동등하다는 사실이 불쾌했다. 그들의 지식이 너무 멀리까지 뻗쳤던 것이다. 그리고 그들이 자신들의 작업들, 자신들의 디자인들의 본성을 바꾸었을 때, 그들의 눈들이 하늘의 심장에 의해 손상되기에 충분했다. 그들은 거울의 표면이 크게 숨을 내쉬자 눈이 멀었다. 그들의 눈들은 약해졌다. 이제 그들이 가까이 볼 때에만 오직 사물들이 명확히 보였다.
그리고 그 자체로 이해의 수단들이 상실되었으며, 만물을 지각하는 수단들도 마찬가지였다. 그 뿌리들은 옮겨 심겨졌다.(Gossen, 1996, pp. 109~10에서 재인용)

이것으로부터 드러나는 것은, 과거에는 사람들이 지금보다 형편이 더 좋았었다는, 그들이 신들이 하는 것만큼 사물들을 멀리, 그리고 깊게 보았었다는, 달리 말해, 많은 문화들에 공통적인, 실낙원에 대한 신화가 존재한다는, 인간 존재들이 신들처럼 우주의 모든 층들과 세계들을 관통해 여행할 수 있는 시대에 대한 신화가 존재한다는 신념이다.(Cohen, 1991) 마야인들에게, 그들이 가정하는 처벌의 결과로서, 지각된 현실에 영향을 미치는 것으로 이해되는 명백한 현실 너머,(Gossen, 1996) 그리고 그 현실 바깥에 항상 무언가가, 나구알들의 형태로 그리고 죽은 조상들의 혼령들의 형태로, 신성한 태양주기 등등의 형태로 존재한다. 오직 가까이 있는 사물들만이 보일 수 있으며, 현실 활동은 생존에 필요한 것을 생산하는 직업 속에 한정되어야 한다. 여기에서 첼딸족 인디언이 영혼들에 관해 언급한 것을 상기하라. "생각을 많이 하는 것은 평범하지 않으므로 오직 일에 대해서, 내일, 모레는 씨를 어떻게 뿌릴 것인지에 대해서 생각할 수 있을 뿐이다."(Pitarch, 1996, pp. 20~1에서 재인용)

샤먼들

인간들이 그래서 자신들을 적응시키는 것 외에 다른 선택을 할 수 없는 현실의 불투명성 속에서, 샤먼들이 특별한 지위를 차지하고, 자신들의 해석적 자질들을 (그리고 정치적 통제를) 위한 열려진 공간을 갖는다. 어떤 사람들은 사라지면서도 모든 세계들을 함께 붙잡고 있는 나무를 기어오르고 있던 그와 같은 인간 존재들의 후손들이 샤먼들이며, 그래서 그들이 인간의 세계와 신들의 세계 사이에 붙박여 있다고 말한다. 또 다른 사람들은, 그들은 도끼로 그 나무를 베어 쓰러뜨리려고 노력했던 사람의 후손들이라고 말한다. 그처럼 그들만이 신들에 도전할 수 있기 때문이라는 것이다.(Cohen, 1991) 하지만 어떤 시각에 공감을 표하건 간에 중요한 것은 샤먼들이, 천부적이건 훈련에 의한 것이건, 그들로 하여금 몽환의 경지로 들어가 현실의 상이한 층들을 통하여 그들의 "정령"과 함께 여행을 하고, 비가시적인 세계에 들어가도록 해주는 특별한 "역능들"을 가지고 있는 것으로 생각된다는 것이다. 샤먼들은 환자의 영혼이 있는 곳으로 가서 치료할 수 있으며, 정령들과 협상을 하고, 날고, 엄청난 속도로 한 장소에서 다른 장소로 자신을 운반하고, 미래를 예언하고, 상황들을 평가하고, 동물 형상들을, 자신들의 나구알의 형상들을 취할 수 있다. 치아빠스의 마야 공동체들의 경우, 샤먼들은 다른 문화들에서와 마찬가지로, 보통의 남자와 여자보다 덜 흐릿한 시력을 가지고 있다. 바로 이러한 이유로 그 공동체의 존경을 받는다. 다음은 영혼들이 사는 산들과 샤먼들의 역능들에 대한 원주민 첼딸족 사람의 설명이다.

영혼, "아베," "랍"에 대하여 이야기하는 것은 당황스러운 것 같다. …… 마치 단하는 사람들처럼, 샤먼들은 거의 말하지 않는다. 어떤 때는 당신이 그들에게 물을 때조차도 그들은 말을 많이 하려 하지 않을 것이다. …… 그리고 나서 그들은 산과, 내면에 살고 있는 사람들과, 어머니들-아버지들과 직접 말하기 시작한다. …… 글쎄, 정말로, 그래, 그들이 신성한 산의 내부가 어떻게 배열되는지를 알고 있는 누군가가 존재한다. 그것은 그들이 능력을 가지고 있기 때문이다. 그들은 그것을 보지만 말할 수는 없다. 그들이 만일 산이 "이러저러한 것 같다"라고 말한다면, 그것은 그들이 오래 살지 못할 것이라는 것을 의미한다.(Pitarch, 1996, pp. 19~20에서 재인용. 번역은 지은이)

나구알리즘과 반란들

나구알리즘과 샤먼들은 이전의 치아빠스의 원주민 봉기들에서 중요한 역할을 했던 것 같다. 치아빠스의 나구알리즘에 대한 브린튼의 연구를 통해 우리는 나구알리즘이 정복 이후 혁명적 활동의 원천이 되었고 정복자들에 대한 저항을 조직하는 수단이 되었다는 사실을 알게 된다.(Brinton, 1894) 브린튼은 이 남멕시코 주에서 나구알에 촉발되고 샤먼들이 이끈 두 개의 주요한 반란들을 인용한다. 첫 번째는 1713년 니구알리즘과 관련된 신비스러운 여성이 이끈 첼딸족 반란이었다.

아마도 가장 인상적인 사례는 1713년 치아빠스의 첼딸족의 반란의 역사에 기록되어 있는 것일 것이다. 그들은 한 인디언 소녀, 토착민인 호안 데 아르크에 의해 인도되었으며, 그녀의 나라에서 가증스런 억압자들을 몰아내고 그들의 존재가 남긴 모든 흔적을 파괴하자는 것과 같은 열정에 고무되었다. …… [그녀는] 스페인 사람들에게 마리아 깐델라리아로 알려졌다. 그녀는 …… 그 자신이 치아빠스의 토착민인 오르도네스 이 아끼아르가 나구알리즘의 강력한 비밀스런 연합으로 인식하고 있는 바의 것을 갖춘 지도자였다.(Brinton, 1894, p. 43)

원주민 군대와 스페인 군대 간의 피비린내 나는, 전자의 패배로 귀결된 싸움이 끝난 후, 마리아 깐델라리아는 몇 명의 수행원들과 함께 정글 속으로 탈출했으며, 다시는 소식을 들을 수 없었다. 두 번째 봉기는 1869년 초칠족 사람들의 봉기였다. 그 원인은, 스페인 사람들에게는 산타 로사로 알려진 "신비스러운 여성"을 스페인 당국이 체포해서 투옥한 사건이었다. 그녀는 그녀의 두목과 함께 난동을 조장했다는 혐의를 받고 있었다. 수천 명의 초칠인들이 산끄리스또발의 마을을 행진했으며, 죄수들을 석방시키려 하였다. 하지만 스페인은 그들의 지도자들 중 한 사람을 붙잡아 처형을 했고 반란은 이내 분쇄되었다. (또한 Berlow, n.d., 1990년대 후반을 보라)

여기에서 나의 입장은, 나구알리즘의 전통과 그것이 원주민 반란과 맺는 관계가 치아빠스에 여전히 살아 있다는 것이다. 그것은 수많은 형태를 취하고 사빠띠스따의 실천에 현존하는 관계이다. 예를 들어, 우리는 여러 면에서 나구알리즘과 연결된, 지역적인 신-영웅인 보딴Votan 3의 재발명을 언급할 수 있다.(Brinton, 1894) 사빠띠스따는 보딴을 더욱 정치적인 캐릭터, 보딴-사빠따로 명시적으로 변형시켰다.(Le Bot, 1997을 보라) 아니면 우리는 숫자 7의 상징적 사용을 주목할 수도 있다. 이것 역시 나구알리즘과 연관된 것으로서 사빠띠스따는 수많은 경우들에서, 그리고 어떠한 분명한 "합리적인" 이유 없이 숫자 7을 사용했다. 단지 두 경우만 언급해보자. 1994년과 1996년 마르꼬스는 군사 명령이 담긴 7개의 문장紋章들과 7개의 메시지들을 받았다.(Montemayor, 1998을 보라) 그리고 2001년에 EZLN은 정부와의 협상을 재개하기 위한 세 가지 조건들 중의 하나로 치아빠스에서 7개의 연방 병참들의 철수를 요구했다. 후자와 관련하여, 어떠한 전략적, 전술적 이유들, 또는 여타의 이유들을 제시하지 않고 다음과 같이 말할 때, 마르꼬스는 묵시록적이다.

우리는 그들[정부]에게 259개의 모든 병참들을 요구하고 있는 것이 아닙니다. 우리는 요구하고 있는 것은 단지 7개에 지나지 않습니다. …… 우리가 요구하고 있는 것은 단지 7개 뿐인데, 이유는 이것이 우리가 항상 사용하는 상징이기 때문입니다. 그러나 그것들은 16개가 될 수도 있으며, 이것은 다른 모든 포위 정책들에 영향을 미치지 않을 것입니다.(Monsivais, 2001, pp. 13~14에서 인용함. 번역은 지은이)

하지만 훨씬 중요한 것은, 적어도 "비가시적인" 비밀스러운 원주민 지도부의 일부 구성원은 어떤 종류의 샤머니즘적 투시력을 지니고 있는 것으로 간주된다는 사실이다. 히긴스의 주장처럼, 여기에서, 1980년대 초반 무렵 샤먼들이 정치적 분파들 속으로 분해되어 들어가기 시작했고, 마야의 공유된 우주론적 작업틀이 파열되기 시작했다는 점을 언급하는 것이 중요하다.(Higgins, 2004) 치아빠스에서 일어난 강렬한 정치적 활동과 EZLN의 점진적인 건설과 준비는, 사빠띠스따와 관계가 있거나 연루된 그와 같은 샤먼들이 결국에는 혁명적 활동과 노선을 같이 하기 위하여 특정한 우주론적 신념들을 재작업하고 민주화하고 급진화시켜야 했다는 것을 의미했다. CCRI-CG의 초칠족 구성원이자 사빠띠스따 운동의 핵심적인 인물인 사령관 데이비드는, 로스알 또스의 초칠족 사람들 중에서, 그로 하여금 현실의 다른 단계들에 접근할 수 있도록 해주는, 그리고 사물에 대한 더욱 복잡한 지식에 접근할 수 있도록 해주는 것과 같은 종류의 샤머니즘적인 역능을 가지고 있는 것으로 믿어지고 있다. 일부 초칠족 공동체들은 사령관 데이비드를 "스호리말 스바이엘"이라고 부르는데, 이것은 초칠어로 "꿈속에 자신의 영혼을 가지고 있는 사람" 또는 "꿈의 세계로부터 역능과 사유들이 흘러나오는 사람" 정도로 비슷하게 해석될 수 있다.4 여기에서는 꿈들이 치아빠스 원주민들에게는 현실의 다른 단계들로 가는 지름길로 여겨진다는 점을, 그리고 꿈이 종종 어떤 사람이 그/그녀의 나구알과 하나되는 지형이라는 점을 주목하라. 이와 유사한 샤먼적 개념화가 마르꼬스와 관련히어 치아빠스에도 존재한다.

마르꼬스와 께뜨살꼬아뜰

치아빠스의 일부 원주민의 말에 따르면, "마르꼬스는 신이다." 그리고 이것은 몇몇 원주민 교회들에서 그의 사진들이 예수와 성인들의 성상들 옆에 놓여 있는 것을 보면 사실이라 할 만하다. 일부 반란자들은 그의 이름이 "꼬만단떼 레옹(사령관 사자)"이며, 그의 동물적 공통 본질, 그의 변신, 그의 나구알이 사자, 호랑이, 혹은 재규어(치아빠스의 원주민들 사이에서는 이 세 동물 간에 종종 차이가 거의 없다)임을 함축한다고 말한다. 이것들은 오늘날의 마야인들 사이에서는 역능과 번영과 연관된 동물적 공통 본질이며, 고대 마야 시기 동안에는 왕들로 추정된다. 다른 사람들에게 마르꼬스는 적들을 능가할 수 있도록 해주는 독특한 능력들과 역능들을 갖춘 샤먼이거나, 또는 신들의 은총을 받는 누군가이다. 그의 이름은 신비한 의미를 지니고 있다고들 한다. 그의 이름을 구성하는 문자들은 1994년 1월 1일 사빠띠스따가 점령한 6개 마을들의 첫 문자와 일치한다(마르가리따스의 M, 알따미라노의 A, 란초 누에보의 R, 꼬미딴의 C, 오꼬싱고의 O, 산끄리스또발 데 라스 까사스의 S). 어떻게 그러한지, 왜 그러한지 아무도 모른다. 원주민 세계에서는 분명한 인과 관계들이란 존재하지 않는다. 그것은 샤먼의 꿈이었으며, 예언의 실현이며, 어쩌면 단지 우연의 일치일 수 있지만, 그것이 정말 문제가 되지는 않는다. 데뽀르시 그것은 이와 같이 발생했던 것이다. 사빠띠스따의 사회적 상상성 안에서 마르꼬스가 차지하는 지위는 단순히 EZLN의 군대 사령관이나 사빠띠스따의 대변인의 지위가 아니다. 그는 마야 세계의 과거, 현재, 미래를 구현하는 준형이상학적 페르소나^{persona}인 것이다.

아래의 글은 "게리예로 메시아니꼬"(구세주 게릴라)라는 스페인어 제목이 붙은 노래에서 따온 것이다. 이 곡은 치아빠스에서 사빠띠스따를 지지하는 노래를 만드는 인기 있는 음악가인 안뜨레스 꼰뜨레라스가 만든 곡인데, 그는 오래된 후글라레스("음유시인들")의 전통을 따른다. 노래는 원주민 여성의

목소리로 시작되는데, 배경음악이 깔리면서 다음과 같은 내용
이 낭송된다.

수세기 전, 우리의 조상들을 따라 얼굴색 하얗고 턱수염이
난 사람이 어디인지 아는 그곳으로부터 이곳에 도착했네. 그
리고 그가 조상들에게 베푼 가르침들은 많았다네. 그 문명은
화려한 업적을 이루었네.
하지만 어느 날, 그 사람은 떠났네. 다시 돌아오겠노라고 약
속하고서. 우리 조상들은 그를 기다렸네. 새로운 영광을 가지
고 돌아올 것을 꿈꾸면서.
수세기가 지나고 다른 사람들이 도착했네. 저 께뜨살꼬아뜰
로 착각했다네. 잘못을 알아채고는 투쟁을 시작했다네. 500
년 이상 계속될 싸움을.
그리고 얼굴색 하얗고 턱수염이 난 사람이 라깐도나 정글에
도착했다네. 우리 마야족의 후손들과 함께. 오래 된 영광을
되살리기 위해, 자유를 가져다주기 위해.
이제 그의 이름은 께뜨살꼬아뜰이 아니라네. 그들은 그를 이
렇게 부르지. 반란군 부사령관 마르꼬스(Contreras, tape. 번
역은 지은이)

께뜨살꼬아뜰과 그의 동물적 공통 본질인 깃털 달린 뱀은
— 비非마야식으로 말하자면 — 뚤라(똘떽의 의자)의 신-왕인 똘
떽이었고, 그는 예술, 공부, 평화, 번영과 관련되었다. 우리 시

대까지 전해 내려오는 전설들에 따르면, 패배하고 나서 전쟁
과 파괴의 신으로부터 뚤라를 접수한 뒤, 그는 987년 동쪽 바
다로 사라졌다고들 한다. 그리고 10세기가 지나고 전설 속에
서 그는 그의 사람들에게 평화와 번영의 새로운 시기를 가져
다주기 위해 돌아올 구세주로 기억되고 있었다. 동쪽으로 도
망쳤다고 전해지는 에밀리아노 사빠따와 관련해서도 이와 유
사한 논평들이 발견된다.(Gossen, 1996) 원주민 세계 내에서,
마르꼬스는 그래서 마야 민중들에게 번영을 가져다주기 위해
다시 돌아온 신-왕 께뜨살꼬아뜰을 연상시킨다. 그리고 의심
의 여지를 남기지 않기 위해 노래는 반복해서 그리고 분명하
게 마르꼬스를 구세주로, 께뜨살꼬아뜰로, 구세주 게릴라로 부
른다. 얼굴색 하얀, 비원주민인 부사령관 마르꼬스라는 인물
속에서 마야 민중들은 신화의 인격화와 예언의 실현을 발견하
는데, 이것이 놀랍지 않은 까닭은, 고슨의 주장처럼, 전통적으
로 마야인들이 언제나 자신들의 세계 바깥에서 가져온 상징적
이고 이데올로기적인 형태들, 특히 자기 자신들보다 더 강하
다고 생각하는 사람들에 의존하면서 인종성, 우주론, 역사적
예상, 정치적 정당성을 구축했기 때문이다.

사빠띠스따 가면들

과거와 단절하기

　　지금까지 나는 원주민의 사회적 상상성에 접근하기 위하여 세 가지 중심적인 주제들, 즉 사회적인 상상적 의의들을 제시해 왔고, 이것들이 사빠띠스따 운동의 특정 측면들에 어떻게 스며들었는지 윤곽을 그려 보았다. 나는 이제 계속해서 이 운동의 구성원들이 빠사몬따냐스[스키마스크]를 사용하는 것을 논의할 것이다. 이 가면무도회가 원주민의 사회적 상상성과 관련하여 어떻게 이해될 수 있는지, 그와 동시에 마스크들이 그것과 단절하기 위해 어떻게 상징적 의미들을 구축하는지, 그리고 그것을 어떻게 사빠띠스따의 사회적 상상성으로 변형시키는지 논의할 것이다. 우리는 빠사몬따냐스를 사용하는 것을 전적으로 그것이 적으로부터 보호해준다는 맥락에서 설명하려는 어떠한 시도도 처음부터 배제해야 한다. 이런 수고를 덜기 위해 이와 같은 종류의 설명을 간략하게 살펴보도록 하자.

　　사빠띠스따의 경우 왜 적으로부터의 보호가 가면쓰기의 일차적인 이유가 되지 않는가 하는 것에는 두 가지 주요한 이유들이 있다. 첫째, 시뻬띠스따의 가면 즉 빨리아까떼(붉은 스카프 역시 코에서 아래로 얼굴을 가리는 데 널리 사용되었다)

는 얼굴 전체를 가리지 않는다. 얼굴 대부분이 노출되며, 어떤 상황에서는, 신분 확인이 상대적으로 쉽다. 한 사례로 우리는 여기에서 1995년 정부에 의한 부사령관 마르꼬스의 가면 벗기기가 가면에 가려지지 않은 그의 얼굴 일부와 그의 사진을 비교하여, 눈과 코 부분의 전반적인 외관이 동일인에 속한다는 사실을 입증한 것에 의해 가능해졌다는 사실을 언급할 수 있다. 빨리아까떼가 제공하는 보호는 훨씬 덜 중요하다. 그것은 노출된 얼굴의 훨씬 넓은 영역을 남겨둔다. 만일 가면들이 전적으로 방어용만 의미한다면, 예를 들어 특수경찰이나 군부대에서 사용된 것들과 같은 더 효과적인 종류의 가면이 사용되었을 것이다. 둘째 이유는, 사빠띠스따, 심지어는 EZLN의 반란군들의 얼굴들을 기록하는 게 어렵지 않다는 것이다. 공동체들 안에서 일상생활을 하는 동안 사람들은 가면들을 쓰지 않거나 단지 특별한 경우에만 그것들을 사용한다. 단순한 테크놀로지를 겸비한 사빠띠스따 지대의 일반적인 지형은 정찰하기가 상대적으로 수월하다. 결국 사빠띠스따는 그들의 적들에게 알려져 있다. 그들은 모두 수년 동안 동일한 지역에서, 동일한 공동체에서 아주 여러 번 살아 왔다. 우리는 적어도 일부 매우 특수한 상황들에서만 가면들이 사빠띠스따에게 보호막 역할을 할 뿐이라는 점을 인식해야 한다. 하지만 이것은 치아빠스에서 일어나는 집단적인 가면쓰기의 작은 측면일 뿐이며 사빠띠스따 투쟁에 대해서는 거의 아무것도 말해주지 않는다.

가면들을 원주민의 사회적 상상성과 사회적인 상상적 의의들의 복잡성 내부에 위치 짓는 것은, 일정한 형이상학과 인식론적 관점이 어떻게 비밀성을 위한, 자신의 정체성을 숨기기 위한 필요를 생산하는지, 동시에 가면쓰기가 어떻게 변화의 역동성을 표현하는지, 미래를 향한 급진적인 개방을 표현하는지 고찰해야 한다는 것을 의미한다. 비밀성은 치아빠스의 원주민 행위에 특유한 것이다. 그들 간의 행위에서의 비밀성과 외부인들에 대한 그들 행위에서의 비밀성. 자아를 공개적으로 드러내는 이면에서 작동하는 비가시적 힘들(나구알들, 연합된 실체들 등등)은, 여러 경우들에서, 다른 개인들에 대한 내재적인 위험을 함축한다. 시기나 증오가 연루될 때 한 사람의 연합된 실체들이 누군가에게 고통, 불행, 또는 심지어는 죽음을 야기하기 위해 비밀성을 수단으로 하여 가르쳐질 수 있다는 것은 사실이다. 마찬가지로, 이러한 실체들의 일부 역시 본성상 공격적이며 다른 누군가의 실체의 실존, 그리하여 그의 생명을 위협할 수 있다는 것도 사실이다. 예를 들어, 어떤 사람의 나구알이 호랑이이며 다른 사람의 나구알이 토끼인 경우를 상상해 보라. 토끼는 위험에 처해지고 존재론적 공포 속에서 살아가고 있다. 호랑이의 나구알이 어느 때건 토끼의 나

구알을 먹어치울 수 있기 때문이다. 피타르츠의 주장처럼 이
것은 사회적 행위가 어느 정도는 타자에 대한 불안, 공포, 의
심으로 둘러싸여 있다는 것을 함축한다. 사람들은 옷 맞추기
에서부터 대화를 나누는 방식들에 이르는 가지각색의 행위 유
형들을 동질적인 유형들로 발전시킴으로써 이 공포와 의심을
극소화시키려고 노력한다. 자기의 자아, 자기의 나구알(들)의
숨겨진 부분이 드러날 수 있을 개인적 표현들을 숨기는 이러
한 행위 유형들은 사회적·정서적 삶을 덜 위협적으로 만들고,
그리하여 사회적 틀거리를 결합시킨다. 하지만 비밀성은 원주
민 문화의 보존과 관련된 명백한 역사적 이유들로 인해 외국
인들과의 행위에서 특징을 드러낸다. 아래의 구절에서, 리고베
르따 멘추는 인접한 과테말라와의 또 다른 갈등의 시각에서
다음과 같이 설명한다.

우리 인디언들은 언제나 우리의 정체성을 숨겨왔으며 스스로
에게 비밀들을 지켜왔다. 이런 이유로 우리는 냉대를 받는다.
우리는 종종 우리 자신들에 대해 이야기하는 것이 어렵다는
것을 느낀다. 우리 인디언 문화를 보존하기 위해, 이 문화가
우리에게서 사라져 가는 것을 막기 위해 그렇게 많이 숨겨야
만 한다는 것을 우리는 알고 있기 때문이다. 그래서 나는 나
구알에 대해 매우 보편적인 것만을 이야기할 수 있다. 나는
나의 나구알이 무엇인지 당신에게 말할 수 없다. 그것은 우

리의 비밀들 중의 하나이기 때문이다.(Gossen, 1999, p. 243
에서 재인용)

그렇지만 멘추는 여기에서 우리에게 절반의 진리half-truth
를 말해주고 있다. 그녀는 원주민 문화를 살아있도록 지키기
위해 무시무시한 라디노스에 대항해 벌이는 투쟁 내부에만 전
적으로 비밀성을 위치 짓는바, 이것은 의심할 바 없이 사실이
다. 하지만, 그녀가 우리에게 말해주지 않는 것은, 적이 공동
체 외부에만 있는 것이 아니라 내부에도 있다는 것, 그리고 한
사람의 나구알이 외국인들에게 비밀일 뿐만이 아니라 동료 인
디언들에게도 비밀이라는 것이다. 멘추가 은폐하는 진실은 공
동체 내부의 적이다. 이것이 사빠띠스따 역시 밝히지 않는 비
밀— 인디언 공동체들 간에 만연한 질투로 인한 마법의 공포
에 대한 비밀, 신들과 나구알들에 대한 공포, 일부 인류학자들
이 그렇게 우아하게 논의하는 것을 꺼려하고 부사령관 마르꼬
스가 이상화들 속에서 그렇게도 웅변적으로 꾸며내는 내부적
인 장로제적 위계들과 억압적인 구조들의 비밀, 원주민들 간
의 높은 살인율의 비밀이다. 요컨대, 이 모든 것들은 사빠띠스
따 성명서들에는 빠져 있다. 이것이 "야 바스따"("이젠 충분
해")의 비밀스런 측면이며, 치아빠스 봉기의 내적 측면이다.
그리고 정확히 이 비밀스런 현존이, 타우식의 주장처럼, 자신

들의 세계를 변화시키고자 하는 사빠띠스따의 결정에 힘을 실
어주는 것이다. 이 변형은 반드시 원주민의 형이상학과 그들
의 인식론적 세계관들에 뿌리박힌 공포, 불안, 불확실성의 파
열을 통해서만 이루어진다.

이 공포의 원천에 대해, 그리고 자신들의 나구알의 변형적
역능들을 사용해서 이 공포를 사빠띠스따가 어떻게 파열시키
려 시도하는지 더 자세히 논의해 보기로 하자.

최초의 인류 존재들의 신적인 볼 수 있는 능력과 (예컨대
『뽀뽈 부』에 기록된 바의) 그들의 실천적 활동 때문에 신이
그들에게 내린 처벌은, 중앙아메리카의 원주민 문화들에서 반
복적으로 나타나는 주제이며 치아빠스의 원주민 사이에서도
역시 나타난다. 영혼에 대해 생각하려고 노력하는 사람들에게
일어나는 일들과 관련된, 내가 앞서 논의했던 첼딸 인디언에
대한 설명 역시, 인간과 비가시적 실체들이나 신들 사이의 불
평등하고 잠재적으로 재앙적인 관계라는 이 폭넓은 작업틀
내부에 존재한다. 하지만 갑자기 원주민의 사회적인 상상적
의의들의 건축물이 금가는 소음을 내기 시작했다. 『뽀뽈 부』
의 이야기와 일부 차이들이 있음에도 불구하고, 그러나 마르
꼬스의 첼딸족 스승인 안또니오 할아버지의 이야기들 중의 하
나인 「사자가 쏘아 보아 죽이다」에 실려 있는 동일한 주제 안
에서, 우리는 감히 그 내면을 들여다보려 했기에 장님이 되어

버린 두더지 이야기를 듣는다. "그리고 안을 들여다보는 이 [역량은] 오로지 신들만이 소유한 어떤 것이었다. 그래서 신들은 두더지에게 벌을 내렸고 두더지가 더 이상 바깥을 보지 못하도록 만들었다."(Subcomandante Marcos, 2002, p. 30. 번역은 지은이) 두더지는 감히 사람 모습들을 창조한 이들이 하는 것처럼 행동하려 했다는 이유로, 보기 시작하고 그 자신의 생각과 느낌들을 성찰하기 시작했다는 이유로, 그 과정 속에서 자신을 변형시킬 수단들을 추구했다는 이유로 자신의 시력을 빼앗겼다. 그는 자기 존재의 자율을 추구했던 것이다. 이 지점에 이르기까지 아직도 우리는 폐쇄와 공포— 자신의 활농으로 인한 초월적 처벌에 대한 공포, 변형적 활동을 가로막고 사물을 현재의 존재 방식에 묶어두는 공포— 라는 사회적 상상성 내부에 있다. 그렇다면 원주민은 자신들의 조건을 어떻게 극복할 수 있는가? 그들은 어떻게 무기를 들고 "나쁜 정부"의 억압과 착취에 맞서, 그리고 그들의 혁명적 행위들이 존경할 가치가 없고, 거만하고, 허영에 가득 찬 것으로 여겨질 수 있을 때, 그리고 그에 따라 신들에게 처벌을 당할 때, 나구알들과 적들의 비가시적 연맹체들의 공격들을 야기했을 때, 자연에 존재하는 실체들의 분노를 자아냈을 때, 요컨대 그들의 바로 그 실존을 위협했을 때, 그들 자신의 "비밀"에 맞서 반란을 일으킬 수 있는가?

대답은 간단하다. 그들 자신과 그들의 사회적인 상상적 의의들의 세계에 대한 급진적 변형 과정에 들어가는 것에 의해, 사회적 상상성을 다시 한 번 가동시키는 것에 의해 가능하다. 그리고 이것을 하기 위해 그들은 자신들에게 가면을 씌운다. 공포와 불안은 로스 신 로스뜨로("얼굴 없는 사람들")los sin rostro가 되는 것에 의해 극복될 수 있다. 자신의 정체성에 가장 밀접하게 연결된 신체의 일부를 숨김으로써, 더 이상 개인들로서 존재하지 않음으로써 극복될 수 있다. 에미흐의 주장처럼, "자아"의 본성에 대해 급진적인 물음을 던질 때에, 하나의 은유이자 사물인 가면은 그 다양한 구성적 측면들의 목록을, 그리고 가장 중요하게는, 우리가 덧붙일 수 있다면, 세계와 관련하여 이러한 측면들을 재협상할 목록을 만들어내기 위한 장치이다. 가면쓰기가 다양한 상황들에서 일어난다 할지라도, 과도기 동안에 두드러지는 그것의 탁월성은 사회적 변형 장치로서의 그것의 적절성을 증명한다. 가면들은 원주민의 관점의 모호성을 표현하고 드러낸다. 그뿐만 아니라 관점을 변화시키는 그와 같은 맥락에서 외관들과 지각들에 관해 역설적인 것을 정교화한다. 나뻬에르가 다음과 같이 주장하는 것처럼 말이다.

가면들은 외관들의 모호성에 대한 인식의 증거가 되며, 과도기적 상태들의 역설적 특징을 향하는 경향의 증거가 된다.

그것들은 공식적인 경계들을 탐구할 매체를 제공하며 외관들이 변화의 경험 속에서 제기하는 문제들을 고찰할 수단을 제공해 준다.(Napier, 1986, p. xxiii)

따라서 빠사몬따냐스는 원주민 사빠띠스따가 사회적 상상성의 창조적 역능을 고무하고, "자아"에 대한 자신들의 생각을 탐구하고, 그것의 특정 측면들을 극복하고, 인식론적 관점을 바꾸고, 그들의 형이상학적 체계에 관계된 공포 및 불안과 단절하는 과정에 들어가는 수단이다. 하지만 사빠띠스따의 가면 쓰기에는 에미흐의 자아 목록보다 그리고 나삐에르의 경계들 및 모호성들에 대한 탐구보다 더 많은 어떤 것이 존재한다. 스스로 가면을 쓰면서 사빠띠스따는 단지 그들의 우주론cosmology의 경계들을 탐구하고 그들의 상상적 의의들을 재협상하는 데 필요한 공간과 거리를 생산할 뿐만 아니라, 개인적 정체성을 뛰어넘음으로써, 또한 혁명적인 집단적 힘이 되고, 비가시적 실체들보다 더 강력한 힘이 된다. 그들이 개인적 자아의 한계들을 뛰어넘고 혁명적 통일체가 되고 난 이후에야 비로소 자유의 감각이 그들 사이에서 성장하기 시작한다.(Canetti, 2000을 보라) 이제 그들은 "나쁜 정부"뿐만 아니라 그들 자신의 "비밀"에도 역시 도전할 수 있다. 이제 그들은 신들과 비가시적 실체들과 협상할 수 있는 강력한 집단적 힘이 되었다. 죽은 조상들과 나이든 영웅들에게 도움을 청할 뿐만 아니라 신들에게도 도전하라. 그들에게 해를 입히거나 해방을 향한 그들의 욕망을 반대하고자 했을지도 모르는 그와 같은 실체들에게 무관심해져라. 검은 발라끌라배[스키마스크]는 정확히 이 권능화된 집단성의 얼굴이다. 안또니오 할아버지는 아직 그의 이야기를 끝내지 않았다. 그는 잠시 멈춰 담배를 말고 나서 이야기를 계속 이어나간다.

> 두더지는 [신들이 자기에게 벌을 내린 것에 대해 슬퍼하지 않았단다. 왜냐고? 두더지는 계속해서 그것의 안쪽을 들여다보았으니까 말이야. 그리고 이런 이유로 두더지는 사자를 신성하게 생각하지 않는 거란다. 자기의 심장을 들여다보는 방법을 아는 사람 역시 사자를 신성하게 여기지 않지. 자신의 심장을 들여다보는 방법을 아는 사람은 사자의 힘을 보지 않기 때문에 자신의 심장의 힘을 보게 되는 거지. ……
> (Subcomandante Marcos, 2002, pp. 30~1. 번역은 지은이)

폐쇄의 형이상학은 산산조각이 났고, 공포는 깨어졌으므로, 지금이 혁명의 시간이다. 두더지는 자기의 불행에도 아랑곳하지 않고 그 자신의 생각과 느낌을 계속해서 응시했다. 이제 더 이상 신성한 것이란 없다. 힘센 사자에 대한 공포도 없다. 창조할 수 있는 수단을 발견하기 위해 자신의 지적이고 정동적인 역량에 의존하면서, 신들이 하는 것처럼 행동할 줄 아는 사람의 경우에도 이것은 마찬가지로 사실이다. 물론 이 사람은 개인이 아니라 가면을 쓴 집단적인 혁명적 다중이다. 이 다중은 사자— 멕시코 국가의 군사적 기계를 표현하기 위한 은유로서의 사자— 에게 공포를 느끼지 않는다. 문학적·은유적 의미에서의 사자는 사회 바깥의 힘들, 적의 강력한 나구알이다. 그리고 더 있다. 또 다른 이야기에서 우리는 세상을 만든 최초의 일곱 신들은 "진실한 남자들과 여자들," 무장하고 있는 이 얼굴 없는 다중을 반대하거나 처벌할 의도가 없었다고들 한다. 그와 반대로 이 신들은 그들에게 그들 자신과 그들의 세계를 변형시킬 힘을, 그리고 그들이 그것들을 변형시킨 것처럼, 삶을 창조할 힘을 부여했다. 그리고,

> 말할 수 있기 위하여, 사물들을 알고 그들 자신을 알 수 있기 위하여, 최초의 신들은 옥수수로 된 남자들과 여자들에게 꿈을 꾸는 방법을 가르쳤다. 그리고 신들은 사람들에게 삶에 동반될 나구알들을 주었다. 진실한 남자들과 여자들의 나구알들은 재규어, 독수리, 코요테였다. 싸울 수 있는 재규어, 꿈의 세계를 날아다닐 독수리, 생각할 수 있지만 강력한 것의 속임수에는 신경 쓰지 않는 코요테.(Subcomandante Marcos, 2002, pp. 89. 번역은 지은이)

혁명적 다중은 개방적인 유토피아적 생각을 갖고 꿈을 꿀 수 있는 역량을 지니고 있으며, 자신의 꿈들을 실현할 수 있는, 자신의 나구알들을, 자신의 변형적 역능들을 가지고 있다. 위계들을 뒷받침하고 공포와 불확실성을 영속시키는 개인적 나구알들은 더 이상 존재하지 않으며, 모든 "진실한 남자들과 여자들," 모든 혁명가들에 공통적인 나구알들의 삼각형이 존재한다.

치아빠스의 자율 기획의 상상적 의의의 도입이야말로 원주민의 사회적 상상성을 고무하여 기존의 지역적 상상적 의의들의 복합체와 일련의 연속과 파열을 가능하게 한다. 사람들은 질문을 던지고, 대답함으로써 삶을 관통해 걸어간다(Subcomandante Marcos, 2002)는 안또니오 할아버지의 격률에 표현된, 기존 질서에 대한 "결말 개방적인" 질문하기(Castoriadis, 1988a, 1988b, 1991)로서 자율 기획은 치아빠스에서 나구알리즘이 되고, 나구알리즘은 하나의 자율 기획이 된다. 그것은 마르꼬스가 말한 바 있는 두 언어들의 복합체로서, 메스띠소 전사들의 정치화된 언어와 주술적인 원주민 담론, 그리고 그것들의 상호침투, 혼합, 변형 등등 이것들이 사빠띠스따 반란에 길을 열어놓는다. 나구알들은 원주민이 자율 기획을 삶으로 가져오는 힘들이 된다. 진실한 남자들과 여자들의 나구알들은 변형적인 힘, 제헌권력(Negri, 1999를 보라)

― 혁명적 활동의 폭력과 파괴에 해당하는 호랑이, 창조의 새로운 지평들을 탐구하고 도래할 새로운 세계들을 예상하며 날아가는 독수리, 지성의 힘에 해당하는, 개방적이고 끊임없는 지적이고 정동적인 활동에 해당하는 코요테 ― 이다. 신들이 심지어 고집 센 두더지에 의해 무시될 수 있을 때, 나구알이 공포가 아니라 권력에 도전하고 세계를 변형시킬 수 있는 마스크를 쓴 다중의 역량일 때, 그 때 삶은 창조를 위한 개방적인 지평이다. 데뽀르시들은 너무 변해왔지만, 인과적인 설명 논리에 대한 거부는 변하지 않았다. 아니, 원주민의 사회적 상상성은 여전히 그곳에서 자신을 미래로 투시하고 있다. 오히려 변한 것은, 어떤 데뽀르시들은 변형적인 혁명적 활동의 충격으로 인해 붕괴되었고 다른 데뽀르시들은 자리를 잡았다는 것이다. "우리의 데뽀르시는 가난하다"는 "사빠띠스따 투쟁의 데뽀르시는 가난에 반대하는 투쟁이다"에 자리를 내주었다. 그리고 피타르츠의 민족지학지에서 첼딸족의 영혼과 관련하여 사물들에 대해 물음을 던지지 않는 데뽀르시는 안또니오 할아버지의 "사람들의 데뽀르시가 물음들을 던지고 대답을 함으로써 삶을 관통해 걸어간다"에 자리를 내주었다.(Subcomandante Marcos, 2002)

1994년의 사건적 상황을 낳는 것은, 나구알리즘을 통해 걸러진 사율 기획의 충실성이다. 그리고 그것은 1994년 이후 사빠띠스따의 변형적 활동의 동력을 제공하고, 내가 앞 장에서 논의한 바 있는, 저항 속에서 집단적인 충실성 주체를 생산하는 것과 동일한 과정들 — 사빠띠스따 반란이 야기한 변화들과 파열들에 의해 풍부하게 된 과정들 — 이다.

따라서 집단적인 가면쓰기는 나구알리즘과 자율 기획이 결합하는 상징적 수단이다. 가면쓰기는 새로운 배치들의 불확실성, 그리고 사회 바깥의 공포를 극복하도록 해준다. 이런 이유로, 투쟁이 시작된 이래로 정부는 기를 쓰고 마르꼬스의 가면을 벗기려고 했고, 그에게서 신비한 매력을, 그의 변형 능력이 되는 그의 비밀을 제거하려고 했던 것이다.(Taussig, 1999) 이 장의 제사題詞에 나타난 카네티의 주장처럼, 가면 벗기기는 변형을 통제하려는, 가면이 제공하는 모든 것들을 통제하려는 권력의 방식이다. 그러나 마르꼬스 가면 벗기기는 실패했다. 마르꼬스는 가면이 벗겨졌다가 다시 씌워졌다. 1995년 2월 9일, 거짓된 가면 벗기기가 완료되었고 알려지지 않은 이름 하나가 전국적인 미디어의 모든 곳에서 순환되고 있었다. 하지만 사빠띠스따와 그들의 지지자들에게서 대답이 나온 것은 채 몇 시간도 걸리지 않았고, 우리는 부사령관이 다시 가면을 쓰는 것을 보았다. "우리 모두가 마르꼬스다!" 멕시코시띠에서 사빠띠스따와 연대하여 시위를 벌이던 군중들은 이렇게 외쳤다. 정부가 당시 깨닫지 못했던 것은, 마르꼬스라 불리는 빠사 몬따냐스가 숨길 만한 이름들을 가지고 있지 않았다는 것이다.

검은 가면 뒤에 숨기고 있는 그의 진짜 정체성은 "라파엘 세바스띠안 기옌"이 아니라 얼굴 없는 얼굴을 가진 혁명적 다중이다. 다중의 활동은 영감을 불러일으키고 원주민 세계 바깥으로 욕망을 표현하기에 이르렀다. 마르꼬스는 변신─나구알의 변형적 역능에 대한 수백 년간의 원주민 신념에 기초하고 있는 변신─의 과정 속에서 무장을 한 다중의 목소리였다.

새로운 인간

라 소나 인떼르메디아("중간지대")라 불리는 에밀리오 까르바이도의 오래된 멕시코 연극이 있다. 중심인물은 나구알인데, 이 인물의 주요 특징은 다른 형태들을 취할 수 있는 능력을 갖고 있다는 것이다. 그리고 새로운 세계의 도래가 그에게 달려 있었다. 나구알은 완전히 유동적인 요소이며, 정의에 맞서 반란을 일으킴으로써 자신의 자유를 유지한다. 정의되기를 거부함으로써 나구알은 연극 속에서 다른 모든 형상들의 특징들을 조합한다. 그리고 이러한 혼합을 통해 그것은 스스로를 변형시킬 수 있는 자신의 능력을 유지한다. 이 연극을 논의하면서 베르세니이는 다음과 같이 주장한다.

나우알은 새로운 인간으로 부활하고 난 후 자신의 아스떽 태생을 활용할 기회를 부여받는다. 그는 원주민 형태들에 가해진 기독교 도덕의 강제에 의해 야기된 상실된 순수의 대표일 뿐만 아니라 그러한 원주민 형태들의 오늘날 현실로의 잠재적인 확산이기도 하다.(Versenyi, 1993, p. 133)

연극은 자기실현을 위한 인간들의 잠재력을 주장한다. 그리고 나구알이 새로운 인간으로 다시 태어날 때 그는 여전히 변형적 힘을 소유하고 있음이 선언된다. 그럼에도 불구하고, 과거에 나구알이 서로 다른 외관들을 취할 수 있었던 반면에 새로운 인간의 변형적 역능은 오직 단어들, 소리들, 그리고 행위와 관련하여 새로운 형태들을 창조할 수 있는 그의 능력에 존재한다. 원주민의 사회적 상상성과 관련하여 치아빠스에서 쟁점이 되는 것은, 미래 속에서 공간을 찾는 과거이다. 타우식의 주장처럼, "20세기 말에 민족적이고 국제적인 정치학에서 작동하는 비밀성과 나우알리즘을 표명하는"(Taussig, 1999, p. 248) 것은 사회적인 상상적 의의들의 복합체의 점진적인 변형과정이다. 까르발리도의 연극의 나구알처럼, 사빠띠스따는 하나의 방식 또는 다른 방식으로 현재의 질서에 반란을 일으키고 그 질서에 저항하는 모든 "인물들"을 껴안는다. 그리고 이것이 변형할 수 있는 그들의 힘의 중요한 원천이다. 사빠띠스따의 검은 스키마스크, 마르꼬스라 불리는 가면은 정확히 이 모든 인물들의 혼합에 해당한다. 아래의 구절은 저항의 인물

(성격)들을 갖는 혁명적인 나구알의 혼합의 증거가 된다.

마르꼬스는 샌프란시스코에서는 게이, 남아프리카에서는 흑인, 유럽에서는 아시아인, 산이시드로에서는 치까노, 스페인에서는 무정부주의자, 이스라엘에서는 팔레스타인, 산끄리스또발에서는 원주민이다. …… 화랑이나 포트폴리오 없는 예술가, 토요일 밤 멕시코의 어느 지역 어느 도시 어느 마을에서나 볼 수 있는 가정주부, 20세기말 멕시코에서는 게릴라, CTM에서는 파업 참가자, 페미니즘 운동에서는 성차별주의자, 오후 10시 메트로 역에 홀로 있는 여성 …… 언더그라운드 편집지, 실업노동자, 수술실 없는 의사, 체제비판적인 학생, 신자유주의에 찬성하지 않는 사람 …… 그리고 멕시코 남동부의 사빠띠스따이다. 요컨대, 마르꼬스는 인간 존재, 이세계 속의 어떠한 인간 존재이다. …… 힘과 양심을 불편한 것으로 만드는 모든 것, 그게 마르꼬스이다.(Subcomandante Marcos, 1994b)

그러나 마르꼬스, 마르꼬스라 불리는 가면은 새로운 인간이 아니다. 가면은 도래할 새로운 인간을 위해 길을 열어 놓는 과정, 변형의 과정이다. 안또니오 할아버지의 이야기들 중의 또 다른 이야기는 우리에게, 하늘로 올라가 태양이 창조되도록, 그리고 세상이 빛을 가질 수 있도록 스스로를 불태우겠노라고 기도한 검은 신에 관해 들려준다. 검은 신처럼, 검은 발라끌라바들이 낡은 세계를 태워버릴 불꽃과 새로운 세계를 창조할 빛에 가면을 씌우고 있다고 안또니오 할아버지는 자신의 이야기들의 한 편에서 설명하고 있다. 불에 던져진 검은 석탄처럼, 그것은 회색으로, 다음에는 노란색으로, 다음에는 오렌지색으로, 다음에는 붉은색으로, 다음에는 불꽃으로, 빛으로 변한다.(Subcomandante Marcos, 2002) 검은 가면들은 석탄과 같이 불꽃과 빛을 가져다주는 과정이다. 자신의 연극 <부두 오레스테이아> Voodoo Oresteia를 상연하면서 장-루이 바로는 아프리카의 가면 활용법에서 영감을 찾았다.(Jean-Louis Barrault, 1961) 나중에 가면들에 대한 쟁점을 성찰하면서 그는 "가면이 삶의 최대치와 죽음의 최대치를 동시에 표현한다"고 주장했다.(Wiles, 2000, p. 148에서 재인용) 빠사몬따냐스도 마찬가지이다. 이것들은 낡은 세계의 죽음, 모든 혁명적 활동에 연루된 희생을 나타낸다. 그리고 그와 동시에 그것들은 삶을 위한, 도래할 새로운 삶을 위한 욕망의 최대치를 표현한다. "이렇게 해서 데뽀르시는 살기 위해 죽는다"라고 안또니오 할아버지는 말했다.(Subcomandante Marcos, 2002, p. 40)

7장

결론

미래를 위한 함축들
전투적 주체성 이론을 향하여

결론

미래를 위한 함축들

자율 기획의 끝없는 궤적에 10년 이상의 시간이 더해졌다. 정치적·군사적 전쟁, 시민의 동원들, "은하계간의"[대륙간의 만남들, 자율적인 노력과 급진적인 정치적 활동의 10여 년이 흘러갔다. 이러한 세월 전반에 걸쳐 사빠띠스따는 수많은 전선들에서 지칠 줄 모르게 투쟁하고 저항해 왔으며, 모든 종류의 적들— 적대적인 비가시적 실체들, 억압적인 공동체 구조들, 지역의 준군사그룹들, 멕시코 군대들, 전지구적 자본— 에 맞서 전쟁을 치러 왔다. 10년 이상 자신들의 나구알들의 변형적 역능을 가지고, 코요테의 지성을 가지고, 호랑이의 전투 능력을 가지고, 그리고 독수리의 멀리 내다보는 시야를 가지고, 원주민 사빠띠스따는 자신들의 현실을 변형시키고 있으며, "더 나은 세상"을 미리 그리고 있다. 지금까지 이 운동의 역사가 보여주는 것은, 삶의 급진적인 정치적 변화 및 변형 기획이 끊임없는 활동, 경계警戒, 참여, 희생들을 필요로 한다는 것이다. 이런 의미에서 사빠띠스따는 자율 기획과 그들이 만들어낸 사건적 상황 모두에 적합한 충실한 주체들이었다. 아니 그들 자신의 말들로 표현하자면, 그들은 "모든 역사가 필요로 하는 불면증환자들"이었다. 그 까닭은 돈 두리또가 우리에게 말하는 것처럼, "자유가 여명과 같기 때문이다. 자유가 도래하기를 기다리면서 잠드는 사람들이 있는 한편, 잠들지 않고 깨어 일어나 자유에 다다르기 위하여 밤새워 걷는 사람들도 있다."(Subcomandante Marcos, 1999, p. 130. 번역은 지은이)

　　이 책의 목적들 중의 하나는 충실성 주체로서의 이 운동의 담론 및 실천의 특정 측면들을 비판적으로 읽어내는 것이었다. 나는 이 비판을 자율 기획의 배치와 연속의 중요한 차원으로 이해한다. 하지만, 충실성의 주체처럼, 사빠띠스따는 자신들의 실천의 몇몇 측면들을 탐구해 왔던 것으로 보이며, 어떤 문제들과 불충분성들을 처리하려고 노력했던 것으로 보인다. 자율적 공동체들의 내적 조직이 관계되는 한, 내가 치아빠스의 자율 지대를 방문하고 나서 여러 해가 지난 후, 그리고 개헌 이후, 사빠띠스따는 강렬한 내부적 작업에 몰두하고 있으며, 자신들의 토대를 확장하고 있으며, 통일을 구축하고, 중앙아메리카를 위협하는 새로운 신자유주의적인 정책들과 계획들의 여명기에 곧 도래할 새로운 전쟁들을 치를 준비를 하고 있다. 연속적인 운동 및 변화를 위한 사빠띠스따의 역량을 보여주는 가장 최근의 돌파구는 2003년 8월의 5개의 까라꼴레스("달팽이들" 또는 "나선들")의 창설이다. 5개의 까라꼴레스는 5개의 아과스깔리엔떼스를 대체했으며, 자율적인 공동체들 내부의 불평등 발전의 문제들을 해결하고 더욱 효과적인 방식으로 기획들의 조정을 다루며, 자율적인 지대 내의 산안드레아즈 협정을 이행하는 것을 목표로 한다. 까라꼴레스 내부에 만들어진 훈떼스 데 부엔 고비에르노("좋은 정부의 배치들")는 직접민주주의를 더욱 효과적으로 만들고 운동의 군부 진영의 역할을 최소화하는 것을 목표로 한다.(Castro Soto, 2003; Duterme, 2004) 사빠띠스따 지대의 이 재조직화의 심도와 효율성에 관한 정보는 여선히 극히 직고 우리는 이러한 변화들이 여성들의 공동체 과정에의 참여를 어떻게 개선했는지(그리고 실제로 개선했는지의 여부), 공동체의 권력과 군부 엘리트들을 어떻게 제거했는지(그리고 실제로 제거했는지의 여부), 자율적인 학교의 억압적 구조를 어떻게 민주화했는지(그리고 실제로 민주화했는지의 여부)를(나는 이 쟁점을 5장에서 다루었다) 알 만한 위치에 있지 못하다. 하지만, 내가 2장에서 개관했던 비학문적인 급진적인 시각들에 의해 만들어진 비판적 요점들, 아울러 오벤띡의 자율 반란 중등학교ESRAZ에 대한 나의 비판적 고찰 등을 이제 사빠띠스따의 자율 지대에서 일어나고 있는 변화들에 비추어 다시 검토하고 다시 고찰하는 것은 가능하다.

최근에 사빠띠스따는 또한 시민사회의 개념들에 대한 지금까지의 모호한 사용을 다루려고 시도해 왔다. 5장에서 논의한 것과 같이, 사빠띠스따 운동은 "시민사회"라는 포괄적인 용어 아래, 보수적이고 심지어는 신자유주의적인 그룹들까지 포함하여, 거의 모든 사람을 포괄하는 경향이 있었다. 더욱이 첫 몇 년 동안 EZLN은 멕시코에서 작전을 벌이고 있는 다른 무장그룹들에게 적대적인 태도를 보이는 경향이 있었다. 하지만 2005년에 발행된 라깐도나 정글의 6차 선언은 이론과 실천을 더욱 광범한 좌파에 귀속시키고, 신자유주의에 반대하는 투쟁을 벌이는 그룹들로서 시민사회를 재정의하고 있는 사빠띠스따의 시도를 보여준다. 무장 투쟁이 여전히 거부되고 있지만(6차 선언은 민족적이건 국제적이건 여하한 무장 운동과의 비밀스러운 동맹은 없을 것이라고 진술하고 있다), 우리는 저항을 다시 고무하고, "반자본주의적이고 반신자유주의적인" 투쟁을 다시 동원하고, 아울러 국제적인 동맹들을 구축하려는 노력을 찾을 수 있다. 실제로 이 모든 것이 의미하는 것은, 그리고 이 새로운 돌파구가 이 운동의 과거의 실패를 뛰어넘어 멕시코 내에 강력한 반자본주의 전선을 건설할지, 아니, 자율주의적 맑스주의자가 말한 것처럼, 멕시코 노동계급의 다양한 부문들을 통일할지의 여부는, 앞으로 지켜보아야 할 문제로 남아 있다. 하지만 우리는 6차 선언에 명확한 행동 계획은 없고 투쟁들 사이의 통일 수립이라는 모호하게 규정된 기획이 있다고 말할 수 있다. 이 운동의 개량주의적 경향들은 계속되고 있으며, 새로운 돌파구가 새로운 헌법의 기술記述에 따라 정향되고 제한될 위험이 손에 잡히는 듯하다. 더욱이, 민족주의적 담론이 사라지지 않았으며, 감성적인 애국적 언어는 계속해서 사빠띠스따 투쟁의 기둥들 중의 하나이다. 선언문에 나타나는 우에스따 빠뜨리아 멕시카나("우리의 멕시코 조국")와 같은 구절들은, 사빠띠스따가 새로운 언어를 개발하기 위한 공통적인 지반의 구축에 기여해 왔다는 사실에도 불구하고, 그들이 제국 내의 민족국가라는 사회민주주의적인 생각들에 회귀하지 않고 자본주의적 착취에 대항하는 영토들을 빙어하도록 해줄 새로운 혁명적 언어를 개발하는 데 실패했다는 점을 보여준다.

대체로 우리는, 민족적일 뿐만 아니라 국제적인 수준에서도, 그리고 이 운동이 계속해서 상당한 원조를 받고 있다는 사실에도 불구하고, 사빠띠스따가 그들이 과거에 지니고 있던 주요한 역할을 상실했다는 점을 인식해야 한다. 사회 포럼들의 역동적인 대안적 세계가 이제 국제적인 관심을 독점하는 것으로 보이며, 치아빠스는 의제에서 벗어나 버렸다.(Duterme, 2004) 하지만 사빠띠스따가 지금까지 당했던 패배들에도 불구하고, 그리고 그들의 투쟁의 미래가 어떠하건 간에, 치아빠스 반란은 아마도 모든 승리들 중에서 가장 위대한 승리 — 혁명적인 상상성을 다시 고무하고 자본에 반대하는 새로운 투쟁주기를 개시한 것 — 를 획득해 왔다. 그리고 이것이 이 운동의 영토적 경계들을 넘어, 그것의 개량주의적이고 자유주의적인 의제를 넘어, 이 모든 한계들을 넘어 확장하고, 자율 기획의 전지구적인 배치라는 바로 그 핵심을 건드리는 승리, 즉 반란이다. 이것이 내가 4장에서 알랭 바디우의 "사건" 이론, 그리고 "구축된 상황"이라는 상황주의적 개념에 의존하여 시사하고자 노력했던 것이다. 사빠띠스따에 대해 논의하면서 나는 이 운동이 그것의 효과가 구축된 상황의 효과를 뛰어넘기 때문에 구축된 상황으로 이해될 수 없을 것이라고 결론지었다. 그와 동시에 치아빠스 반란은 하나의 사건 역시도 구성하지 못하는바, 그것은 그 상황에, 제정권력[구성된 힘]에 구멍을 낼, 파열을 발생시키지 못했기 때문이다. 다른 한편, 치아빠스 반란이 하나의 사건으로 접근될 수 없는 반면, 그것은 진정 명확한 사건적 요소를 지니고 있다. 그리고 정확이 이것이 사빠띠스따를 오늘날의 반자본주의적 투쟁들을 위한 준거점으로 만들었던 것이다. 그러므로 그것은 사빠띠스따 반란이 구축된 상황과 하나의 사건 사이라는 조건에서 진동했다는 점을 보여주었으며, 이러한 조건을 설명하기 위하여 나는 "사건적 상황"이라는 용어를 만들었고, 이것이 사빠띠스따를 가장 잘 묘사한다고 주장했다.

같은 장에서, 사건적 파열의 결과로서 충실성 주체에 대한 알랭 바디우의 논의를 확장하면서 나는 사빠띠스따의 사건적 상황이 충실성 주체를 생산하는 조건이라고 주장했고, 사건적 상황과 맺고 있는 관계에 따라 세 종류의 충실성 — 저항의 주체(사빠띠스따 자신), 구축된 상황들의 주체(사빠띠스따 지지자들), 봉합된 주체(학계의 주체) — 를 구분했다. 더욱이 바디우의 사건 개념을 논의하면서 나는 우리가 우리의 에너지들을 새로운 사건의 구축에 집중할 필요가 있으며, 이것이 사빠띠스따의 사건적 상황에 대한 충실성이 실제로 의미하는 것이라고 주장했다. 그러므로 이제 미래의 사건을 위한 조건들을 만들어내고, 이니 그 미래의 사건을 실현할 과제를 완수해야 하는 것은 봉합된 주체 그리고 구축된 상황의 주체인 것이다. 봉합된 주체와 관련하여 나는 그것이 학계에서 발견될 운명에 있다고 주장했으며, 그것의 주요한 특징으로 이론과 실천의 분리를 강조했다. 이것이 정확히 봉합된 주체가 극복해야 할 장애물이며, 이 주체는 통일된 이론과 실천의 생산을 그 자신의 주요한 과제를 만들어야 한다. 그와 동시에 구축된 상황의 주체는 상황들의 구축들을 넘어 이동해서, 우리는 새로운 사건 또는 새로운 사건적 상황으로 이끌어 줄 수단들, 전술들, 전략들을 창조하고 생산하고 개발해야 한다.

이제 미래의 사건을 위한 길을 닦기 위하여 시급하게 필요한 것이 새로운 혁명적 행동 이론이라는 점이 더할 나위 없이 명확해졌다. 2장에서 나는 사빠띠스따 반란의 측면들을 해명하고 이론화하기 위하여 공통적으로 채택되었던 네 가지 시각들(예컨대, 라클라우/무페, 그람시주의, 자율주의적 맑스주의, 비학문적인 급진적인 시각들)을 제시하고 개관했다. 이러한 이론들과 시각들에 입각한 사빠띠스따 독해들의 문제는, 그것들이 이 운동의 특정 측면들을 조명한다는 사실에도 불구하고, 나는 그것들이 주로 무비판적이거나 사빠띠스따의 담론과 실천에 대한 정교하고 이론적인 비판을 빈약하게 수행하여, 이 운동의 독특한 성격을 설명하는 데 실패하며 자신들의 분석에서 주체성을 거의 완전히 무시하고 있다고 주장했다. 하지만 이러한 독해들이 우리에게 보여주는 것은, 사빠띠스따를 제대로 읽어내지 못하는 그들의 무능력뿐만 아니라, 이것이 가장 중요한 것인데, 그것들이 침체, 상상력의 결핍, 그리고 오늘날의 "급진적인" 이론을 특징화하는 개량주의적 경향들을 반영하고 있다는 것이다. 이 운동의 [다양한] 측면들은 정말이지 ─ 세 가지 학문적인 시각들 사이에는 종종 거의 차이들이 없었으며, 비학문적 시각에 의해서는 다소 판에 박히게 ─ 해명되고 설명되었다. 그렇다면 우리는 묻지 않을 수 없다. "이제 무엇을?" 사빠띠스따는, 극히 적은 예외 ─ 홀러웨이의 작업이 예가 될 것이다 ─ 를 빼고, 거의 자연과학의 대상으로 취급되어, 미래를 위한 함축들과 잠재성들은 사라지고, 현재에 대하 무비파적이고 비창조적인 독해의 소심함 속에서 붕괴되고, 아니면 기껏해야 피상적으로 언급된다. 사빠띠스따를 동시대의 투쟁들 중의 독특한 현상으로 읽어내지 못하는 무능력은 미래를 향한 급진적인 개방을 생산하지 못하는 여하한 이러한 이론들의 무능력을 반영한다. 우리에게 필요한 것은 급진적인 행동에 대한 이론들 ─ 현재에 대한 분석을 뛰어넘어 새로운 급진적인 정치학을 발명해 낼 이론들이다. 바디우의 주장처럼, 우리가 전지구적 상황에 대한 일반적 분석을 고집한다면, 우리는 어떠한 급진적인 시도도 실패할 것이 뻔하다고 결론내릴 것이다. 그리고 사실, 사빠띠스따 반란은 이러한 노력을 기울이기에는 객관적으로 불리한 전지구적 상황에 대한 분석을 극복한 독립적인 정치에 몰두하는 것을 통해 가능해졌던 것이다. 이것이 정확히 사빠띠스따가 급진적인 정치에 몰두하면서 불러일으켰던 돈키호떼적인 광기이다. 그렇다면 봉합된 주체의 임무 — 사빠띠스따의 사건적 상황에 붙들린 학계의 임무는 급진적 행위가 될 수 있는 이론적 가능성들을 탐색하는 것이다. 현재의 측면들을 단순히 설명하는 이론들이 아닌, 미래에 무슨 일이 일어나게 될지 설명할 이론들이 아닌, 이론 그 자체와 학문적 지식의 추상적인 생산을 위한 이론들이 아닌, 학계의 교실들과 저널들의 한계들을 돌파해 낼 급진적 행위 이론들이 애국주의와 개량주의로부터 자유로운 새로운 언어들을 발명해 낼 것이며, 전투적으로 다중 속에 이식될 것이며, 그것과 접촉하면서 더욱더 풍부해지고 변형되고 변경될 것이다.

이러한 급진적 행위 이론을 개발하거나 예상하는 것이 이 책의 목적이 아니었다 해도, 나는 이 운동에 의해 열어젖혀진 가능성들을 이해하기 위하여 다양한 이론적 자료들을 결합하면서 사빠띠스따를 새로운 방식으로 읽고자 노력했다. 3장에서, 나는 까스또리아디스의 자율 기획 개념, 네그리의 제헌권력[구성적 힘]에 대한 논의들, 하트와 네그리의 제국 개념 등에 기대 이론적 작업틀을 구축했다. 이 작업틀은 바디우의 사건 개념에 대한 논의와 함께, 그리고 다른 이론적 자료들, 주로 상황주의적 이론과 라클라우/무페의 이론에 대한 몇몇 준거들, 그리고 자율주의적 맑스주의의 자기가치화 개념 등을 활용하면서, 4장에서 심도 깊게 다루어졌다. 나는 일부 독자들이 이 이론적 혼합물이 불쾌하다고 생각할 수도 있고, 내가 이론들 및 저자들 사이의 중요한 차이들을 흐린다고, 채택된 이론들이 서로 모순되며, 그 결과 내 작업틀이 문제적이라고, 어떤 이론들에 대한 나의 독해들이 색다르다고 주장할 수도 있다는 것을 알고 있다. 이 모든 것에는 진실의 일면이 있다. 하지만 내 목적은 새로운 이론을 생산하거나 특정한 이론(들)을 충실히 따르는 것이 아니라, 오히려 사빠띠스따를 읽기 위해 단일한 이론이나 시각을 채택하는 경향과 단절하는 것이다. 이러한 이동을 통해 나는 이론들 사이를 자유롭게 넘나들 수 있었으며, 사빠띠스따에 대한 비판적 독해를 생산하고 그들의 독특함과 미래에 대해 이 운동이 갖는 함축들을 탐구할 수 있었다. 더욱이, 수많은 다양한 자료들에 의존해서 나는 사빠띠스따와 관련한 이론적 복잡성을 탈안정화시키고 상대화하고, 그리하여 새로운 급진적 행위 이론들의 출현을 위한 여지를 만들어 내려고 노력했다. 나는 내가 완전히 실패한 것이 아니길 바란다.

앞에서 나는 봉합된 주체의 임무가 다중과 함께 이론적 활동에 전투적으로 몰두하는 것이라고 언급했다. 두 번째의 충실성 주체인 구축된 상황들의 주체는 하트와 네그리의 다중 개념에 의해 접근할 수 있다. 나는 이 개념을 네그리의 이전 저작에 의존해 3장에서 간략하게 언급했었다. 이 주체를 사빠띠스따의 사건적 상황의 결과로 논의하면서 나는 이 주체의 임무가 새로운 사건의 도래를 위한 조건들을 생산하는 다양한 종류의 상황들을 구축하는 것이라고 주장했다. 하지만, 다중에 대한 하트와 네그리의 논의와 같이, 이것은 이제 단지 최소한의 조건인 것 같다. 하트와 네그리는 다중을 급진적인 차이들, 특이성들이 조합된 것으로, 다성적polyphonic이고 카니발적인 것canivalesque으로 논의했다. 그들은 지구화 문제들을 둘러싸고 발흥한 다중의 항의들이 상상력이 욕망과 유토피아와 연결되는 실험의 공간을 만들어낸다고 주장한다. 이러한 항의들은 연극성과 상상력을 결합하며, 다양하고 특이한 주체들 사이에 부단한 대화가 존재하며, 그들 간의 다성적인 조합이 존재한다.

이러한 항의들은 대규모의 구축된 상황으로 이해될 수 있으며, 하트와 네그리가 묘사하는 수많은 요소들이 이러한 항의들 속에 현존한다. 하지만 우리는 이와 같은 종류의 행동이 좀처럼 우리를 새로운 사건의 구축을 향해 나아가도록 할 수 없다는 것을 인식할 필요가 있다. 바디우는 반지구화 항의들의 새로운 순환이 자본주의적 지구화 자체에 대한 다소 거친 — "긴급한 미래를 위해 우리 행성의 게으른 쁘띠 부르주아지가 즐길 새로운 위안 형태들을 그려내려고 노력하는" — 조작자라고 올바르게 주장했다.(Alain Badiou, 2003a) 하트와 네그리가 찬양하는 다중의 창조성은 바디우가 보기에, "아무것도 하지 않은 채 즐길 권리에 대해 시끄럽게 주장하는 한편, 어떠한 용도의 규율이라도 피하기 위해 특별히 조심하는"(p. 126) 쁘띠 부르주아 대중 운동의 잘 차려진 레퍼토리에서 나온 평범한 수행들에 지나지 않는다. 그렇다면 바디우가 보기에, 그리고 규율이 진실들에 접근하는 열쇠라면, 정치학의 과제는 정당들의 포화상태의 규율을 대체할 새로운 규율 형태를 구축하는 것이다. 더욱이, 바디우는 이러한 항의들이 고풍스럽고 단조롭다고 비판한다. 아울러 반란 세력들(이들에게서 반란이 윤곽이 상당히 약화된다 할지라도)이 적의 경제적·정치적 행사들에 모이는 것도 비판한다. 그에 따라 전술들이 개발되고 행동을 위한 장소들이 선택되어야 하는 장기간의 독립적인 정치 전략이 부재하다는 것이다. 그 대신 우리가 목격하는 것은 그것들이 나타날 것으로 기대되는 곳에, 정부들과 전지구적 은행 단체들이 회합을 갖는 장소들에, 나타나는 다중이다. 그럼 부정 명령법으로 표현하면 다음과 같을 것이다. "네가 꼭 나타날 것으로 기대되는 곳에 나타나지 마라. 네 자신의 행동이 당신의 적이 결정한 지형 위에 일어나지 않도록 확인하라."(2003a, p. 120)

사빠띠스따 반란 이전의 역사, 1994년의 사전적 상황을 야기했던 과정들과 활동, 내가 1장에서 간략하게 제시한 이전의 역사는 정확히 이 점 — 규율의 필요, 그리고 적의 허를 찌르는 것의 중요성 — 을 보여준다. 10년이 넘는 기간 동안, 사빠띠스따는 자신들의 토대를 조직하고, 군대를 창설하고, 투쟁을 위한 공통의 지반을 형성하고, 자신들의 공동체들을 민주화하고, 전략들을 개발하고 있었다. 내가 이해하고 있는 바의 규율은 정확히 이것 — 집단적인 목적을 위해 함께 일하기로 결정하는 것, 조직의 건설에 기여하기 위하여 투쟁에 참여한 모두가 치르는 희생들, 공통의 선을 위해 개인적 이해관계들을 단념하는 것, 자신들이 집단적으로 개발한 원칙들과 목적들에 충실하기, 비밀 조직에 능동적으로 참여하는 것 — 이다. 이것은 사빠띠스따가 다중에게 물려준 위대한 유산들 — 규율의 필요, 의식적이고 부단한 작업의 필요, 조직화의 필요, 군대 건설의 필요, 공통적 토대 및 집단적인 목표들의 개발의 필요 — 중의 하나이다.

비밀성은 이 모든 것 속에 내재하는 명령이며, 예상되는 곳에서는 결코 모습을 드러내지 않는 바디우의 격률들 중에서 불가결한 요소이다. 원주민의 사회적인 상상성은 이러한 비밀성에 강력한 토대를 제공해 주었다. 대략 1650년 경에 글을 쓴 하신또 데 라 세르나에 따르면, 나구알 또는 나우알이라는 용어의 의미는 멕시코 인디언의 동사 나우아뜰린*nahuatlin*에서 파생한 것인데, "자신을 숨기다," "자신을 은폐하다," 또는 "변장하다"를 의미한다.(Higgins, 2004) 나구알리즘은 원주민의 사회적 상상성의 중요한 구성요소였다. 그것은 심지어 지역적 이론으로 고려될 수조차 있다. 이 이론은 전투그룹들에 의해 맑스주의의 형태로 치아빠스에 이식된 자율 기획의 상상적인 의의와 접촉함으로써, 하나의 급진적인 사회적 성격을 지니게 되었으며, 변형의 힘이 되었다. 6장에서 나는 치아빠스에서 일어난 스키마스크를 공통으로 활용한 가면쓰기 — 이것은 원주민의 형이상학에 특유한 존재론적 공포를 초월하는 수단이 되며 집단적인 변형적 기획을 대표한다 — 가 어떻게 오직 원주민의 사회적 상상성 일반과 특히 나구알리즘을 준거함으로써만 이해될 수 있는지 자세히 설명했다. 하지만 나구알리즘은 또한 적으로부터의 집단적 은폐라는 은유적 가면쓰기를 위한 토대를 제공해 주었다. 사빠띠스따가 스스로를 조직하기 시작했을 때, 나구알리즘은 점차 "남에게서 자기 자신을 숨기는 것"으로서의 그 개인주의적 성격을 상실하기 시작해서 적으로부터의 집단적인 은폐가 된다. 그리고 자연스러운 빠사몬따냐스 같은 무언가를 제공해준, 정글의 안개 낀 산들에 집단적으로 숨은 이 10년의 기간을 통해 사빠띠스따는 강해질 수 있었으며, 그리하여 적에게 일격을 가할 수 있었다. 그러므로 다중의 과제는, 구축된 상황들의 주체의 과제는, 은폐하고, 은밀히 조직하고, 무장하고 공격하는 것이다.

전투적 주체성 이론을 향하여

이 책을 통해 나는 사빠띠스따의 사건적 상황에 대한 충실성 주체를 집단적인 주체들로 다루었다. 하지만 이것이 개인적 전사militant의 충실성 역시 고찰하는 것을 막아서는 안 된다. 4장에서 설명한 것처럼, 바디우의 충실성 논의의 출발점은 상황 속에서의 급진적인 단절로서의 사건이다. 이것이 누군가를 주체되기subject-becoming의 과정으로 데려다 준다. 내가 주장한 바와 같이, 이 접근법의 문제점은, 사건을 충실성의 출발점으로 삼음으로써, 사건에 앞서는 종류의 충실성들은 염두에 두지 않는다는 것이다. 이러한 문제점을 처리하기 위하여 나는 사회역사적 기획으로서의 까스또리아디스의 자율 기획 개념을 불러내어 사건에 앞서는 주체가 존재한다고 주장했다. 자율 기획의 주체는, 이 사회적인 상상적 의의에 충실함으로써, 급진적인 정치적 활동에 몰두하며 사건, 또는 사건적 상황의 생산에 능동적으로 참여한다. 물론 사건이 결정되거나 예견될 수 없다는 것은 사실이다. 하지만 어떤 종류의 정치적 활동은, 직접적이건 간접적이건 미래의 사건을 위한 길을 열어놓을 주어진 사건의 조건들과 가능성들을 언제나 탐색할 수 있다. 사건 이전의 충실성들에 대한 세세한 논의에 참여하는 것이 내 의도가 아니지만, 그리고 내가 사건 이전의 주체성에 관한 이론을 생산하려고 의도하는 것은 아니지만, 나는 주어진 집단성과의 상호작용 속에서 집단성을 급진화하여 그것을 사건 이전의 주체로 변형하고 사건의 창출을 위한 가능성들을 열어젖히는 개인적 충실성 형태를 간략히 묘사해 보고자 한다.

FLN 전사들의 개인적인 역사들, 마르꼬스를 포함하여 1980년대 초반 치아빠스에 도착한 전사들의 제2의 물결의 역사들, 아울러 원주민 전사들의 개인적 역사들은 우리에게 급진적인 정치적 기획에 직접 참여하겠다는 개인적인 결정으로서의 주체성의 역할 연기를 보여준다. 몇몇 경우에, 부사령관 마르꼬스의 경우와 마찬가지로, 이 결정은 개인의 삶에서의 급진적인 파열을 함축한다. 그리고 정확히 이러한 파열이 전사들로서의 그들의 정체성을 구성했다. 나는 어떤 정치적 기획에 전투적으로 참여하기 위한 개인적 결정으로부터 유래하는 과정을 변신metamorphosis이라고 부른다. 이것은 개인의 삶에 내포된 급진적 파열의 의미를, 개인적 삶을 둘로 분해한다는 의미를 전달하기 위한 것이다. 치아빠스로 옮아간 전사들의 역할, 그리고 마르꼬스 자신의 1994년 반란에서의 역할은, 보통 다소 피상적으로 다루어져 왔으며, 미래를 위한 그것의 이론적·실천적 함축들이 제거되었었다. 그람시주의의 "유기적 지식인" 개념도, 마르꼬스 영웅주의에 대한 비하문적인 급진적 시각들의 비판도, 그리고 이러한 비판이 종종 옳음에도 불구하고, 또 내가 2장에서 개관한 여타의 이론적 시각들도 우리에게 개인적 전사들의 삶들을 특징짓는, 그리고 사빠띠스따 반란에 앞서는 변신 과정에 대해 우리에게 아무것도 알려주지 않는다. 마르꼬스와 여타의 전사들을 이상화하거나 물신화하는 것이 내 의도가 아닐 뿐더러 영웅들과 우상들을 만들어 내는 것도 마찬가지다. 하지만 마르꼬스의 개인적 전사로서의 궤적과 사빠띠스따 기획에의 참여는, 동시에 그가 개인적으로 자신의 궤적에 접근해 온 방식은, 혁명적 발발을 위한 지형을 열어젖히는 집단성과의 상호작용 속에서 개인적 변신으로서의 투쟁성을 탐구할 수 있는 기회를 우리에게 제공해 준다.

마르꼬스는 라파엘 기옌으로 자신의 삶을 시작했으며, 중간계층의 멕시코 가정에서 태어났다. 그는 도시에서 활동적인 삶을 살았으며, 소설, 영화, 연극, 정치에 열정을 가지고 있었다. 자신의 정치적 형성기에는 맑스주의자였으며, 멕시코의 초등학교 교과서들의 이데올로기적 실천에 대한 자신의 논문에 쓰여진 이론들의 저자인 푸꼬와 알뛰세르의 열렬한 독자였던 그는 멕시코의 자율적 메트로폴리탄 대학의 "그래픽아트 이론"의 강사직을 갖고 있었다. 당시 그를 알고 있던 사람들이 묘사한 바에 따르면, 라파엘 기옌은 학계의 벽들을 넘어서는 정치 활동에 관심이 많았고, 그의 관심은 철학을 실제에 적용하는 것이었으며, 그의 정치적 접촉들, 게다가 아바나와 니카

라과로의 여행은 급진적인 정치적 행동을 위한 자료들을 찾아
나서는 적극적인 탐험가적 추구를 보여주었다. 하지만, 이때까
지 그의 개인적 궤적과 활동은 멕시코의 다른 많은 급진적 좌
파의 그것들과 전혀 다르지 않았으며, 그럴 뿐만 아니라 그를
알고 있는 사람들 중 누구도 그의 미래의 궤적을 상상할 수
없었다.

> 그의 활동들도, 그의 논문도, 그의 이력도 그를 무장 운동으
> 로 이끌지 않았다. 나는 그것이 매우 개인적인 결정이었다고
> 생각한다. 대학 내의 누구도 그에게 접촉해 온 사람은 없었
> 다. 나는 그의 개성에 어떤 파열이 있었는지, 아니면 그가 여
> 전히 전과 다름이 없는지 모른다. 나는 그가 어떻게 진화했
> 는지 알지 못한다.(Morelos, De Na Grange and Rico, 1997,
> p. 93에서 재인용)

실제로 라파엘 기옌은 고도로 개인적인 결정을 하고 1980
년대 초반의 어느 날 그는 멕시코시띠에서 치아빠스로의 긴
여행을 했다. 거기에서 그는 다른 메스띠소와 정글의 원주민
전사들이 만든 간부단에 가입했다. 이어서 원주민의 현실과
만났으며, 그러한 만남을 통해 그는 자신의 변신을 완성했으
며, 원주민 공동체들의 변신 또한 이루어내었다. 정글 속에서
도시의 담론들과 전술들은 원주민의 언어들 및 실천들과 뒤섞

였으며, 맑스주의는 나구알리즘이 되었고, 나구알리즘은 맑스주의가 되었으며, 개인적 삶들은 급진적으로 변형되었고, 원주민 공동체들은 사건 이전의 상황 주체로 변형되기 시작했다. 그때부터 계속하여 도시에서의 기엔의 삶은 끝났으며, 그의 가족은 그를 결코 다시 보지 못했다. 관계들은 깨어졌으며, 나타나고 있는 존재의 새로운 배치는 혁명적 삶을 이어나갔다. 결국, 정글 속에서의 어느 날, 기엔은 사라지고 혁명적 기획에 전념하는 새로운 인간이 태어났다. 그 새로운 사람은 마르꼬스라는 이름을 얻게 되었다. 수년이 지난 후, 두 개로 분리된 삶, 변신으로서의 삶을 경험한 마르꼬스는 그가 누구이며 그가 어디 출신인지 궁금해 하는 모든 사람들에게 다음과 같은 설명을 할 것이었다. 그는 자신의 이름이

> 마르꼬스 몬떼스 데 라 셀바("정글 속 산山들의 마르꼬스"), 안또니오 할아버지와 후아니따 아주머니의 아들…… 그는 1984년 8월 어느 날 아침 일찍 치아빠스의 라깐도나 정글의 아꽈 프리아라고 불리는 게릴라 캠프에서 태어났음을…… 그 목소리를 가진 사람은 그가 1994년 1월 1일 다시 태어났다고 말한다. …… 그 목소리의 그가, 태어나기 전에, 아무것도 갖지 않기 위해 모든 것을 소유할 수 있기 전에, 모든 것을 갖기 위해 아무것도 갖지 않기로 결심했다고 고백한다.(EZLN, 1995, n.p)

인용한 글의 마지막 문장은 마르꼬스가 게릴라가 되기로 결정하도록 이끈 명령이다. 혁명적 삶을 위해 봉합된 삶을 포기하는 것, 소유하지 않는 삶, 네그리가 마키아벨리의 독해를 통해 우리에게 말하는 바의 덕virtue 대 운fortune.(3장을 보라) 여기에서 마르꼬스가 자신이 두 번 태어났다 ─ 첫째, 자신의 삶에 파열을 일으키기로 결심하고 정글로 들어갔을 때, 둘째, 1994년 반란이 일어났을 때 ─ 고 주장하는 점에 주목하라. 달리 말해, 첫째의 마르꼬스는 결국 사빠띠스따 반란을 낳을 주어진 상황의 조건들을 탐색하는 사건 이전의 주체였다. 둘째의 마르꼬스는 집단적인 원주민 충실성 주체의 표현인 반란의 결과로서 나타난 주체와 다를 바가 없다. 마르꼬스와 여타의 EZLN 전사들의 경우와 마찬가지로, 모든 사빠띠스따와 마찬가지로, 오늘날 전지구적 자본주의의 곤경들은 개인적·집단적 변신을 삶의 급진적 변형을 위한 유일한 길로 만들었다. 하지만 또한 "인간 종족 중에서 그는 멕시코 인종에 특별한 애착을 갖는다"라고 고백하는 마르꼬스와는 달리, 우리는 어떤 특별한 민족이나 인종에 애착을 갖지 않는다. 우리의 투쟁은 민족 없는, 인종 없는 사회주의를 위한 것이며, 그리고 우리는 혁명을 위한 욕망으로 무장되어 있다.

:: 주석

서문

1. [옮긴이] 산디니스따는 1979년 소모사 정권을 무너뜨린 니카라과의 민족해방 전선(FSLN)의 구성원을 일컫는다. 이 명칭은 1927~33년 미군 점령 당시 니카라과 저항운동의 영웅이었던 쎄사르 아우구스또 산디노의 이름을 따서 붙여졌다. 1990년 선거에서 14개의 야당 연합에 패해 정권을 잃었다.

2. [옮긴이] 지은이는 'imaginary,' 'imagination'을 명확히 구별하여 사용한다. 여기에서는 그 구별을 존중하여 'imaginary'를 '상상성'으로, 'imagination'을 '상상력'으로 일관되게 옮긴다. 'imaginary'가 관형적으로 쓰이는 경우에는 '상상적(인)'으로 옮긴다. 그래서 'social imaginary significance'는 다소 어색함을 무릅쓰고 '사회적인 상상적 의의'로 옮긴다.

3. [옮긴이] valaclava는 등산 용어로서 머리와 얼굴을 완전히 덮어씌우고 눈만 보이게 만들어진 방한용 모자를 일컫는다. 여기에서는 사빠띠스따가 착용한 스키 마스크를 가리킨다.

1장 사빠띠스따 연대기

1. [옮긴이] 깜뻬시노(campesino)는 남아메리카의 농민들을 일컫는 말이다. 특히 시골에 거주하는 가난한 농민들을 가리킨다. 주로 인디언 관습을 따르고 인디언 언어를 사용한다.

2. [옮긴이] 에히도(ejido)는 원래 멕시코 인디언들의 전통적인 공동 소유지를 뜻하는데, 오늘날에는 멕시코 혁명 때 이루어진 농지개혁에 따라 도입된 독특한 토지보유형태나 지역집단을 가리키는 말로 쓰임이 굳어졌다.

3. [옮긴이] 메스띠소(mestizo)는 혼혈인종을 가리키는데, 특히 스페인 사람과 북아메리카 원주민의 혼혈을 뜻한다.

3장 자율 기획, 제헌권력 그리고 제국

1. 레게인과 테우케이우 까스또리아디스가 "동일성적 논리"라고 부르는 것 — 이것은 사물들을 요소들로 분리하고, 다음에는 전체를 형성할 수 있어야 한다 — 을

통해 가능하다. 이것은 과학, 특히 물리학의 논리이다. 이 논리에 따르면, 사물이 존재하기 위해서는 어쨌든 조화를 이루어야 하고, "정의되어야" 하며, "구별되어야" 한다. 그리고 그것은 자신의 특권적 지위를 자연적 지층의 극단적인 적응가능성으로부터 도출한다. 정체성적 논리는 "상상적인 것"을 이해하는 데 적절하지 않다 할지라도, 사회의 제도화는 그것 없이는 실질적으로 불가능하다. 그리고 바로 이런 이유로 해서 이 논리를 통해서만 언어와 행위가 존재한다. 왜냐하면 이 둘 모두 서로 다른 요인들(예컨대 단어들)이 상위의 전체(예컨대 문장)를 형성하기 위해 결합되는 것을 전제한다.

2. 하나의 생산력으로서의, 급진적 상상성의 표현으로서의 제헌권력[구성적 힘]이 자율 기획에 제한되지 않는다는 주장이 있을 수 있다. 그것은 "낡은 것"이 물음에 던져지고, 변경되거나 파괴되며, 삶의 새로운 형식들이 생산되고 창조되는 곳이면 어디에나 존재한다. 이러한 의미에서 나치 독일에서의 파시즘의 도래를 설명해 주는 것은 제헌권력이다. 하지만 그것은 제헌권력[개념]을 잘못 사용하는 것이다. 나치의 "제헌권력"의 경우, 그것은 폐쇄적인 것이며, 이는 오직 거부되기 위해서만 임시적으로 긍정되는 제헌권력이다. 폐쇄적이고 결정론적인 방식으로 제헌권력을 긍정하고, 그리고 그것을 질서로, 구성된 힘과 종종 테러로 변형시키는 경향이 있는 여타의 사회적인 상상적 의의들과 달리, 자율 기획은 "모든 것을 생산하는" 힘으로서의, 개방적이고 활동적으로 유지되어야 하는 존재를 생산하는 힘으로서의 제헌권력을 긍정하고 자유롭게 한다. 더욱이, 자본주의에서건 파시즘에서건, 제헌권력은 근대성의 지배와 운명에 대한 공간적이거나 시간적인 대안의 어떠한 가능성으로부터도 제외된다. 공간과 시간의 합리화는 규범이 되며, 제헌권력은 통제되고 길들여진다. 그것의 공간과 시간은 죽음의 시간과 공간이 된다. 달리 말해, 오직 자율의 사회적인 상상적 의의를 통해서만 급진적 상상성의 물질적 표현인 제헌권력이 그 모든 차원들 속에서 "삶을 생산하는" 힘으로서 완전하게 긍정될 수 있다. 바로 이런 의미에서 내가 제헌권력을 말할 때 그것은 자율 기획을 말하는 것이며, 그 역도 마찬가지이다.

3. 여기에서 절대성은 전체주의를 의미하지 않는다. 전체주의는 절대성의 필수적인 결과가 아니다. "절대적인"이 뜻하는 것은, 민주적인 입헌적 과정이 "해방의 과정에, 생생한 아상블라주에 내재적이지 않은 결정들로부터 절대적으로 자유롭다"라는 것이다.

4. 나는 여기에서 "자율 기획"과 "내재성의 평면"이라는 용어들을 거의 교환 가능한 것으로 사용한다. 주된 이유는 이 지점에서 그것들이 동일한 과정들을 나타낸다고 생각하기 때문이다. 하지만, 나는 "자율 기획"이 두 가지 이유에서 더 적절한 용어라고 생각한다. 첫째, 이 용어는 역사적 연속성을 함축하고, 오늘날 정치적으로 의미심장한 일종의 진보를 함축한다. 둘째, 설령 이 기획이 "내재적인 것"

을 포함한다 할지라도, 이것이 민주적인 정치학을 반드시 함의하지는 않기 때문이다. 예를 들어, 이 점과 관련하여, 현대의 유전자 기술과학이 내재성의 충만함을 발견했지만, 사실상 그것을 결코 민주적인 것으로 특징지을 수 없다는 사실을 주장할 수 있을 것이다.

6장 원주민의 사회적 상상성과 사빠띠스따 가면들

1. 산 안내인들의 경우에서와 마찬가지로, 죽은 사람 역시 사빠띠스따 투쟁을 도와 준다고 믿어진다. 처음 게릴라그룹이, 그 지역의 믿음에 따르면 원주민들의 죽은 조상들이 살고 있는, 정글의 산들로부터 내려와 민간인들과 접촉했을 때, 그들은 적어도 부분적으로는, 그들이 죽은 자들의 장소에서 오랫동안 살아남았으며 그 래서 그들의 은총을 받았음에 틀림없을 것이라는 사실에 의거하여 민간인들의 신뢰를 확보할 수 있었다.

2. 실제로, 또호발의 언어에는 목적어들이 없고 오직 주어들만이 존재한다. 비록 그것들이 서로 다른 종류의 것이 될 수 있지만 말이다. 예를 들어 "나는 산을 바라보고 있다"라는 구문은 또호발 언어로는 "나는 산을 바라보고 있고, 산은 보 여지는 경험을 하고 있다"로 해석될 것이다. 이 경우 우리는 렌케르스도르프 (1999a, 1999b)가 "경험적 주체"라고 부르는 또 다른 계급의 주체를 목도하고 있는 것이다. 민중들이 말하는 언어의 구조 속에 묘사되어 있는, 세계에 대한 이 러한 관념은 치아빠스의 첼딸인과 거의 모든 마야그룹들 사이에서도 발견할 수 있는 어떤 것이다(Paoli, 1999b). 이제 우리는 첼딸의 "교육의 장려자들"이 산들 과 숲들에 감사를 표하는 것을 더 잘 이해할 수 있게 되었다. 원주민을 둘러싼 모든 것들은 살아 있으며, 그런 것으로 대우받는다. 자신들의 언어를 통해 또호 발 사람들, 그리고 많게든 적게든 모든 마야 부족 그룹들은 세계를 주어화시킨 다. 세계는 수동적인 목적어들로 이루어져 있지 않고, 모든 과정들 속에서 살아 있으며 능동적인 주어들로 이루어져 있다.

3. [옮긴이] 마야 인디언의 문화에 등장하는 전설적인 인물이다. 전설에 따르면 보 딴은 삼촌의 명령으로 만들어진 커다란 건물을 타고 하늘에 올라간다. 신탁을 받고 내려온 보딴은 인간들에게 언어를 선사한다.

4. 초칠어가 장소에 따라 상당한 차이가 있기 때문에, 이 이름이 모든 곳에서 동일 하지 않을 가능성이 있다. 이 이름은 보칠의 거주지 교외에 있는 한 공동체에서 나에게 보고된 것이다.

:: 참고문헌

Aragones, A. M. (1998) "El EZLN: Una Historia Migratoria". In Kanoussi, D.(ed.) *El Zapatismo y la Politica*, pp. 55-76. Mexico, D. P.: Plaza y Valdez.

Arias, J. (1975) *El Mundo Nwiinoso de las Mayas: Estructiira y Cambios Contemporáneos*. Mexico, D. F.: Secretaría de Educación Publica.

Aufheben (2000) "A Commune in Chiapas?" *Aufheben*, 9, pp. 3-28, autumn.

Aufheben (2003) "Review: Change the World without Taking Power: The Meaning of Revolution Today", *Aufheben*, 11, pp. 53-56, autumn.

Badiou, A. (1992 [1989]) *Manifesto for Philosophy*. New York: SUNY Press.[이종영 옮김, 『철학을 위한 선언』, 백의, 1995.]

Badiou, A. (2002 [1998]) *Ethics: An Essay on the Understanding of Evil*. London: Verso.[이종영 옮김, 『윤리학 : 악에 대한 의식에 관한 에세이』, 동문선, 2001.]

Badiou, A. (2003a) "Beyond Formalism: An Interview", *Angelaki*, 8(2), pp. 111-36, August.

Badiou, A. (2003b [1997]) *Saint Paul: The Foundation of Universalism*. Stanford, CA: Stanford University Press.[현성환 옮김, 『사도 바울』, 새물결, 2008.]

Bajo Palabra (2001) "EZLN Radiografia de su Nacimiento", *Bajo Palabra (Periodismo negro)*, 16, pp. 37-9, Ano 1, March.

Barmeyer, N. A. (2004) "Autonomy and Development in Zapatista Territory: Land Management, Conflict and NGO Involvement in Autonomous Municipalities in Chiapas, Mexico". Unpublished doctoral thesis. University of Manchester.

Baudrillard, J. (1983) *In the Shadow of the Silent Majorities: The End of the Social and Other Essays*. New York: Semiotext.

Beasley-Murray, J. (1994) "Ethics as Post-Political Polities", http://www.art.man.ac.uk/SPANISH/Writings/ethics.html (accessed 18 November 2003).[이승

준 옮김, 「탈정치적 정치(학)으로서의 윤리(학)」, 『자율평론』 1호, 2002.]

Berldw, J. (n.d.) "The Nagual of Chiapas", http://www.joshuaberlow.com/ nagual.htm(accessed 15 January 2004).

Betancourt, A. (1998) "El Zapatismo: La Intervencion de Una Modernidad Alternativa". In Kanoussi, D. (ed.) *El Zapatismo y la Politica*, pp. 77-104. Mexico. D. F.: Plaza y Valdez.

Bey, H. (1991) *The Temporary Autonomous Zone, Oncological Anarchy and Poetic Terrorism*. Brooklyn: Autonomedia.

Biglia, B. (2003) "Radicalising Academia or Emptying the Critics", *Annual Review of Critical Psychology*, 3: 71-87.

Brinton, G. D. (1894) "Nagualism: A Study in Native American Folk-lore and History". *Proceedings of the American Philosophical Society*, Vol. XXIII, pp. 11-74, 5 January.

Canetti, E. (2000 [1960]) *Crowds and Power*. London: Phoenix Press.[강두식 · 박병덕 옮김, 『군중과 권력』, 바다출판사, 2002.]

Castoriadis, C. (1975) *The Imaginary Institution of Society*. Cambridge: Polity Press.[양운덕 옮김, 『사회의 상상적제도1』, 문예출판사, 1994.]

Castoriadis, C. (1981) "The Nature and Value of Equality". In Curtis, A. D. (ed.) *Cornelius Castoriadis-Philosophy, Politics, Autonomy: Essays in Political Philosophy*, pp. 124-42. Oxford: Oxford University Press, 1991.

Castoriadis, C. (1983) "The Greek Polis and the Creation of Democracy". In Curtis, D. A. (ed.) *The Castoriadis Reader*, pp. 267-89. Oxford: Blackwell.

Castoriadis, C. (1986) "The Imaginary Creation in the Social-Historical Domain". In Curtis, A. D. (ed.) *World in Fragments: Writings on Politics, Society, Psychoanalysis, and the Imagination*, pp. 3-18. Stanford, CA: Stanford University Press, 1997.

Castoriadis, C. (1987) "Dead End?" In Curtis, A. D. (ed.) *Cornelius Castoriadis-Philosophy, Politics, Autonomy: Essays in Political Philosophy*, pp. 243-75. Oxford: Oxford University Press, 1991.

Castoriadis, C. (1988a) "Power, Politics Autonomy". In Curtis, A. D. (ed.) *Cornelius Castoriadis-Philosophy, Politics, Autonomy: Essays in Political Philosophy*, pp. 143-74. Oxford: Oxford University Press, 1991.

Castoriadis, C. (1988b) "Physis and Autonomy". In Curtis, A. D. (ed.) *World in Fragments: Writings on Politics, Society, Psychoanalysis, and the Imagination*, pp. 331-41. Stanford, CA: Stanford University Press, 1997.

Castoriadis, C. (1990a) "The Retreat from Autonomy: Postmodernism as Generalised Conformism". In Curtis, A. D. (ed.) *World in Fragments: Writings on Politics, Society, Psychoanalysis, and the Imagination*, pp. 32-46. Stanford, CA: Stanford University Press, 1997.

Castoriadis, C. (1990b) "Todavia Tiene Sentido La Idea De Revolution?", *Ciudadanos Sin Brujula*, pp. 75-92. Mexico, D. F.: Coyoacan, S.A. de C.V., 2000.

Castoriadis, C. (1991) "The Greeks and the Modern Political Imaginary". In Curtis, A. D. (ed.) *World in Fragments: Writings on Politics, Society, Psychoanalysis, and the Imagination*, pp. 84-107. Stanford, CA: Stanford University Press, 1997.

Castoriadis, C. (1994) "Radical Imagination and the Social Instituting Imaginary". In Curtis, A. D. (ed.) *The Castoriadis Reader*, pp. 319-37. Maiden: Blackwell, 1997.

Castoriadis, C. (2000) "La Democracia como Procedimiento y como Regimen". In *Ciudadanos Sin Brujula*, pp. 143-65. Mexico, D. F.: Coyoacan, S.A. de C.V

Castro Soto, G. (2002) "El Estado Cierra todas las Puertas a la Paz", http://www.ciepac.org/bulletins/200-300/bolec308.htm (accessed 8 November 2003).

Castro Soto, G. (2003) "Para Entender al EZLN", http://www.ciepac.org/procesodepaz/enterdezln.htm (accessed 29 November 2003).

Cecena, E. and Barreda, A. (1998) "Chiapas and the Global Restructuring of Capital". In Holloway, J. and Pelaez, E. (eds.) *Zapatista: Reinventing Revolution in Mexico*, pp. 81-103. London: Pluto Press.

CIEPAC (2002) "The Plan Puebia Panama in a Nutshell", http://flag.blackened.net/revolt/mexico/ppp.html(accessed 9 December 2003).

Cleaver, H. (1998a) "The Zapatistas and Electronic Fabric of Struggle". In Holloway J. and Pelaez, E. (eds.) *Zapatista: Reinventing Revolution in Mexico*, pp. 39-63. London: Pluto Press.[이원영 · 서창현 옮김, 『사빠띠스따』, 갈무리, 1998.]

Cleaver, H. (1998b) "The Zapatistas and the International Circulation of Struggles", http://www.antenna.nl/~waterman/cleaver.htm(accessed 15 March 2003).

Cleaver, H. (2000 [1979]) *Reading Capital Politically*. Leeds: Anti/theses.[권만학 옮김, 『자본론의 정치적 해석』, 풀빛, 1986.]

Cohen, A. (1991) *The Decadence of the Shamans or Shamanism as a Key to the Secrets of Communism*. London: Unpopular Books.

Contreras, A. (2001) *Guerrillero Messianico*. In Guerrillero Messianico, tape, Chiapas, Autonomous Recordings.

Curtis, A. D. (1997) "On the Translation". In Curtis, A. D. (ed.) *World in Fragments: Writings on Politics, Society, Psychoanalysis, and the Imagination*, pp. xxxi-xxxix. Stanford, CA: Stanford University Press, 1997.

Dagnino, E. (1998) "Culture, Citizenship and Democracy: Changing Discourses and Practices of the Latin American Left". In Alvarez, E. S., Dagnino, E. and Escobar, A. (eds.) *Cultures of Politics, Politics of Culture*, pp. 33-63. Oxford: Wesrview, 1998.

Days of Dissent (2004) "The Emergence of a Global Movement", *Days of Dissent: Reflections on Summit Mobilisations*, pp. 10-12, October.

De Angelis, M. (1998) "Limiting the Limitless: Global Neoliberal Capital, New Internationalism and the Zapatista Voice (1)", http://homepages.uel.ac.uk /M.DeAngelis/ZAPINT3B.HTM (accessed 13 March 2004).

Debord, G. (1957) "Report on the Construction of Situations and on the Terms of Organisation and Action of the International Situationist Tendency". In McDonough, T. (ed.) *Guy Debord and the Situationist International: Texts and Documents*, pp. 29-50. Massachusetts: October Books, 2002.

Debord, G. (1963) "The Situationist and the New Forms of Action in Politics and Art". In McDonough, T. (ed.) *Guy Debord and the Situationist International: Texts and Documents*, pp. 159-71. Massachusetts: October Books, 2002.

Debord, G. (1990 [1998]) *Comments on the Society of the Spectacle*. London: Verso.

Debord, G. (2002 [1967]) *The Society of the Spectacle*. New York: Zone Books [이경 숙 옮김, 『스펙타클의 사회』, 현실문화연구, 1996.]

De La Grange, B. and Rico, M. (1997) *Marcos: la Genial Impostura*. Mexico, D.F.:

Aguilar.

De La Vega, M. (1998) "El Silencio de Marcos Vuelve aun mas Sombrio el Ambiente en Chiapas", Proceso: Semanario de información y análysis, 1121, pp.6-13, 21 June.

Deneuve, S., Geoffrey, M. and Reeve, C. (1996) *Behind the Balaclavas of the Mexican Southeast*. Pamphlet. Distributed by BM Chronos, London WC1N3XX.

Duran, M. (ed.) (1994) *Yo Marcos*. Mexico, D. F.: Editores del Milenio.

Duran, M. (2001) *El Tejido Del Pasamontañas: Entrevista con el Subcomandante Marcos*. Mexico, D. F.: Rizoma.

Duterme, B. (2004) "Mexico: 10 Years with the Zapatistas", *Le Monde Diplomatique*, p. S, January.

Edwards, P. (1996) "The Construction of Situations and the Spectre of "Situationism" ", http://www.users.zetnet.co.uk/amroth/scritti/debord4.htm (accessed 17 November 2003).

Emigh, J. (1996) *Masked Performance: The Play of the Self and Other in Ritual and Theatre*. Philadelphia: University of Pennsylvania Press.

EZLN (1994a) "The First Declaration of the Lacandona Jungle", http://flag.blackened.net/revolt/mexico.html (accessed 14 April 2004).[윤길순 옮김, 「전쟁을 선포한다! : 라칸도나 정글의 첫 번째 선언」, 『우리의 말이 우리의 무기입니다』, 해냄, 2002.]

EZLN (1994b) "The Second Declaration of the Lacandona Jungle". In Ross, J. (ed.) *Shadows of Tender Fury: The Letters and Communiqués of Subcomandante Marcos and the Zapatista Army of National Liberation*, pp. 229-39. New York: Monthly Review Press, 1995.[윤길순 옮김, 「두 번째 라칸돈 정글의 선언」, 『분노의 그림자』, 삼인, 1999.]

EZLN (1995) "The Third Declaration of the Lacandona Jungle", http://flag.blackened.net/revolt/mexico/ezln/ezln_3rd_declaration.html(accessed 5 May 2004).

EZLN (1996a) "The Fourth Declaration of the Lacandona Jungle", http://flagblackened.net/revolt/mexico/ezln/jung4.html(accessed 5 May 2004).[윤길순 옮김, 「라칸도나 정글의 네 번째 선언」, 『우리의 말이 우리의 무기입니다』,

해넘, 2002.]

EZLN (1996b) "To the Soldiers and Commanders of Revolutionary Popular Army", http://flag.blackened.net/revolt/mexico/ezln/ezln_epr_se96.html(accessed 6 April 2004).

EZLN (2005) "Sexta Declaracion de la Selva Lacandona". www.ezln.org (accessed 8 August 2005).

Femia, V. J. (1981) *Gramsci's Political Thought: Hegemony, Consciousness and the Revolutionary Process*. Oxford: Clarendon.

Fourth International (2001) "Resolution of the International Executive Committee: "A World where All Worlds Fit In" ". In International Viewpoint, March, 2001, http://www.3bh.org.uk/IV/main/IV%20Archive/lV329/IVP%20Mar2.htm (accessed 14 December 2004).

Geoffrey, M. (1995) *On Solidarity with the Zapatistas*. Pamphlet. Distributed by BM Chronos, London WC1 N3XX.

González, M. (2000) "The Zapatistas: The Challenges of Revolution in a New Millennium", http://www.isjltext.ble.org.uk/pubs/isj89/gonzalez.htm (accessed 12 November 2004).

González, M. (2001) "Zapatistas after the Great March", http://www.isjItext.ble.org.uk/pubs/isj91/gonzalez.htm (accessed 12 November 2004).

González Souza, L. (2001) "Prologo". In Gonzalez Souza, L. and Barrón, D. (eds.) *La Agenda National Después de la Marcha Zapatista*, pp. 7-10. Mexico, D. F.: Rizoma.

Gossen, H. G. (1996) "Who is the Comandante of Subcomandante Marcos?" In Gosner, K. and Ouweneel, A. (eds.) *Indigenous Revolts in Chiapas and the Andean Highlands*, pp. 107-20. Amsterdam: CEDLA Publications.

Gossen, H. G. (1999) *Telling Maya Tales: Tzotzil Identities in Modern Mexico*. New York: Routledge.

Gramsci, A. (1948-51) *Selections from the Prison Notebooks*. Edited and translated by Hoare, Q. and Smith, N. G. London: Lawrence and Wishart, 1971,[이상훈 옮김, 『그람시의 옥중수고 1, 2』, 거름, 1999.]

Guerrero-Chiprés, J. S. (2004) "Insurgencies and National Security in Mexico

(1993-2003)". Doctoral thesis, http://www.razonypalabra.org.mx/libros/index. html (accessed 10 December 2004).

Guiteras, H. C. (1996) *Los Peligros del Alma: Visión del Miindo de un Tzotzil*. Mexico, D. F.: Fondo de Cultura Económica.

Hallward, P. (2004) "Haitian Inspiration: On the Bicentenary of Haiti's Independence", *Radical Philosophy*, 123:3.

Hardt, M. and Negri, A. (2000) *Empire*. London: Harvard University Press.[윤수종 옮김, 『제국』, 이학사, 2001.]

Hardt, M. and Negri, A. (2004) *Multitude: War and Democracy in the Age of Empire*. New York: Penguin.[조정환·정남영·서창현 옮김, 『다중』, 세종서적, 2008.]

Hardt, M. and Negri, A. (1994) *Labor of Dionysus: A Critique of the State Form*. Minneapolis: University of Minnesota Press.[이원영 옮김, 『디오니소스의 노동 I, II』, 갈무리, 1996~7.]

Harvey, N. and Halverson, C. (2000) "The Secret and the Promise: Women's Struggle in Chiapas". In Howaerth, D., Norval, J. A. and Stavrakakis, Y. (eds.) *Discourse Theory and Political Analysis: Identities, Hegemony and Social Change*, pp. 151-67. Manchester: Manchester University Press.

Held, D. (1997) Introduction to Critical Theory: *Horkheimer to Habermas*. Cambridge: Polity Press.

Higgins, N. P. (2004) *Understanding the Chiapas Rebellion: Modernist Visions and the Invisible Indian*. Texas: University of Texas Press.

Holloway, J. (1998a) "Dignity's Revolt". In Holloway, J. and Pelaez, E. (eds.) *Zapatista: Reinventing Revolution in Mexico*, pp. 159-98. London: Pluto Press.

Holloway, J. (1998b) "Open Reply to an Open Letter". In Wildcat-Zirkular(German edition), No. 45-June, pp. 5-10, http://www.wildcat-www.de/en/zirkular/45/z45e _hol.htm (accessed 14 March 2003).

Holloway, J. (2002) *Change the World without Taking Power*. London: Pluto Press.[조정환 옮김, 『권력으로 세상을 바꿀 수 있는가』, 갈무리, 2002.]

Holloway, J. (2003) "Is the Zapatista Struggle an Anti-Capitalist Struggle?" *The Commoner*, http://www.thecommoner.org (accessed 14 March 2003).

Hussey, A. (2001) *Games of War: The Life and Death of Guy Debord*. London:

Random House.

Husson, M. (2001) "Political Challenges". In International Viewpoint, March, http://www.3bh.org.uk/IV/main/IV%20Archive/IV329/IVP%20Mar4.htm(accessed 14 December 2003).

Jennings, F. (1998) "New Visa Requirements Jeopardise Work of Human Rights Defenders". *Towards a History of the Events in Chiapas*, http://flag.blackened. net/revolt/mexico/ralertdx.html (accessed 13 December 2002).

Kanoussi, D. (1998) "El Zapatismo y la politica de laidentidad". In Kanoussi, D. (ed.) *El Zapatismo y la politica* pp. 7-14. Mexico, D. F.: Plaza y Valdes.

Katerina (1995) "title not available". Pamphlet reprinted by Subversion, Manchester.

Knabb, K. (1977) "The Realisation and Suppression of Religion". *Bureau of Public Secrets*, http://bopsecrets.org/PS/religion.htm (accessed 13 March 2004).

Laclau, E. (1990) *New Reflections on the Revolution of Our Times*. London: Verso.

Laclau, E. and Mouffe, C. (1985) *Hegemony and the Socialist Strategy: Towards a Radical Democratic Politics*. London: Verso.[김성기 외 옮김, 『사회변혁과 헤게모니』, 터, 1990.]

Latapi, S. P. (1997) "La Caravana Indigena", *Proceso: Semanario de información y análysis*, 1089, pp. 42-3, 14 September.

Le Bot, Y. (1997) *El Sueño Zapatista*. Barcelona: Plaza & Jané.

Lenkersdorf, C. (1999a) *Los Hombres Verdaderos: Voces y Testimonies Tojolabales*. Segunda edicion, Mexico, D. F.: Siglo Ventiuni Editores.

Lenkersdorf, C. (1999b) *Cosmovision Maya*. Mexico, D. F.: Centro de estudios Antropologicos, Artisticos, tradicionales y linguisticos.

Levario Turcott, M. (1999) *Chiapas: La Guerra en Papel*. Mexico, D. F.: Cal y Arena.

Lorenzano, L. (1998) "Zapatismo: Recomposition of Labour, Radical Democracy and Revolutionary Project". In Holloway, J. and Pelaez, E. (eds.) *Zapatista: Reinventing Revolution in Mexico*, pp. 126-58. London: Pluto Press.

Machuca, R. J. A. (1998) "La Democracia Radical: Originalidad y Actualidad Politica del Zapatismo de Fin del Siglo XX". In Kanoussi, D. (ed.) *El Zapatismo y la Politica*, pp. 15-54. Mexico, D. F.: Plaza y Valdes.

McManus, S. (2002) "Creating the Wor(l)ds of Theory: Zapatismo as a Deconstructive and Utopian Political Imagination". Paper presented at the *Excavation and Dialogues: Radical Theory and Politics at the Millennium Seminar*, Edge Hill College, Lancashire, 9 and 10 September.

Mallon, E. F. (1995) *Peasants and Nation: The Making of Postcolonial Mexico and Peru*. Los Angeles: University of California Press.

Melancholic Troglodytes (2003) "Critical Psychology and the Anti-Capitalist Struggle", *Annual Review of Critical Psychology*, 3:3.

Meza Herrera, A. (ed.) (2001) *La Guerra por la Palabra: A Siete Años de Lucha Zapatista*. Mexico, D. F.: Rizoma.

Millan, M. (1998) "Zapatista Indigenous Women". In Holloway, J. and Peláez, E. (eds.) *Zapatista: Reinventing Revolution in Mexico*, pp. 64-80. London: Pluto Press.

Monsivais, C. (1999) [no title]. *Proceso: Semanario de información y análisis*. Special edition, 1 January, pp. 5-81.

Monsivais, C. (2001) "Entrevista a Subcomadante Marcos". *Editiones Pirata: Coleccion Entrevistas*, 4, Chiapas, January.

Montemayor, C. (1997) *Chiapas: La Rebelión Indigena de Mexico*. Mexico, D. F.: Joaquin Mortiz.

Montemayor, C. (1998) "Linea Proletaria y Gobernación". *Proceso: Semanario de Información y análisis*, 1107, pp. 40-1, 18 January 1997.

Moscoso Pastrana, P. (1991) *Las Cabezas Rodanted del Mal: Brujeria Nahualismo en Los Altos de Chiapas*. Mexico, D. F.: Gobierno de Estado de Chiapas.

Napier, D. (1986) *Masks, Transformations and Paradox*. Berkeley, CA: University of California Press.

Negri, A. (1999) *Insurgencies: Constituent Power and the Modern State*. Minneapolis: University of Minnesota Press.

Neill, M., Caffentzis, G. and Machete, J. (n.d., late 1990s) "Towards a New Commons: Working-Class Strategy and the Zapatistas", http://www.geocities. com/CapitolHill/3843/mngcjm.html (accessed 4 April 2004).

Notes from Nowhere (eds.) (2003) *We Are Everywhere: the Irresistible Rise of Global Anticapitalism*. London: Verso.

Nuevo Amanecer Press (transi) "Marcos Breaks el Silencio". *Towards a history of the Events in Chiapas*, http://flag.blackened.net/revolt/mexico/ralertdx.html (accessed 2 February 2003).

Ortiz-Perez, L. (2000) "Radical Dissent and Revolutionary Discourses of the EZLN: 1994-1996". Paper presented at the *ISA-BSA Social Movements Conference*, Chancellors Conference Centre, Manchester, 3-5 November.

Ortiz, T. (2001) *Never Again a World without Us: Voices of May an Women in Chiapa, Mexico*. Washinton, DC: EPICA.

Paoli, A. (1999a) *Educacion y Solidaridad en la Pequena Comunidad Tzeltal*. Guatemala: Coban, A.V.

Paoli, A. (1999b) "Comunidad Tzeltal y Socializacion", *Revista Chiapas*, 7, pp.135-61.

Parker, I. (2003) "Psychology is so Critical, only Marxism Can Save Us Now". Paper presented at the International Conference on Critical Psychology, Bath, August.

Perfil (2001) "Modificaciones del Senado a la Ley Cocopa", *La Jornada Perfil*, pp. 1-4, Mexico, D. F., Sábado, 28 April.

Petras, J. (1997) "Latin America: The Resurgence of the Left", *New Left Review*, 223, pp. 17-47, May/June.

Pitarch, P. (1996) *Ch'ulel: Una Etnografia de las Almas Tzeltales*. Mexico, D. F.: Fondo de Cultura Economica.

Plant, S. (1992) *The Most Radical Gesture: The Situationist International in a Postmodern Age*. London: Routledge.

Rajchenberg, E. and Héau-Lambert, C. (1998) "History and Symbolism in the Zapatista Movement". In Holloway, J. and Peláez, E. (eds.) *Zapatista: Reinventing Revolution in Mexico*, pp. 19-38. London: Pluto Press.

Rameil, F. K. (2001) "The Caravan of Dignity: the Zapatista Caravan to the City of Mexico: its History and Impressions", http://flag.blackened.net/revolt/ mexico/reports/2001/caravan_ dignity_mar.html (accessed 7 December

2003).

Ramirez-Cuevas, J. (1998) "La Vida Publica del EZLN", *La Jornada: Perfil*, pp. 3-7, Wednesday 18 November.

Red Sinti Techan (2003) "Tor una Integración Soberana, Democrática, justa y sustentable de los pueblos, decimos No al ALCA: Pronunciamiento de la Red Sinti Techan ante la xiv Reunion del Comité de Negociaciones Comerciales del Area del Libre Comercio de las Américas (ALCA)", http://www.ciepac.org/otras%20temas/alcasalvad.htm (accessed 24 May 2004).

Rodríguez Loscano, S. (2001a) "La Marcha Zapatista: Un Río Subterráneo con Ojos de Agua", *La Guilotina*, No. 47, pp. 2-12, Summer.

Rodríguez Loscano, S. (2001b) "The Wind from the Southeast". In International Viewpoint, March, 2001, http://www.3bh.org.uk/IV/main/IV%20Archive/IV329/IVP%20Marl.htm (accessed 15 December 2003).

Rodríguez Loscano, S (2001c) "The Long March of the Zapatistas to Speak with the People of Mexico". In International Viewpoint, June, http://www.3bh.org.uk/IV/main/IV%20Archive/IV332/IVP%20332%2009.htm (accessed 15 December 2003).

Román, J. A. (2000) "Fox Hill Send Cocopa Proposal to Congress on December 1", http://flag.blackened.net/revolt/mexico/news/fox_san_andres_nov00.html (accessed 8 December 2003)

Ross, J. (2000) *The War against Oblivion: The Zapatista Chronicles*. Monroe: Common Courage Press.

Sassoon, S. A. (1987) *Gramsci's Politics*. Second edition, London: Hutchinson.

Schools for Chiapas (n.d.) "Frequently Asked Questions", http://www.schoolsforchiapas.org/schoolFAQ.htm (accessed 26 March 2004).

Schuiz, P. (2004) "Subjectivity before and after Badiou", *Subject Matters: A Journal of Communication and the Self* 1(2), pp. 67-81.

SIPAZ (2001) "Report on the Zapatista Caravan to Mexico City". Servicio Internacional por la PAZ, 14 March, http://flag.blackened.net/revolt/mexico/reports/2001/sipaz_caravan_mar01 .html.

Slater, D. (1998) "Rethinking the Spatialities of Social Movements: Questions of

(B)orders, Cultures, and Politics in Global Times". In Alvarez, E. S., Dagnino, E. and Escobar, A. (eds.) *Cultures of Politics, Politics of Culture*, pp. 380-401. Oxford: Westview.

Stavrakakis, G. (2003) "Re-activating the Democratic Revolution: The Politics of Transformation beyond Recuperation and Conformism", *Parallax*, 9(2), pp.57-71.

Subcomandante Marcos (1994a) "Viaje Al Centro de la Selva: Memorial Zapatistas", videotape, Athens: NET, 1998.

Subcomandante Marcos (1994b) "Comunicado de May". In Ross, J. (ed.) *Shadows of Tender Fury: the Letters and Communiqués of Subcomandante Marcos and the Zapatista Army of National Liberation*, pp. 209-15. New York: Monthly Review Press, 1995.[윤길순 옮김, 『분노의 그림자』, 삼인, 1999.]

Subcomandante Marcos (1996) "Entrevista con Gelman Juan". *Proceso, semanario de información y análisis*, Edición especial, pp. 68-71, 1 January 1999.

Subcomandante Marcos (1999) *Don Durito de la Lacandona*. Chiapas: CIACH.[조수정 옮김, 『딱정벌레 기사 돈 두리토』, 현실문화연구, 2008.]

Subcomandante Marcos (2000) "EZLN Conditions to Fox for Resuming the Dialogue", http://flag.blackened.net/revolt/mexico/ezln/2000/ccrLconditions_dec.html (accessed 7 December 2003).

Subcomandante Marcos (2001a) "Comunicado del Comite Clandestine Revolucionario Indigena-Comandancia General del EZLN". 29 April. *Ediciones Pirata: Colección Dociimentos*, San Cristóbal de las Casas, México, Mayo del 2001.

Subcomadante Marcos (2001b) "Speech in Iguala 7 March 2001". http://flag.blackened.net/revolt/mexico.html (accessed 19 August 2004).

Subcomandante Marcos (2001c) "Entrevista con Julio Scherer", *Processo: Semanario de Información y análisis*, 1271, pp. 11-16, 11 March.

Subcomandante Marcos (2002) *Relates del Viejo Antonio*, Second edition, Chiapas: CIACH.

Tarrazas, C. A. (1998) "La mayoria de los Escritores e intelectuales manifiestan en la Prensa su Repudio a la Xenofobia", *Proceso: Semanario de información y análisis*, 1113, pp. 60-1, 1 March.

Taussig, M. (1999) *Defacement*. Stanford, CA: Stanford University Press.

Tedlock, D. (1993) *Breath on the Mirror: Mythic Voices and Visions of the Living Maya*. New Mexico: University of New Mexico Press.

Tellos Diaz, C. (1995) *La Rebelion en las Cañadas*. Mexico, D. F.: Cal y Arena.

Torfing, J. (1999) *New Theories of Discourse: Laclau, Mouffe, Žižek*. London: Blackwell.

Townshend, J. (2002a) "Laclau and Mouffe". Paper presented at the *Social Sciences* seminar, Manchester Metropolitan University, 15 December.

Townshend, J. (2002b) "Laclau and Mouffe's Hegemonic Project: The Story So Far". Unpublished paper.

Versenyi, A. (1993) *Theatre in Latin America: Region, Politics and Culture from Cortez to the 1980s*. Cambridge: Cambridge University Press.

Wildcat (1996) "Unmasking the Zapatistas", *Wildcat*, 18, pp. 30-5, summer.

Wildcat (1997) "Open Letter to John Holloway", Wildcat-Zirkular (German edition), 36, pp. 31-41, September, http://www.wildcat-www.de/en/zirkular /39/z39e_hol.htm (accessed 17 March 2003).

Wiles, D. (2000) *Greek Theatre Performance: An Introduction*. Cambridge: Cambridge University Press.

옮긴이 후기

1994년 1월 1일 치아파스에서 일어난 사빠띠스따 반란은 '새로운 세계'가 가능하다고 믿는 전 세계의 수많은 사람들에게 하나의 거울로, 하나의 나침반으로, 상상력의 원천으로 기능해 왔다. 우리나라에도 그 동안 사빠띠스따의 놀라움과 새로움을 밝혀 줄 책들이 여럿 출간된 바 있다. 그 중에서도 1998년 갈무리에서 출간된 『사빠띠스따 ─ 신자유주의, 치아빠스 봉기 그리고 사이버스페이스』는 국내에서는 사빠띠스따 봉기의 정치적 의미를 천착한 아마도 최초의 편집 번역서일 것이다. 해리 클리버는 이 책을 통해 자율주의적 맑스주의의 관점에서 사빠띠스따 투쟁의 성격과 의미, 그리고 그것이 미친 영향을 다각도로 분석하고 있다.

그리고 투쟁의 10여 년이 훌쩍 지났다. 지구상의 곳곳에서 신자유주의에 맞서는 다양한 투쟁들이 일어났으며, 사빠띠스따 투쟁도 변형과 변신의 역사를 갖게 되었다. 우리는 사빠띠스따와 함께 우리 투쟁의 진로와 방향에 대하여 '걸어가며 물을' 시점에 와 있다. 때마침 사빠띠스따 투쟁의 전체적인 윤곽과 그것이 미래에 갖는 함축적 의미, 그리고 전투적 주체성의 형성을 다룬 연구서가 젊은 학자에 의해 출간되었다.

이 책은 바로 Mihalis Mentinis의 *Zapatistas : the Chiapas revolt and what it means for radical politics* (Pluto Press, 2006)를 옮긴 것이다. 이 책은 제목에서처럼 그 어떤 책보다도 치아빠스 봉기의 태동과 전개 과정에 대해 자세히 설명하고 있으며, 하나의 혁명적 기획으로서의 자율적 실천이었던 이 운동이 우리의 정치적 실천에 어떤 정치적 함축과 잠재성을 제공해 줄 수 있을지 탐색하고 있다.

아직 혁명의 시대가 끝나지 않았음을, 더 나은 새로운 세계의 건설이 가능함을 믿으며 매 순간 새로운 주체성으로의 변신과 일상의 절망으로부터 단절을 꿈꾸며 실천하는 독자들에게 좋은 벗이 될 것으로 믿는다.

번역은 언제나 개인 작업이라기보다는 공동 작업임을 깨닫는다. 갈무리 편집부의 꼼꼼한 지적과 조언은 이 책의 모양과 가치를 한결 높여 주었다. 특히 오정민 님의 열과 성은 이 번역본의 곳곳에 박혀 빛을 내고 있다. 모자란 역량과 부족한 자신감을 격려와 위로로 보듬어 준 깐돌이와 들꽃향기, 규완 형에게 감사를 드린다.

2009년 3월 14일
서창현

도밍구에스, 까스떼야노스 (Dominguez, Castellanos) 55
드뇌브, S. (Deneuve, S.) 137~140, 153, 160
드보르, 기 (Debord, Guy) 29, 165, 227, 248
따초, 사령관 (Tacho, Comandante) 90
뜨론띠, M. (Tronti, M.) 123

ㄹ

라깡, J. (Lacan, J.) 110
라모나, 사령관 (Ramona, Comandanta) 57
라바스띠다, 프란씨스꼬 (Labastida, Francisco) 83
라클라우, E. (Laclau, E.) 47, 98, 107~110, 112, 115, 116, 143, 146, 151, 153,
    154, 156, 157, 214, 224, 234, 236, 262, 282, 283, 321, 400, 402
레포르트, C. (Lefort, C.) 223
렌케르스도르프, C. (Lenkersdorf, C.) 416
로렌사노, L. (Lorenzano, L.) 126~128, 157, 252
로스까노, 로드리게스 (Loscano, Rodriguez) 133
루소, 장-자크 (Rousseau, Jean-Jacques) 195, 196, 198
루이스, 사무엘 (Ruiz, Samuel) 40, 53, 56, 64, 81

ㅁ

마르꼬스, 부사령관 (Marcos, Subcomandante) 19, 23, 31, 35, 36, 40, 45, 49,
    50, 52, 55, 57, 61, 62, 65, 66, 70, 77, 79, 82, 84, 87~92, 97, 104, 133,
    135, 137, 139, 140, 142, 150, 155, 236, 263, 267, 274~276, 278, 280,
    284~286, 291, 296, 303, 304, 324, 331, 347, 349, 351, 355, 356, 367,
    369~372, 374, 377, 378, 384, 386~389, 409, 410, 412, 413
마사리에고스, 디에고 데 (Mazariegos, Diego de) 46
마추까, R. J. A. (Machuca, R. J. A.) 105, 106
마키아벨리, 니콜로 (Machiavelli, Niccolo) 182, 186, 187, 189, 190, 193, 194,
    205, 413
맑스, 칼 (Marx, Karl) 97, 122, 182, 191, 197, 205, 213, 253
맥마누스, S. (McManus, S.) 240
맬런, E. F. (Mallon, E. F.) 286, 287

멘추, 리고베르따 (Menchu, Rigoberta) 376, 377
무페, C. (Mouffe, C.) 98, 107~110, 112, 115, 116, 143, 146, 151, 153, 154,
    156, 157, 214, 224, 234, 236, 262, 282, 283, 321, 400, 402
미테랑, 다니엘 (Mitterrand, Danielle) 278

ㅂ

바네겜, 라울 (Vaneigem, Raoul) 213, 264
바디우, 알랭 (Badiou, Alain) 27, 28, 213~219, 222, 241~243, 246, 256~258,
    260, 264, 312, 398, 399, 401, 402, 404~406, 408
바레다, A. (Barreda, A.) 125
바로, 장-루이 (Barrault, Jean-Louis) 390
베가, 도로레스 데 라 (Vega, Dolores de la) 75
베라, 라울 (Vera, Raul) 81
베르세니이, A. (Versenyi, A.) 387
베이, H. (Bey, H.) 249
벤야민, 발터 (Benjamin, Walter) 97
브린튼, G. D. (Brinton, G. D.) 365
뿌체, 하이메 세라 (Puche, Jaime Serra) 64

ㅅ

살리나스, 까를로스 (Salinas, Carlos) 18, 43~45, 51, 57, 66, 67
살리나스, 라울 (Salinas, Raul) 66
세디요 뽄쎄 데 레온, 에르네스또 (Zedillo Ponce de leon, Ernesto) 62~65, 69,
    70, 72~75, 78, 79, 81, 82
세베데오, 사령관 (Zebedeo, Comandante) 90
스미스, 아담 (Smith, Adam) 196
스타브라카키스, G. (Stavrakakis, G.) 222~225, 233
스피노자, 바루흐 (Spinoza, Baruch) 182, 192, 205

ㅇ

아리스멘디, 펠리뻬 (Arizmendi, Felipe) 81

피타르츠, P. (Pitarch, P.) 376, 385

ㅎ

하비, N. (Harvey, N.) 115~117, 119, 147, 158, 159
하트, 마이클 (Hardt, M.) 27, 120, 121, 123, 148, 166, 184, 185, 196, 200, 203, 205, 206, 210, 238, 252, 253, 270, 272, 273, 291, 294, 296~298, 301, 313~316, 318, 402~405
해링턴, 제임스 (Harrington, James) 189~191, 193, 194
허미트, 에스더 (Hermitte, Esther) 344
헤겔, G. W. F. (Hegel, G. W. F) 192, 193, 195, 196
홀러웨이, 존 (Holloway, John.) 7, 121, 124, 128~130, 145, 148, 157, 242, 250, 262, 305, 307, 401
홀워드, 피터 (Hallward, Peter) 7, 229
홉스, 토마스 (Hobbes, Thomas) 189, 195, 196
후손, M. (Husson, M.) 133
히긴스, N. P. (Higgins, N. P.) 368

:: 용어 찾아보기

:: 갈무리 신서

1. 오늘의 세계경제 : 위기와 전망

크리스 하먼 지음 / 이원영 편역

1990년대에 자본주의 세계경제가 직면한 위기의 성격과 그 내적 동력을 이론적·
실증적으로 해부한 경제 분석서.

2. 동유럽에서의 계급투쟁 : 1945~1983

크리스 하먼 지음 / 김형주 옮김

1945~1983년에 걸쳐 스딸린주의 관료정권에 대항하는 동유럽 노동자계급의 투쟁
이 어떻게 전개되어 왔는가를 실증적으로 분석한 역사서.

7. 소련의 해체와 그 이후의 동유럽

크리스 하먼·마이크 헤인즈 지음 / 이원영 편역

소련 해체 과정의 저변에서 작용하고 있는 사회적 동력을 분석하고 그 이후 동유럽
사회가 처해 있는 심각한 위기와 그 성격을 해부한 역사 분석서.

8. 현대 철학의 두 가지 전통과 마르크스주의

알렉스 캘리니코스 지음 / 정남영 옮김

현대 철학의 역사에 대한 비판적 분석을 통해 철학에서 마르크스주의의 역할은 무
엇인가를 집중적으로 탐구한 철학개론서.

9. 현대 프랑스 철학의 성격 논쟁

알렉스 캘리니코스 외 지음 / 이원영 편역·해제

알뛰세의 구조주의 철학과 포스트구조주의의 성격 문제를 둘러싸고 영국의 국제사
회주의자들 내부에서 벌어졌던 논쟁을 묶은 책.

11. 안토니오 그람시의 단층들

페리 앤더슨·칼 보그 외 지음 / 김현우·신진욱·허준석 편역

마르크스주의 내에서 그리고 밖에서 그람시에게 미친 지적 영향의 다양성을 강조
하면서 정치적 위기들과 대격변들, 숨가쁘게 변화하는 상황에 대한 그람시의 개입
을 다각도로 탐구하고 있는 책.

12. **배반당한 혁명**

레온 뜨로츠키 지음 / 김성훈 옮김

혁명적 마르크스주의의 입장에서 통계수치와 신문기사 등 구체적인 자료를 바탕으로 소련 사회와 스딸린주의 정치 체제의 성격을 파헤치고 그 미래를 전망한 뜨로츠키의 대표적 정치분석서.

14. **포스트모더니즘 이후의 정치와 문화**

마이클 라이언 지음 / 나병철·이경훈 옮김

마르크스주의와 해체론의 연계문제를 다양한 현대사상의 문맥에서 보다 확장시키는 한편, 실제의 정치와 문화에 구체적으로 적용시키는 철학적 문화 분석서.

15. **디오니소스의 노동·I**

안토니오·네그리·마이클 하트 지음 / 이원영 옮김

'시간에 의한 사물들의 형성'이자 '살아 있는 형식부여적 불'로서의 '디오니소스의 노동', 즉 '기쁨의 실천'을 서술한 책.

16. **디오니소스의 노동·II**

안토니오 네그리·마이클 하트 지음 / 이원영 옮김

이딸리아 아우또노미아 운동의 지도적 이론가였으며 『제국』의 저자인 안토니오 네그리와 그의 제자이자 가장 긴밀한 협력자이면서 듀크대학 교수인 마이클 하트가 공동집필한 정치철학서.

17. **이딸리아 자율주의 정치철학·1**

쎄르지오 볼로냐·안또니오 네그리 외 지음 / 이원영 편역

이딸리아 아우또노미아 운동의 이론적 표현물 중의 하나인 자율주의 정치철학이 형성된 역사적 배경과 맑스주의 전통 속에서 자율주의 철학의 독특성 및 그것의 발전적 성과를 집약한 책.

19. **사빠띠스따**

해리 클리버 지음 / 이원영·서창현 옮김

미국의 대표적인 자율주의적 맑스주의자이며 사빠띠스따 행동위원회의 활동적 일원인 해리 클리버 교수(미국 텍사스 대학 정치경제학 교수)의 진지하면서도 읽기 쉬운 정치논문 모음집.

32. 권력으로 세상을 바꿀 수 있는가

존 홀러웨이 지음 / 조정환 옮김

사빠띠스따 봉기 이후의 다양한 사회적 투쟁들에서, 특히 씨애틀 이후의 지구화에 대항하는 투쟁들에서 등장하고 있는 좌파 정치학의 새로운 경향을 정식화하고자 하는 책.

피닉스 문예

1. 시지프의 신화일기

석제연 지음

오늘날의 한 여성이 역사와 성 차별의 상처로부터 새살을 틔우는 미래적 '신화에세이'!

2. 숭어의 꿈

김하경 지음

미끼를 물지 않는 숭어의 눈, 노동자의 눈으로 바라본 세상! 민주노조운동의 주역들과 87년 세대, 그리고 우리 시대에 사랑과 희망의 꿈을 찾는 모든 이들에게 보내는 인간 존엄의 초대장!

3. 볼프

이 헌 지음

신예 작가 이헌이 1년여에 걸친 자료 수집과 하루 12시간씩 6개월간의 집필기간, 그리고 3개월간의 퇴고 기간을 거쳐 탈고한 '내 안의 히틀러와의 투쟁'을 긴장감 있게 써내려간 첫 장편소설!

4. 길 밖의 길

백무산 지음

1980년대의 '불꽃의 시간'에서 1990년대에 '대지의 시간'으로 나아갔던 백무산 시인이 '바람의 시간'을 통해 그의 시적 발전의 제3기를 보여주는 신작 시집.

Krome…

1. 내 사랑 마창노련 상, 하

김하경 지음

마창노련은 전노협의 선봉으로서 87년 노동자 대투쟁 이후 민주노총이 건설되기까지 지난 10년 동안 민주노동운동의 발전을 이끌어 왔으며 공장의 벽을 뛰어넘은 대중투쟁과 연대투쟁을 가장 모범적으로 펼쳤던 조직이다. 이 기록은 한국 민주노동사 연구의 소중한 모범이자 치열한 보고문학이다.

2. 그대들을 희망의 이름으로 기억하리라

철도노조 KTX열차승무지부 지음 / 노동만화네트워크 그림
민족문학작가회의 자유실천위원회 엮음

KTX 승무원 노동자들이 직접 쓴 진솔하고 감동적인 글과 KTX 투쟁에 연대하는 16인의 노동시인·문인들의 글을 한 자리에 모으고, 〈노동만화네트워크〉 만화가들이 그린 수십 컷의 삽화가 승무원들의 글과 조화된 살아있는 감동 에세이!

3. 47, 그들이 온다

철도해고자원직복직투쟁위원회 지음 / 권오석, 최정희, 최정규, 도단이 그림
전국철도노동조합 엮음

2003년 6월 28일 정부의 철도 구조조정에 맞서 총파업을 하고 완강히 저항하다 해고된 철도노동자 47명, 그들이 부산에서 서울까지 순회·도보행군에 앞서 펴낸 희망의 에세이!